孙复、石介的教育学术活动与宋代儒学复兴

王耀祖 著

学苑出版社

图书在版编目（CIP）数据

孙复、石介的教育学术活动与宋代儒学复兴 / 王耀祖著 . —北京：学苑出版社，2023.12
　　ISBN 978-7-5077-6666-0

Ⅰ.①孙… Ⅱ.①王… Ⅲ.①儒学—研究—中国—宋代 Ⅳ.① B222.05

中国国家版本馆 CIP 数据核字（2023）第 089895 号

出 版 人：洪文雄
责任编辑：徐志琴
出版发行：学苑出版社
社　　址：北京市丰台区南方庄 2 号院 1 号楼
邮政编码：100079
网　　址：www.book001.com
电子信箱：xueyuanpress@163.com
联系电话：010-67601101（营销部）、010-67603091（总编室）
印 刷 厂：北京建宏印刷有限公司
开本尺寸：710mm×1000mm　1/16
印　　张：23
字　　数：250 千字
版　　次：2023 年 12 月第 1 版
印　　次：2023 年 12 月第 1 次印刷
定　　价：96.00 元

本书系2021年高校优秀青年人才支持计划重点项目（gxyqZD2021013）和2023年度安徽省高校哲学社会科学重大项目（2023AH040046），获淮北师范大学学术著作出版基金资助。

孙复像

（［清］徐中干：《鲁两先生合集》，斯未信斋道光十三年刻本）

《孙明复先生小集》书影
（清乾隆四十年聂钦杏雨山堂刻本，中国国家图书馆藏）

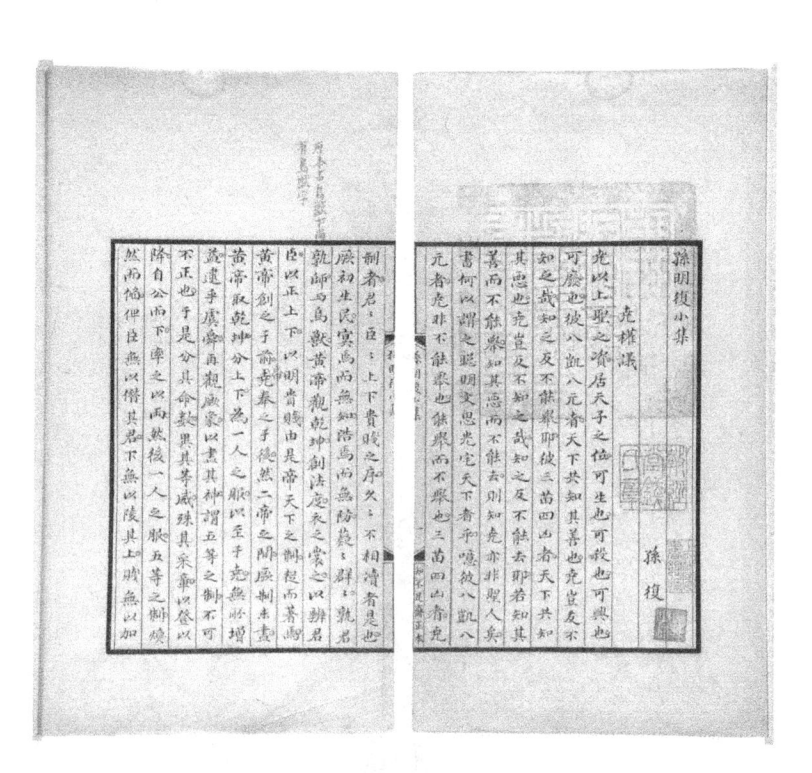

《孙明复小集》书影
（清鲍氏知不足斋抄本，鲍廷博校并跋，上海图书馆藏）

石介像
（［清］徐中干：《鲁两先生合集》，斯未信斋道光十三年刻本）

徂徠石先生全集卷之一

後學錢塘丁詠淇衛瞻校訂
桐城張鴻聲自希
仁和喬良槐庭三同校

宋頌九首 并序

詩序曰頌者美盛德之形容以其神功告於神明者也夫有盛德大業然後缺二字之文詞有粹文俊詞然後充見乎功業德與辭表裏功與文相埒然後奮爲宏休摛爲英聲昭爲烈光暐暐曄曄如日之華鏗鏗訇訇如雷之行暢於無前

《徂徠石先生全集》書影
（清康熙五十六年石氏刻本）

徂徠文集卷第一 徂徠 石介 守道

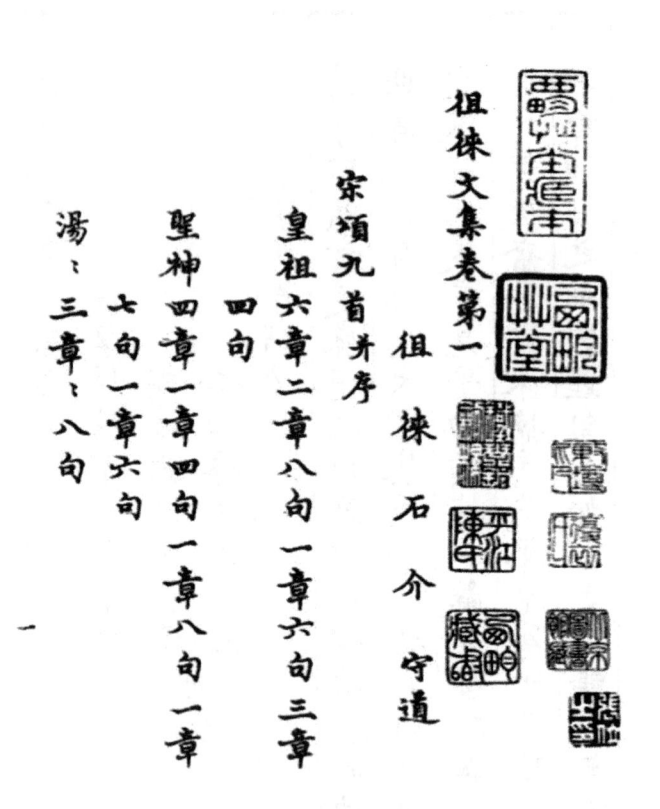

宗頌九首并序

皇祖六章二章八句一章六句三章四句

聖神四章一章四句一章八句一章七句一章六句

湯三三章七八句

《徂徠文集》书影
（清张位抄本，中国国家图书馆藏善本）

序　言

孙复、石介是宋代儒学发展链条中极为关键的一环。他们上承中唐的陆淳、韩愈等，下启宋代新儒学，一生以学道、行道、传道为己任，致力于儒学的复兴和发展，在改变唐末及五代以来的颓废学风、重建师道和社会伦理秩序、变革经学研究方法、培养人才等方面做出了重要的贡献。全面研究二人的治学方向和社会活动，有助于更好地理解儒学的复兴和宋代新儒学的兴起状况。

孙复与石介是一个密不可分的整体，不仅因为二人是师徒关系，更在于他们密切配合、相互激励、并肩战斗，共同致力于儒学的复兴。同时，将二人作为整体来研究，能够较为全面地复原他们的活动状况，从而更加接近历史原貌。

本书以孙复、石介的教育学术活动为研究对象，以其对儒学复兴的贡献为研究主线，试图在对孙复、石介及以其为首的学术团体进行全面、系统研究的基础上，为宋代新儒学兴起的初期概况全面把脉。按照宋代新儒学兴起的相关问题及孙复、石介的思想理路和社会活动等，全书主要探讨了五大问题。

唐宋之际混乱的社会现实，促使包括孙复、石介在内的部分儒者产生从根本上改造社会的强烈愿望；同时，内部章句训诂之学和外部释老之教的窃夺，导致儒学出现前所未有的式微窘境，促成他们产生通过改造儒学、回归原典以复兴儒学，最终改变无序社会的强烈信念和期盼；齐鲁大地深厚的文化底蕴、有利的地理位置，则为孙复、石介实践复兴儒学的使命创造了无比优越的条件。

宋初学风继承中唐的陆淳、韩愈、柳宗元等人，在怀疑传注、修订经典原文和变革时兴文体、提倡古文等方面表现得尤为突出。"孙复、石介与宋初学风"一章基于孙复、石介师徒在疑传惑经和古文运动两个方面的思想言行，阐释了他们在宋初学风变革中所做的贡献。

排斥释老与提升孟子地位作为"道统"论中两个极为重要的部分，在宋儒那里得到了最大限度的张扬。作为"宋初三先生"中的两位——孙复和石介在由唐到宋的"道统"论转变中扮演了"接力者"的角色。"孙复、石介与'道统'论"一章集中阐释分析了这一问题。

儒学的复兴，不仅要有痛斥异端、倡行儒学的疾呼呐喊和创造性的理论研究，更要有儒者躬身践行儒学复兴之道的实质性实践；同时，疾呼呐喊与理论建构往往要依托一定的实践活动。孙复、石介二人复兴儒学的实践，既是巩固和发展理论学说之必需，又是宣传理论和扩大影响之有效途径。在"孙复、石介复兴儒学的实践"一章中，笔者根据现有史料，从孙复、石介创办书院讲学泰山、入讲国子监，以及参与"庆历新政"三个主要方面来探讨他们复兴儒学的具体活动。

孙复、石介复兴儒学的贡献是多层面的，除了抨击时文、提倡古文，排斥佛老、倡明道统，以及讲学传道、促成学风转变等，他们还致力于经学研究，革新经学研究方法，为有宋一代经学研究定下调子，更为儒学的全面复兴鸣锣开道。"孙复、石介的经学贡献"一章以二人研究《春秋》《易》为代表，探讨其实践怀疑、抛弃传注及直探经义的思想和学说。

孙复、石介作为宋初有着深远影响的儒者，是实现汉唐经学向宋学转变的关键性人物。二人的思想言论和实践活动不仅为宋代儒学的复兴和宋学的形成、发展开辟了道路，更为理学的酝酿披荆斩棘、鸣锣开道，理学大家程颐"不敢忘'三先生'"之语即是对此功绩的肯定。另外，宋代儒学的复兴，不仅是"学"本身的复兴，更是以树立道德人格风范来促成学风的转变。孙复、石介以风尚自励，敦尚行实，兴学、讲学，对道德人格的树立和学风的转变起到直接的推动作用。"孙复、石介的精神风范及弟子传承"一章从孙复、石介的人格风范及弟子传承两方面简要分析他们对理学的开启之功。

本书创作基于笔者的硕士学位论文。回首往昔，恍若隔世，不觉已近廿载。其间，学界对孙复、石介的研究以及本人的阅历虽多了些许，但重读旧作仍觉有诸多可取之处，抑或本人研究停滞而光阴虚度所致。近几年，结合学界最新研究成果及本人学术积累，多次补缀、修订、增补，研究渐趋完善而初具特色。

从资料使用方面而言，本书对孙复、石介的文集和论著及其后人的论说展开了拉网式的扫描，既注重材料搜集的广度，又注重资料运用的深度，通过对历史史料的钩稽、排列、考察和分析，在某种程度上弥补了孙复、石介研究中的一些不足。

就观点层面而言，全书认为孙复、石介是新儒学兴起的重要源头，对理学有发轫之功。从内容上看，本书不是局限于纯粹的思想史、经学史、儒学史或教育史，而是把它们综合起来，基于对历史事实的考察和历史资料的分析，贯通思想言论、教育学术、政治活动与经学研究，进行多层次、全方位的审视。

在研究方法上，本书重点在于全面阐释孙复、石介复兴儒学的贡献，同时对现有资料出现的分歧、矛盾之处，综合运用历史学、文献学、文字学等学科的方法进行了适当考订，并尽可能做出较为合理的解释，在微观分析的基础上力图进行宏观把握与概括。

金无足色，白璧微瑕。囿于学识、理论涵养及时间、资料所限，本书仍存在一些不足，有待进一步完善。比如，受内容和规模所限，对孙复、石介之后儒学发展的情况未能做更加深入的剖析，如此一来，对孙、石在其中"接力者"角色的分析就显得不够充分而有力。又如，由于年代久远，历史遗迹和传说流传下来的很少，再加上考察、搜集难度较大，本书也就未能将史料与遗迹、文献资料与实地考察结合起来，这样在撰写如泰山书院、徂徕书院等史籍记载留存较少的部分时，内容篇幅略显单薄。

这些遗憾和不足，只能待后续研究弥补，也希冀专家学者郢政。

王耀祖
2022 年 11 月 7 日

目 录

绪 论 ··001
 一、研究意义 ··002
 二、相关界定 ··003
 三、学术史综述 ··004

第一章 孙复、石介生活的时代背景 ·······································013
 一、唐宋之际的社会现实 ··016
 二、儒学发展的自我否定 ··019
 三、佛道兴盛与儒门淡薄 ··022
 四、文化氛围与地域特征 ··027

第二章 孙复、石介与宋初学风 ···031
 一、疑传惑经 ··032
  （一）经学变古的先声 ···033
  （二）孙复、石介怀疑传注的言论 ·······································039
  （三）孙复、石介修改传注的尝试 ·······································050
 二、孙复、石介与古文运动 ··055
  （一）唐宋之际的古文运动 ···056

（二）孙复的"文""道"统一思想 069
　　（三）石介的斥"时文"主张 076
　　（四）倡"古文"活动及影响 084

第三章　孙复、石介与"道统"论 093

一、排斥释老 094
　　（一）儒门淡薄，皆归释老 097
　　（二）孙复：鸣鼓攻释老 104
　　（三）石介：尤勇攻佛老 112
二、孟子升格运动——兼论孙复、石介的"道统"观 122
　　（一）酝酿及展开 122
　　（二）"非孟子莫能救之" 132
　　（三）"道统"的扩展 138
　　（四）"尊孟"与"尊韩" 147
　　（五）孔道辅与孟子庙 151

第四章　孙复、石介复兴儒学的实践 157

一、创办书院 158
　　（一）早年活动及相遇 159
　　（二）泰山书院与徂徕书院 169
　　（三）交游及书院影响的扩大 177
二、讲学国子监 198
　　（一）推倒杨朱墨翟，扶起仲尼周公 199
　　（二）流福泽于四海，树功名于无穷 208
三、庆历新政 219
　　（一）庆历革新 219
　　（二）《庆历圣德颂》 224
　　（三）毁誉丛至 231

第五章　孙复、石介的经学贡献 ············· 239

一、孙复与《春秋尊王发微》 ············· 240
（一）卷数辨疑 ············· 241
（二）主题鲜明的"尊王"思想 ············· 243
（三）"不惑传注"的治经方法 ············· 252
（四）"学者多宗之" ············· 261

二、孙复、石介与《易》学 ············· 265
（一）《易》学著作 ············· 265
（二）《易》学思想 ············· 269
（三）治《易》特色 ············· 278

第六章　孙复、石介的精神风范及弟子传承 ············· 287

一、人格风范 ············· 288
（一）苦学励志的为学风范 ············· 289
（二）尊师重道的守道精神 ············· 292
（三）丑邪扶直的正义品质 ············· 295

二、弟子承传 ············· 303
（一）孙复之弟子 ············· 303
（二）石介之传人 ············· 317

结　语 ············· 327

主要参考文献 ············· 333
一、图书 ············· 333
二、期刊 ············· 341

后　记 ············· 347

绪 论

一、研究意义

第一，无论是从儒学史，还是从文化史的角度来探讨中国传统思想或文化，都不能避开宋元时期。宋元上承汉唐，下启明清，在中国历史上占有至关重要的地位。事实上，宋元的创造之功远远大于它的承继之劳：汉唐近于上古，而宋元接近于近代，中国近代政教之大经、文化之轮廓皆可从宋元找到端绪。宋元时期，实现了对此前中国几千年学术、思想与文化的转型。在这一伟大的转变中，宋初的孙复、石介二人有筚路蓝缕之功，以至二人与宋初的另一学者胡瑗被后人誉为"宋初三先生"。但是在这一过程中，孙复、石介到底发挥了多少作用，扮演了何种角色，鲜有学者深入研究，本书则力图解释这一问题。

第二，孙复、石介的学术宗旨、教育思想、政治主张和疑传惑经精神具有鲜明的时代特征。他们开启宋元讲学之风，提倡、复活儒家参政意识和议政干政之精神，不仅对宋代的历史文化产生了重大的影响，对宋元以后中国历史文化之进程也有着深远的影响。同时，他们复兴儒学的思想言论及实践活动，对我们今天复兴中华优秀传统文化、挖掘民族精神也有着启迪意义。

第三，孙复、石介在齐鲁大地上兴学传道，不但对复兴传统儒学、开启理学风气起到重大的推动作用，更为早已成为主流文化的齐鲁文化注入了新的血液。所以，对孙复、石介的研究，也有助于推动齐鲁地域历史文化研究的深入。

二、相关界定

宋代儒学的复兴是相对于唐宋之际儒学的衰落而言的。唐末、五代及宋初，儒学式微主要表现在经学研究和儒家教化两方面：经学研究方面，训诂方法迷途难返，弊端累积，儒学沿着这一路径已很难再有突破；教化方面，纲常伦理混乱，世道失序，儒家在维护人心世道上的功用大打折扣。孙复、石介复兴儒学主要针对于此，并主要在这两个方面展开。

复兴儒学是一个漫长的过程，亦非一人一日之功。它需要众多儒者长期不懈地努力，还要有上层统治者的积极倡导与推行。孙复、石介的努力只是儒学复兴中的一个环节，但却是一个不可缺少的环节，他们发挥着特殊而不可替代的作用。这也是后人对他们极力推崇的一个重要原因。

三、学术史综述

前人对孙复、石介的研究进行了有益的探索，取得了不少成果。三百多年前，黄宗羲、全祖望等人在撰写《宋元学案》时，即单列"泰山学案"一章，把孙复、石介及其众多弟子门人作为一个学术团体，从学术史角度进行综合考察。书中，黄氏对孙、石的学术地位及其弟子承传做了较为允当的概说，是古代关于孙复、石介和泰山学研究资料最为翔实、分析较为深入的少有佳作。近现代以来，以学案体为主要形式的思想史专著大量增加，但基本上都忽略了孙复、石介在唐宋之际思想转型中的重要贡献，很多著作甚至对孙复、石介只字未提。所以，在很长的一段时期，孙、石并未获得与其学术地位相一致的公正待遇。当代社会，随着思想史、学术史和地方文化研究的深入，孙、石的特殊性渐渐进入学者的视野。在不少儒学、经学、学术以及思想、文化等大部头通史著作中，如《中国儒家学术思想史》（刘蔚华、赵宗正，山东教育出版社1996年版）、《中华文化通志·经学志》（许道勋、徐洪兴，上海人民出版社1998年版）、《中国儒学史·宋元卷》（韩钟文，广东教育出版社1998年版）、《齐鲁文化通史·宋元卷》（仝晰纲等，中华书局2004年版）、《中国政治思想通史·宋元卷》（孙晓春，中国人民大学出版社2014年版）等，孙复、石介均占据一定篇幅。论者多从他们作为理学先驱的地位和作用层面加以探讨，如《中国儒家学术思想史》认为孙、石思想大体一致，作为理学先驱和开创者主要体现在:(1)治经不泥训诂,开宋代义理之学的先河;(2)提倡道统,抬高孔孟学说;(3)反对佛、道与儒"峙而为三";(4)维护王权的政治学说。[1]此外,陈谷嘉在《宋代理学伦理思想研究》中则认为,孙复之为理学先驱主要表现在学术思想上的开拓精神和提出了一些理学的重要概念和原则的思想端倪。[2]

虽然如此,但目前学界关于孙复、石介的专著仍甚少。1984年,陈植锷点校本《徂徕石先生文集》由中华书局出版,为今人研究石介提供了便利。在《徂徕石先生文集》的"前言"部分,陈植锷对石介的事迹、思想及著作流传情况做了翔实的阐述。2003年,陈植锷的遗稿《石介事迹著作编年》由中华书局出版,这是研究石介的第一本专著。《石介事迹著作编年》以石介的事迹著作编年为主线,把石氏的历史思想活动放在一个清晰的社会背景下加以研究,体现了陈植锷深厚的考证功底。但与专门的思想学术史著作相比,此书仍以资料见长。2012年,张义生《宋初三先生研究》由山东人民出版社出版,该书对孙、石的研究集中在诸如《春秋》学与《易》学思想、道统思想、古文思想等思想层面,认为其二人与胡瑗在唐宋儒学转型过程中的重要作用主要体现在三个方面:第一,诠释经典,在经典范围上既重视"五经"又开始关注"四书",在解经风气上从信奉传疏到怀疑经传,在解经内容上从以三

---

1 刘蔚华、赵宗正主编:《中国儒家学术思想史》,山东教育出版社1996年版,第819—828页。
2 陈谷嘉:《宋代理学伦理思想研究》,湖南大学出版社2006年版,第189页。

纲五常释之到以形上性命释之；第二，道统排佛方面，在道统谱系上较为庞杂，在道统人物评价上提高了孟子和扬雄的地位，在排佛方面既从现实危害角度排佛，又开始从概念理论角度排佛；第三，形上心性，胡瑗提出并重视"理"的概念，他的心性学说具有一定的杂糅性，其弟子徐积的学问具有"心学"特色，孙复和石介也有一些对心性的看法。[1] 另外，徐洪兴《思想的转型：理学发生过程研究》（上海人民出版社2016年版）亦专门从学术思想、经学研究等多个层面综论了孙复、石介在理学发生过程中的作用。

期刊论文方面，据笔者粗略统计，自改革开放至1999年，国内有关孙复、石介的研究论文并不多，中国知网检索仅有十余篇。20世纪80年代共有六篇：赵宗正《孙复石介思想述要》(《中国哲学史研究》1984年第4期)，潘富恩、徐余庆《论石介》(《山东师大学报（社会科学版）》1987年第4期)，傅庠《石介尚贤思想略说》(《山东师大学报（社会科学版）》1987年第4期)，赵耀堂《论宋初作家石介》(《聊城师范学院学报（哲学社会科学版）》1987年第4期)，何兆武《宋代理学和宋初三先生》(《史学集刊》1989年第3期)、《从宋初三先生看理学的经院哲学实质》(《晋阳学刊》1989年第6期)。其中，赵宗正的《孙复石介思想述要》可谓当代对孙复、石介思想进行整合研究的开先之作。该文分别从治经方法、宣扬道统、排斥佛道、"天人合一"学说、圣人史观和气

---

[1] 张义生：《宋初三先生研究》，山东人民出版社2012年版，第6页。

运说、政治学说等方面，对孙复、石介的思想学说进行全面阐释。潘富恩、徐余庆的《论石介》从道统说、三怪说和进步政治观等方面研究石介思想，指出石介学说包含着不可忽视的积极因素。何兆武的两篇论文，无论出于何种旨趣，都把包括孙复、石介在内的"宋初三先生"作为理学的前驱——"为理学最初打下基础并开辟道路而进行了思想准备工作"，并认为史学家"应该研究怎样从他们的思想活动中看出宋学中作为新学对立面的理学在其形成过程中的经院哲学实质的雏形"[1]，析论很有启发性。

20世纪90年代亦有六篇，关于孙复的仅有一篇（徐洪兴《孙复论》，《孔子研究》1990年第3期），五篇是研究石介的（徐洪兴《石介论》，《中国哲学史》1993年第1期；王秉伦《石介无神论思想简论》，《河南大学学报（社会科学版）》1994年第5期；仝晰纲《略论石介的排佛老、斥时文思想》，《河南师范大学学报（自然科学版）》1996年第3期；王公伟《宋明理学的先驱——石介》，《烟台师范学院学报（哲学社会科学版）》1998年第1期；陈起峥《论石介的狂怪精神》，《古典文学知识》1999年第5期）。徐洪兴《孙复论》一文对孙复一生的事迹及其在《春秋》学方面的成就进行了简单梳理。关于石介的论文，或概论石氏的事迹、思想，或就石氏思想的侧面进行阐发，均有一定的见地，对于深入研究石介有着很大的帮助。

---

[1] 何兆武：《从宋初三先生看理学的经院哲学实质》，《晋阳学刊》1989年第6期，第44、52页。

21世纪以来，关于孙复、石介的研究论文迅速增多，二十年内有五十余篇，尤其是2001—2003年，有十二篇之多，其中2002年一年更是有七篇。在这些研究当中，既有把孙、石作为一个整体进行研究的，如仝晰纲《泰山学派的缔结及其时代精神》(《山东师范大学学报（人文社会科学版）》2002年第6期）和《泰山学派与宋代儒学的复兴》(《光明日报》2003年7月15日理论版），将孙复、石介及其弟子、支持赞助者作为一个学派加以综合考察，指出五代、宋初以来山东地区良好的文化氛围是泰山学派缔结的文化背景，干政、独立、结党、排佛老则构成这个学派主要的时代精神；也有把孙复、石介和胡瑗"三先生"放在一起进行研究的，如杨朝亮分别从教育实践（《浅论宋初"三先生"的教育实践》，《聊城师范学院学报（哲学社会科学版）》2001年第2期）、学术思想（《宋初"三先生"学术思想考论》，《齐鲁学刊》2002年第1期）、政治思想（《试论宋初"三先生"的政治思想》，《东岳论丛》2002年第6期）以及在儒学发展史上的地位（《试论宋初"三先生"在儒学发展史上的历史地位》，《中国社会科学院研究生院学报》2002年第3期）等角度进行考察。2016年，杨曾文考察了孙复、石介的排佛论，认为从中国历史、宋朝现实和中国文化的发展来看，他们站在儒家"仁义之道"立场排斥佛、道，并未提出有创新成分的东西，实际是与历史和文化发展方向相违背的。[1]

---

[1] 杨曾文：《宋初儒者孙复、石介的排佛论》，《世界宗教研究》2016年第2期，第28页。

而更多的则是对孙复、石介二人分别进行研究，如李峻岫《石介交游考》（《文献》2002年第1期），葛焕礼《孙复生平事迹及著作考辨》（《中原文化研究》2016年第6期），黄觉弘《孙复〈春秋总论〉佚文及其他》（《山西师大学报（社会科学版）》2009年第2期），黄觉弘《石介〈春秋说〉佚文考论》（《中南大学学报（社会科学版）》2010年第4期），黄觉弘《胡瑗〈春秋〉佚说以及与孙复之异同》（《山西师大学报（社会科学版）》2011年第1期），黄富荣《胡瑗抄袭孙复经说与孙胡交恶——由胡瑗的春秋学佚文说起》（《宋史研究论丛》2011年第12辑，第461—479页），侯步云（《宋初"三先生"之石介〈春秋〉学考辨》（《兰台世界》2013年第4期），徐波《石介〈与长官执事札〉辨伪》（《文献》2013年第6期），周绍华《〈石介事迹著作编年〉辨误三则》（《齐鲁学刊》2014年第2期），谢涛《书以传圣人之道——石介其人其事》（《中国书法》2017年第8期），吴仰湘、杨潇沂《孙复对〈公羊〉学的继承与发展》（《湖南大学学报（社会科学版）》2019年第2期），等等，考订了孙复、石介的社会活动及其学术创作、著述流传中存在的一些重点问题。

在对其二人单独的研究中，思想尤其是经学思想研究是主流，如刘越峰《孙复〈春秋〉学思想探源》（《南京师大学报（社会科学版）》2008年第6期）、王心竹《孙复〈春秋尊王发微〉中的尊王之论》（《史学月刊》2012年第9期）、王士良《儒家政治哲学中〈春秋〉、礼、王权的三位一体——以孙复的〈春秋〉学为中心》(《理论与现代化》2013年第3期)、王耀祖《孙复〈春秋尊王发微〉探赜》(《管子学刊》2016年第1期)、王金凤《"逻辑的有效"与"意义的有效"——从孙复〈春秋〉诠释何以有效看经典诠释的有效性》(《思想与文化》2017年第2期)、王金凤《"观念的诠释"及其诠释有效性——以孙复的尊王观念与欧阳修的人情观念为例》(《安徽大学学报(哲学社会科学版)》2017年第4期)、蔡桂如《"尊王"与"仁民"——对孙复春秋学思想的再探析》(《晋阳学刊》2020年第5期)等,从不同视角分析了孙复对《春秋》的研究及其《春秋》学思想。成积春《石介的伦理思想初探》(《齐鲁学刊》2002年第3期),葛焕礼《石介儒学思想析论》(《东岳论丛》2003年第3期),杨国安《欧阳修、石介与宋代韩学的兴盛》(《史学月刊》2003年第4期),张义生《石介易学思想研究》(《周易研究》2009年第3期),扶平凡《论北宋理学家石介及其古文创作》(《求索》2010年第9期),李懿《石介〈中国论〉的文学书写与文化意蕴》(《船山学刊》2012年第4期),黄俊杰《石介与浅见䌹斋的中国论述及其理论基础》(《中国与世界》2016年第5辑),梁洁、罗超《论石介古文的"险怪"文风》(《湖北社会科学》2021年第1期),等等,则探讨了石氏的伦理思想、儒学思想、"尊韩"思想对欧阳修的影响、易学思想、文学思想等。

与此同时,研究生论文也有不少触及孙复、石介的。台湾大学历史研究所1972级硕士研究生曹在松著有《孙复〈春秋尊王发微〉与北宋经史二学思想之演变》一文；1987年，徐洪兴在复旦大学攻读中国思想文化史专业硕士时著有论文《论胡瑗、孙复、石介》；郑州大学汉语言文学专业2002届硕士研究生王茜从文献学的角度记录了石介一生的宦海生涯、诗文创作及其交游，撰成《石介年谱》；华东师范大学古代文学专业2005届硕士研究生姚艳丽从文学史的视角考察了石介的文学思想及其在宋初文学界的影响，完成《石介与宋初文学》一文；山东师范大学专门史专业2006届硕士研究生王耀祖则以儒学复兴为主线，综论孙复、石介，创作《孙复、石介与宋代儒学复兴》。2012年至2021年，以孙复、石介为选题的硕士论文，中国知网收录十篇。其中，关于孙复《春秋》学的有两篇；关于石介的有八篇，涉及其哲学、政治、文学、社会等层面的思想，多为专题研究。

综上可以看出，有关孙复、石介的研究并不少，涉及面也不算窄，但是从现有研究成果来看，主要存在三方面的不足：第一，对孙、石的研究主要集中在思想史、儒学史和经学史等专著的章节，或是报刊文章中，专门的研究著作甚少，且大多研究成果对孙、石挖掘的深度不够，有待提高。第二，研究成果主要集中在单个人物尤其是石介身上，很少有学者结合史料把孙复、石介贯通起来探讨，对以孙、石为首的学术群体做综合考察的论著更是少之又少。第三，在《春秋》学研究方面，孙复开宋代《春秋》学研究之先河，这是前人和今人都普遍认可的事实。然而，有关其《春秋》学著作《春秋尊王发微》和仅存的一卷十九篇（不包括诗三首）的小集子，却没有人系统地整理和研究过。所以，总体上说，关于孙复、石介的研究成果，专题考察多于系统研究、微观分析多于宏观把握。

本书以孙复、石介在宋代儒学复兴方面的贡献为主线，力图弥补有关二人研究中的不足，综合阐释孙复、石介的活动情况及其在宋代教育学术和思想史上的贡献。

第一章

孙复、石介生活的时代背景

孙复,字明复,晋州平阳(今山西临汾)人,生于宋太宗淳化三年(992),卒于宋仁宗嘉祐二年(1057)七月二十四日,享年六十六岁[1]。孙复四举进士不第,退居泰山,研摩经典,聚徒讲学,学者尊称"泰山先生"[2];后范仲淹、富弼荐于朝,为国子监直讲,终官殿中丞,有《孙明复小集》一卷和《春秋尊王发微》十二卷行于世。石介,字守道,一字公操,兖州奉符(今山东泰安市东南)人,生于宋真宗景德二年(1005),卒于庆历五年(1045)七月二十二日[3],享年四十一岁。守制期间,石介讲学于家乡徂徕山,

---

1 [宋]欧阳永叔:《欧阳修全集·居士集》卷二十七《孙明复先生墓志铭》,中国书店1986年版,第194页。本书注释,首次出现者详细注明出处,以后重复出现者仅注明作者、书名、卷数和页码。

2 孙复讲学泰山之初期,石介及其他弟子称他为"富春先生"。关于"泰山先生"和"徂徕先生"的称呼,明人吴宽说:"按其(孙复、石介)言,论其世,信其为大贤君子〔陈植锷点校本《徂徕石先生文集》(中华书局1984年版,第289页)中本句作"按其言论,世信其为大贤君子","论"后脱"其"字,"世"字断于后〕,卓然出乎流俗,而表然为一方之望者也。故在当时并为人所尊仰,至即其所居山称之,以配其德,可谓至矣。"〔[明]吴宽:《家藏集》卷第三十五《鲁两先生祠记》,《景印文渊阁四库全书》(1255册),台湾商务印书馆,第291页。全书引文中的括注除特别说明外,均为笔者所加,后不再一一说明〕

3 时日据孔宗旦与李觏书,文曰:"宗旦启:自吾师为别,追四年矣。每聆风声,鄙气销铄,伏承日来体休道洽,师表江左,捐弃名场,沉蕴事业。《易》曰:'肥遁无不利。'惟泰伯(李觏)之道乎?甚善!甚善!今二十二日徂徕石守道卒,呜呼!天丧吾道,俾我先生短命死矣。泰伯能不痛悼哉?秋风萧条,江山修邈,愿固颜色,以厌忉怛。子静行次,聊此起居,惟少垂察。不宣。曲阜孔宗旦启。"(《李觏集》外集卷二《名公手书·孔宗旦书》,中华书局1981年版,第480页)

被尊称为"徂徕先生"[1];服除,入朝为国子监直讲,官至太子中允、直集贤院,有《徂徕集》二十卷行于世。鉴于二人在宋代学术上的开拓性贡献,后人把他们与宋初的另一学者胡瑗合称为"宋初三先生"或"泰山三先生"。

宋初思想接承中唐,士子们从陆淳、韩愈等人那里找到了复兴儒学的思想源泉,并继续发掘原典,直承先秦儒学和孔孟之道。以孙复、石介为首的宋初儒者之所以发出超越汉唐儒学、回归原始儒家的呼声,最主要的还是他们有感于唐末五代道德沦丧、社会混乱,在汉唐诸儒改造下的儒学不能对失范的社会现实起到调节和规训作用;同时,儒学发展的自我否定趋势,为他们整顿儒学提供了契机;佛、道的崛起及从外部对儒家的窃夺,强化了他们复兴儒学的决心。当然,孙复、石介活动的地域是原始儒家的发祥地,有着丰厚的文化底蕴,又靠近北宋的政治、经济和文化中心,这些都为他们提供了宝贵的资源。

---

[1] 对此称呼,欧阳修在《徂徕石先生墓志铭》中解释说:"徂徕,鲁东山,而先生非隐者也,其仕尝位于朝矣。鲁之人不称其官而称其德,以为徂徕鲁之望,先生鲁人之所尊,故因其所居山,以配其有德之称,曰'徂徕先生'者,鲁人之志也。"(《欧阳修全集·居士集》卷三十四,第239页)宋人孔平仲也说石介"文章、学术天下宗师,皆呼为徂徕先生"。〔孔平仲:《谈苑》卷三,《景印文渊阁四库全书》(1037册),第144页〕

一、唐宋之际的社会现实

安史之乱是李唐王朝由盛世走向衰落的转折点。战乱结束,社会动荡不安的隐患并未消除,之后藩镇割据、宦官专权、朋党之争相互交织。直至唐王朝覆亡,其混乱无序与安史动乱相较有过之而无不及。盛唐气息荡然无存,士人建立功业、济世安民的博大胸襟渐渐隐退,取而代之的是消沉、失落和悲寂。此后的五代十国是空前剧烈的社会震荡和分裂时期。五十余年间,中原朝廷发生了五次大规模的更替。战乱频繁,军阀割据混战,武夫窃权,握有大权的武将权臣时刻觊觎皇权,后晋节度使安重荣直言不讳地说:"天子宁有种邪?兵强马壮者为之尔!"[1]这样的社会,借用朱熹的话说,犹如"人之有重病,内自心腹,外达四肢,盖无一毛一发不受病者"[2]。

儒家思想对唐代社会的规范本就不强,正如范祖禹所言:"唐有天下几三百年,由汉以来,享国最为长久。然三纲不立,无父子、君臣之义,见利而动,不顾其亲,是以上无教化,下无廉耻。"[3]再加上战争、动乱和胡化的多重冲击,士子面临着最深刻的精神危机,他们对旧的儒家文化规范的信仰动摇了。社会道德风气

---

[1] [宋]欧阳修:《新五代史》卷五十一《安重荣传》,中华书局1974年版,第583页。
[2] [宋]朱熹:《晦庵集》卷十一《戊申封事》,《景印文渊阁四库全书》(1143册),第181页。
[3] [宋]范祖禹:《唐鉴》卷十一《肃宗至德元载》,上海古籍出版社1984年版,第149页。

败坏,纲纪废弛,价值观念颠倒,士大夫鲜知礼义廉耻,重忠义、讲气节的风尚荡然无存。历任唐晋汉周四朝、事十君的冯道曾作诗自娱曰:"莫为危时便怆神,前程往往有期因。须知海岳归明主,未省乾坤陷吉人。道德几时曾去世,舟车何处不通津?但教方寸无诸恶,狼虎丛中也立身。"[1] 冯道是那个时代较为典型的士人缩影,其言辞中反映的处世原则和"道德几时曾去世"的感慨也不仅仅是他个人的看法,更是那个时代士人内心的普遍写照。"荆棘森森绕杏坛,儒官高贵尽偷安"[2] 道出了儒门淡薄的苍凉,儒业和儒家经典不再是士人安身立命之所,少年甚至"不知五帝三皇是何物"[3],儒家所宣扬的道德伦理对整个社会和个人也往往无法再起到规范和约束作用,违背伦理教条也很少被视为可耻的行径。仍以冯道为例,他在中书省任职时,有举子李道投贽相见,冯道戏谑地说:"老夫名道,其来久矣。加以累居相府,秀才不可谓不知,然亦名道,于礼可乎?"李道大声地回答说:"相公是无寸底道字,小子有寸底道字,何谓不可也?"冯道非但不生气,反而笑着说:"老夫不惟名无寸,诸事亦无寸,吾子可谓知人矣。"[4] 做事毫无道德准则,因势而动,儒官竟然沦落到此地步,除了为那个时代表示悲哀外,我

---

1 [宋]吴处厚:《青箱杂记》卷二,中华书局1985年版,第16页。
2 [宋]陶岳:《五代史补》卷三《冯道修夫子庙》,《景印文渊阁四库全书》(407册),第662页。
3 [唐]释贯休:《禅月集》卷一《少年行》,《景印文渊阁四库全书》(1084册),第426页。
4 [宋]陶岳:《五代史补》卷五《举子与冯道同名》,第681页。

们还能说什么呢？史学家欧阳修研究了五代半个世纪的历史后，感慨地说：忠义之节，"岂于儒者果无其人哉？"[1]真的没有了吗？最后，欧阳修只好拿那个时代小说中一位虚拟的"烈女"形象来慰藉自己。

在动乱、颓丧的时代，道德隐退，人性沉沦，士人感到岌岌可危、朝不保夕。经受着文化失范的痛苦，他们或退隐山林，或沉醉异乡，或向佛道之地寻找避风的港湾，"何用岩栖隐姓名，一壶春酎可忘形"[2]。无奈、消沉、孤寂、颓废充斥着士人的内心世界，徐寅一首"人事飘如一炷烟，且须求佛与求仙"[3]道出了当时大部分士人的心态。才智之士归心于禅，作偈之风兴盛，儒生读书问学于山林寺院之中蔚然成风，士子们借着佛、道求得暂时的心理平衡。

宋初士人信仰危机、心理失范的状况仍在延续。赵匡胤黄袍加身，虽然结束了唐末以来的割据混战，实现了有限的统一，但未能解决安史之乱以来存在的深层社会问题和士子信仰危机，赵宋王朝初期实行的一系列控制措施使得新的社会问题日益严重；同时，赵宋王朝在与辽、夏等少数民族政权的对峙中日显窘态，与士人泱泱"大汉"政权的心态很不协调。这些层层叠加的社会问题时时刺痛着希冀重建盛世的士子们。包括孙复、石介在内的宋初儒者就是在

---

1 ［宋］欧阳修：《新五代史》卷五十四《杂传第四十二》，第611页。
2 ［唐］韦庄撰，李谊校注：《韦庄集校注》卷一《对酒》，四川省社会科学院出版社1986年版，第11页。
3 ［唐］徐寅：《徐正字诗赋》卷二《人事》，《景印文渊阁四库全书》（1084册），第298页。

这样的社会背景下成长起来的,他们记忆犹新且痛心疾首,立志把改造这个弊病丛生的悲剧时代作为自己的历史使命。在这种理念的支配下,他们回归儒家原典,开始改造传统儒家文化规范、重建新儒家文化范式的探索。理学正是在这种转换中诞生和发展起来的。

二、儒学发展的自我否定

春秋战国时期,儒家只是诸子百家中的一家,其学术地位和政治地位并不高。自汉武帝接受董仲舒的建议"罢黜百家,独尊儒术"后,儒学开始显达,此时也未取得绝对的优势。汉元帝以后,儒家开始傲视天下。在长期的发展过程中,儒学形成汉、宋两种治学模式。汉代儒学又分为今文经学、古文经学两派,唐代的官方经学以古文经学为正统。

李唐戡定战乱实现政治一统后,为了选拔人才、笼络士人,实施了一系列的文化政策,统一经书文本和义疏就是其中最为重要的一项。汉季末世、魏晋南北朝以来,儒学多门,经文、经义多有歧异,章句繁杂抵牾,儒生无所适从。唐太宗遂命颜师古考校南北经本之异同,作《五经定本》;又命孔颖达、颜师古等据《五经定本》,参酌南北经义,统一章句义疏,成《五经正义》一百八十卷。《五经定本》和《五经正义》皆以南学为宗,参补于北学,其中《易》主王弼注,《书》主孔安国传,《诗》毛传郑笺,《礼记》

郑玄注,《左传》杜预解。不久,唐政府采用贾公彦的《周礼疏》（主郑玄注）、《仪礼疏》（郑玄注）和杨士勋的《穀梁传集解》（晋范宁注）以及徐彦的《公羊传疏》（汉何休注）,与《五经正义》合为"九经",颁行学官,为科举考试明经科的统一定本,自唐至宋,"天下奉为圭臬","士子皆谨守官书,莫敢异议"[1]。

对此,经学家皮锡瑞评说道:"夫汉帝称制临决,尚未定为全书;博士分门授徒,亦非止一家数;以经学论,未有统一若此之大且久者。"[2]唐代统一经学,其积极意义是扫除了东汉以来纷繁的经师杂说,各门各派的攻讦纷争至此告一段落。以政府的力量一统经学,实现了个人力量无法完成的文献整理和学术总结,既有利于文化传播,又有利于思想统治。所以,范文澜说:"唐太宗令孔颖达撰《五经正义》,颜师古定《五经定本》,对儒学的影响,与汉武帝罢黜百家独尊儒学有同样重大的意义。"[3]

《五经正义》主要采用汉人或以汉人方法治经的成果。汉儒治经分为今文经和古文经两大派:今文经学专明所谓微言大义,侧重于章句,讲求通经致用,若"以《禹贡》治河,以《洪范》察变,以《春秋》决狱,以三百五篇当谏书"[4],但牵强附会、主观臆断,甚至是强经从我,并羼杂谶纬迷信思想;古文经学重视对经书的历史考察,通过文字训诂和对典章制度的阐释来研究原典,其弊端

---

1 [清]皮锡瑞:《经学历史》,中华书局1959年版,第207页。
2 [清]皮锡瑞:《经学历史》,第198页。
3 范文澜:《中国通史》第四册,人民出版社1965年版,第243页。
4 [清]皮锡瑞:《经学历史》,第90页。

是"分文析字,烦言碎辞,学者罢老且不能究其一艺"[1],过分地迷从对名物制度、章句训诂的笺释和考证。不但如此,汉儒治经还会严守师法和家法,"非惟诂训相传,莫敢同异,即篇章字句,亦恪守所闻"[2]。这些弊端基本上都被严守"疏不驳注"原则的《五经正义》所继承,并加以法律化和教材化。所谓"疏不驳注",即以注为宗,严格维护注的权威,义疏必须服从传注,绝不允许出现在传注之外擅自发挥表达见解和修改传注原文不当之处的注疏。所以,对于传注的许多错误和义疏的牵强之处,《五经正义》大多未加以纠正,反而削足适履,以曲说附会经注。而且,由于《五经正义》的工程巨大,卷帙浩繁,参与者众多,其中不免错谬。总之,在统一经书方面,《五经正义》也存在众多自身难以逾越的弊病:"彼此互易""曲徇注文""杂引谶纬"。[3]

《五经正义》颁行后,在唐代意识形态领域具有至高的神圣性,产生了广泛的约束力,成为经学领域判断是非的准绳。科举考试只问墨义、注疏,不允许对义理内涵做自由发挥,就是最好的证明。这条治经之路愈走愈窄,严重地阻碍了儒学的发展。经学的绝对化带来的只能是凝固化后的没落和僵死。经学虽然统一了,但是却没落了。终唐一代,经学基本上就是沿着汉魏章句义疏的老路,没有取得令人满意的成就。与繁荣灿烂的大唐帝国文化相较,这是一件

---

1 [汉]班固:《汉书》卷三十六《楚元王传》,中华书局1962年版,第1970页。
2 [清]永瑢等:《四库全书总目》卷一《经部总序》,中华书局1965年版,第1页。
3 [清]皮锡瑞:《经学历史》,第201页。

多么具有讽刺意味的事情。

从中唐开始,随着封建经济基础的变化、佛教的广泛传播,传统的注疏之学已不再适应现实的需要,于是意识形态领域出现了变革的呼声。进入北宋中期,由于科举和印刷术的发展、社会矛盾的复杂和激化,对经学研究方法进行变革已是不可避免且十分紧迫的事情。经学面临的问题已不是该不该变革的问题,而是该如何变革的问题。这股经学变革的浪潮始于唐中期,从疑古、疑传和疑经开始,前后延续了二百年之久,在北宋仁宗时期发展成一股巨大的思潮。没落的汉唐治经模式在这股曲折的变古潮流中最终被遗弃,经学发展出现历史性的转机,经宋学在孕育中发展强大,并最终引领儒学走向复兴道路。

汉学和宋学是儒学的两个分支,宋儒把汉唐经学视为回归原儒的内在障碍,所以宋学是对汉唐经学的否定和反动。它以批评、超越汉唐经学、回归儒家原典为目标,研究原典直承孔孟思想和三代学说,寻找汉唐经学无法解决的人生和社会问题的答案。

三、佛道兴盛与儒门淡薄

从魏晋南北朝到隋唐,由于佛教的中国化和道教的成熟定型,佛教与道教成为社会上有着重要影响的意识形态,并与儒学分庭抗礼,出现三足鼎立的局势。生活于唐代后期的沈亚之说:"自佛行中国以来，国人为缁衣之学多，几与儒等。然其师弟子之礼，传为严专，到于今世益，则儒道少衰，不能与之等矣。"[1]可见，到唐代后期，佛教的发展已超过儒学，儒学已不能与佛学抗衡。钱穆将汉、唐儒学的地位做了对照，指出："汉儒一心所尊，曰周公，曰孔子，六经远有其崇高之地位。唐代人心之所尊向，非释迦，则禅宗诸祖师。周公孔子，转退于次一等，则经学又何从而获盛"，"故通论有唐一代，儒学最为衰微"。[2]当时士人，无论是当朝高官，抑或山野隐士，大多出入佛、道，"非卓然不惑之士，未有不为其所迷也"[3]。

　　入宋后，佛、道继续获得统治者的青睐而扶摇直上。太祖赵匡胤除了经常参拜佛寺外，还不惜耗巨资整修寺院庙宇，遣派大批僧人入西域求佛。另外，中国佛教史上第一部官刻大藏经《开宝藏》在开宝四年（971）刻板，与太祖的崇佛不无关系。太宗赵光义"素崇尚释教"，宣称"浮屠氏之教有裨政治"[4]，创译经院，礼待僧人，耗费亿万，建造舍利塔，推崇佛理，谓"大矣哉，我佛之教也！化道群迷，阐扬宗性，广博宏辩，英彦莫能究其旨；精微妙

1　[唐]沈亚之：《沈下贤集》卷九《送洪逊师序》，《景印文渊阁四库全书》（1079册），第51页。
2　钱穆：《朱子学提纲》，生活·读书·新知三联书店2002年版，第7页。
3　[宋]廖莹中注：《东雅堂昌黎集注·论佛骨表》。转引自《韩昌黎全集》卷三十九，中国书店1991年版，第458页。
4　[宋]李焘：《续资治通鉴长编》卷二十三《太宗太平兴国七年六月》、卷二十四《太宗太平兴国八年冬十月》，中华书局1985年版，第523、554页。

说，庸愚岂可度其源"[1]。太祖、太宗的崇道也是出了名的。据说宋太祖的"黄袍加身"和太宗的"烛影斧声"都与道士的策划分不开，所以他们一登基，即对道士和道教恩遇有加。[2] 太宗说："清净致治，黄老之深旨也。夫万物自有为以至无为，无为之道，朕当力行之。"[3] 他甚至想效法西汉初年的统治者，来一个黄老的无为而治。

真宗、仁宗时期，北宋的佛道发展出现第一个高潮。佛教典藏《景德传灯录》《大中祥符法宝录》等都是真宗年间杨亿等人所编录。天禧五年（1021），全国计有道士、女冠、僧、尼479191人[4]，为整个北宋之最。史载每逢水旱、风雨冰霜、蝗虫灾害等，真宗都要亲临寺院设坛祭祀、"祈雨"。他还下令在京师及诸路设立戒坛，由当地官员带头施行祭祀之礼，全国戒坛最多时达七十二处。真宗还是一个"道皇帝"，崇道与扬佛并举，被道家称为"来和天尊"。在他当政时期，崇道信道达到宋初的第一个高峰。为封禅造舆论，真宗示意群臣大搞天书、符瑞等闹剧；其"优礼种放，近世少比"[5]，"用方士拜章至帝所"[6] 以求子，可见崇道之甚。仁宗景祐

---

1 ［元］释念常：《佛祖历代通载》卷十八《宋》，《景印文渊阁四库全书》（1054册），第608—609页。
2 ［宋］李攸：《宋朝事实》卷七《道释》，中华书局1955年版，第107—125页。
3 ［宋］彭百川：《太平治迹统类》卷三《太宗圣政》，《景印文渊阁四库全书》（408册），第84页。
4 ［清］徐松：《宋会要辑稿·道释一》之十三，中华书局1957年版，第7875页。
5 ［宋］王辟之：《渑水燕谈录》卷四《高逸》，中华书局1981年版，第45页。
6 ［宋］张端义：《贵耳集》卷中，中华书局1958年版，第28页。

元年（1034），全国僧尼人数为434273人[1]；嘉祐三年（1058），在京、诸道州军寺观计有38900余所[2]。人数虽比真宗时有所下降，但崇佛的大趋势并未改变。仁宗亲作《景祐天竺字源序》赐译经院，并诏臣下翻译、编定佛典，如夏竦奉诏颁定《大藏经》、撰《传法院译经碑铭》，吕夷简、宋绶等续修《法宝录》，赐名《景祐新修法宝录》，等等。[3]仁宗亦好道，常以之祈雨、祈嗣，获绰号"赤脚大仙"[4]。

在皇帝的影响下，士大夫也沉溺佛禅，作偈之风兴盛。杨亿"深达性理，精悟禅观"，临死前作偈曰："沤生复沤灭，二法本来齐。要识真归处，赵州东院西"，"丞相王公随亦悟性理"，"曹司封修睦，深达性理，知邵武军时，常以竹篦赠禅僧仁晓"，"张尚书方平，尤达性理"，"陈文惠公亦悟性理，尝至一古寺"，"富文忠公，尤达性理"，等等。[5]司马光也谓王旦"性好释氏，临终遗命剃发着僧衣，棺中勿藏金玉，用荼毗火葬法，作卵塔而不为坟"[6]。这些精

---

1 [宋]章如愚：《群书考索》后集卷六十三《财用门·鬻僧类》，《景印文渊阁四库全书》（937册），第868—869页。《宋会要辑稿·道释一·披度》作454388人（上海古籍出版社2014年版，第9980页）。
2 [宋]陈襄：《古灵集》卷五《乞止绝臣僚陈乞创造寺观度僧道状》，《景印文渊阁四库全书》（1093册），第531页。
3 [清]徐松：《宋会要辑稿·道释二》之八、之九，中华书局1957年版，第7892—7893页。
4 [明]徐应秋：《玉芝堂谈荟》卷七《神仙谪坠》，《景印文渊阁四库全书》（883册），第169页。关于这一绰号，宋张端义《贵耳集》解释道："仁宗在禁中，未尝尚鞋，惟坐殿方尚鞋韈，下殿即去之。"（卷中，第28页）
5 [宋]吴处厚：《青箱杂记》卷十，第110—111页。
6 [宋]司马光：《涑水记闻》卷七，中华书局1989年版，第143页。

第一章　孙复、石介生活的时代背景　｜　025

通佛教性理的士大夫常常模仿僧人作偈颂,"庆历中,士大夫多修佛学,往往为偈颂以发明禅理"[1]。

在统治者的支持下,宋初佛、道二教均获得迅速发展,并向儒学渗透,在与儒学的争战中占据明显的优势。

《宋稗类钞》中记载了一段十分有趣的对话:

> 王荆公(王安石)尝问张文定(张方平):"孔子去世百年,生孟子亚圣。自后绝无人,何也?"
>
> 文定言:"岂无?只有过孔子上者。"公问是谁?
>
> 文定言:"江南马大师,汾阳无业禅师,雪峰岩头丹霞云门是也。儒门淡薄,收拾不住,皆归释氏耳。"荆公欣然叹服。[2]

这段材料及所载史实的真实性值得怀疑,但其言"儒门淡薄"却是唐宋时期公认的事实。"儒门淡薄,收拾不住,皆归释氏"一语道破儒学式微、佛教鼎盛的事实。儒学式微,在维系世道、人心上已无法发挥其擅长说教的优势。在宋初的士子看来,唐末、五代及宋初种种违背人伦道德的不正常现象都是儒学衰落所致,所以,欲医治此类社会问题须从复兴儒学着手,而振兴儒学就要打败儒学的竞争对手佛、道二教。

面对佛道的昌盛、儒学的衰微,一些具有忧患意识的儒士萌发

---

[1] [明]何良俊:《语林》卷九《文学第四》,上海古籍出版社1983年版,第15页。或见《宋稗类钞》卷七《宗乘》,书目文献出版社1985年版,第596页。

[2] [清]潘永因:《宋稗类钞》卷之七《宗乘》,第597页。

了强烈的捍卫儒道的意识。他们视佛、道二教与汉唐经学、"四六"时文等观,视佛、道的窃夺为儒学衰落的外在原因。唐代的韩愈首先振臂高呼,宋代的柳开、王禹偁、穆修、范仲淹、孙复、石介、胡瑗、欧阳修、士建中、李觏等人继起,对佛、道进行了猛烈的攻击。其中,孙复、石介表现得最为突出。孙复、石介二人较早地扛起了反对佛、道异端思想的大旗,以其济世救民、为往圣继绝学和为万世开太平的胸襟与强烈愿望及对儒家之道的忠诚信仰和坚决不妥协的姿态,辟邪说、斥异端,对佛、道进行了猛烈的攻击,积极实践复兴儒学的伟大使命。

四、文化氛围与地域特征

孙复、石介主要活动在今山东西部地区,即宋时京东路的兖州、郓州(今山东东平)地区。该区西南为南京应天府(今河南商丘市),西北为北京大名府(今河北大名县),北靠济南府,南邻徐州,地理位置甚为优越。

首先,这里是儒家的诞生地。此地自古文化发达,有着深厚的文化底蕴,儒学传统保存较好,讲学、求学之风兴盛。"其俗重礼义……政教所出,五方杂居……专经之士为多"[1],郓州"地连

---

1 [元]脱脱等:《宋史》卷八十五《地理志一·京东路》,中华书局1977年版,第2112页。

邹鲁、分青齐，硕学通儒，无绝今古"[1]。杜佑《通典》亦谓："山东（太行山、恒山以东，包括今山东西部的大部分地区）之人，性缓尚儒。"在论及兖州的风俗时，又说："人情朴厚，俗有儒学……又如近古之风。"唐末五代，战事连绵，这里也经历过不少战争，但是本地文化以其顽强的生命力较好地保存了下来，并出了不少经师，如戚同文、田敏等。进入北宋，本地文化凭借自身优势和赵宋政府的宽松政策迅速恢复并发展起来，涌现了诸如田诰、王禹偁、邢昺、孙奭、穆修、王曾等儒师、儒臣。正如宋人形容的那样："衣冠鲁国动成群"[2]，"郓为东方大邦，宋兴以来多名公卿"[3]。石介也赞叹本地"圣人遗风烈，生民多材（一作俊）良。吾宋八十年，贤杰近相望"。又曰："夫求圣人之道，必自鲁始。鲁，周公之所封也，孔子之所出也。圣人之道尽在鲁矣。"[4]众多的儒师、儒臣及其活动进一步激励了本地的士风。

其次，兖州、郓州地区靠近当时的政治、经济和文化中心。北宋的京都开封府为当时全国的政治、经济、文化中心，南京应天府和北京大名府则是仅次于开封府的政治、经济、文化枢纽。它们以

---

[1] [宋]乐史：《太平寰宇记》卷十三《河南道十三·郓州》，《景印文渊阁四库全书》（469册），第105页。

[2] [宋]陈师道：《后山居士文集》卷六《赠田从先》，上海古籍出版社1984年版，第367页。

[3] [宋]陆游：《陆放翁全集》卷三十四《杨夫人墓志铭》，中国书店1986年版，第213页。

[4] [宋]石介：《徂徕石先生文集》卷三《赠李常李堂》，卷七《归鲁名张生》，中华书局1984年版，第30、82页。

其政治、经济，尤其是文化优势形成一个辐射圈，向周围发散。京东路的兖州、郓州地区距上述三地均不远，恰好处在这个多重的辐射范围内。当地士子把由发达地区传播来的时兴文化与本地传统文化很好地结合起来，既吸收了流行文化，丰富了本地文化，又继承了传统文化。一种新的学术遂在继承传统文化和扬弃时兴文化的基础上，在本地悄然且迅速地发展起来，这就是宋代新儒学。经过宋初半个世纪的酝酿，这种新儒学在宋代中期活跃并向周边地区传播开来。

以孙复、石介为代表的新儒者正是这种新兴学术的开拓者和积极传播者。全祖望在《庆历五先生书院记》中描述说："有宋真、仁二宗之际，儒林之草昧也。当时濂、洛之徒，方萌芽而未出，而睢阳戚氏（戚同文）在宋，泰山孙氏（孙复）在齐，安定胡氏（胡瑗）在吴，相与讲明正学，自拔于尘俗之中。亦会值贤者在朝，安阳韩忠献公（韩琦）、高平范文正公（范仲淹）、乐安欧阳文忠公（欧阳修），皆卓然有见于道之大概，左提右挈，于是学校遍于四方，师儒之道以立……说者以为濂、洛之前茅也。"[1] 戚同文，楚丘（今山东曹县东南）人，五代末宋初在睢阳讲学，范仲淹入仕前曾向其求学，后范氏又对孙复、石介以及胡瑗的学术产生一定的影响。胡瑗虽不在鲁，但他早年在泰山学道，其后大约与孙复、石介同时讲学东南。毫无疑问，鲁地的学术氛围对胡瑗治学、讲学产生

---

[1] ［清］黄宗羲、全祖望：《宋元学案》卷三《高平学案》，中华书局1986年版，第134页。

了重大的影响。韩琦与孙复、石介交往甚密，关系非同寻常。欧阳修虽与石介同年，但也受到孙、石排佛老和道统思想的启发。"国初，诸儒以经术行义闻者，但守传注，以笃厚谨修表乡里。自孙明复为《春秋发微》，稍自出己意。守道师之，始唱为辟佛、老之说，行之天下。文忠初未有是意，而守道力论其然，遂相与协力，盖同出韩退之。"[1]所以，分析这段话可以发现，宋初兴起的讲学活动和朝廷中的几位重要儒官或多或少地与鲁地有着联系。

  鲁地深厚的文化积累和有利的地理位置为新儒学的出现和发展创造了无比优越的条件。生在斯地、学在斯地和官在斯地的石介以及做研究、传道于斯地的孙复正是很好地利用了这一地理和文化优势，为宋代新儒学的开创和发展贡献了毕生精力。

---

[1]［宋］叶梦得：《避暑录话》卷上，《景印文渊阁四库全书》（863 册），第 670 页。

第二章

孙复、石介与宋初学风

风气是形成思潮的前奏，一种思潮的形成需有一定的风气酝酿过程，如汉学形成于汉初治经之风，玄学本于清谈之风，等等。同样，宋学的形成也有一个风气变换的过程，其中学风转变至为关键。宋初学风继承中唐陆淳、韩愈、柳宗元等人，在怀疑传注、修订经典原文和变革时兴文体、提倡古文等方面表现得极为突出。

一、疑传惑经

以孔颖达、颜师古为代表的唐儒在编著《五经正义》时，严守"疏不驳注"的原则，对汉晋传注的许多错误和义疏的牵强之处，大多未能纠正，反而削足适履，以曲说附会经注。结果，以统一经学为宗旨的《五经正义》存在一些难以克服的弊病："彼此互易""曲徇注文""杂引谶纬"。[1]

经学统一了，却没落了，终唐一代，经学基本上沿着汉魏章句义疏的老路，且没有什么令人满意的成就。不但如此，"就唐一代言，可谓无醇儒，亦无大儒"[2]。经学的绝对化带来的只能是凝固化

---

1 [清]皮锡瑞:《经学历史》，第201页。
2 钱穆:《朱子学提纲》，第7页。

后的没落和僵死。幸好，此时要求经学变古的呼声响了起来，没落的经学在这股曲折的变古思潮中出现了转机。这股经学变古思潮就是众所周知的、延续二百年之久的疑古惑经思潮，它最终引领儒学走向复兴的道路。

(一) 经学变古的先声

疑传惑经，甚至是改经，并非否定经典，而是要修正后世传注、义疏对经典的曲解，抹去覆盖在经典上的虚假成分，还经典以本来面目；它也并非宋儒的专利和经学界所特有，早在盛唐时代，就有不少学者阐发此论，最著名者要数史学家刘知几。

刘知几，字子玄，著有《史通》一书，其中外篇的《疑古》《惑经》和《申左》对经典《尚书》《论语》和《春秋》做了评判，并对传统观点——孔子作"六经"提出质疑。在《疑古》篇中，刘知几列举了《尚书》《论语》中十条比较可疑的记录。对于传习已久的二帝三王之说，以及儒家津津乐道的禅让制度和事迹等，刘知几均持怀疑态度。他说："舜虽废尧，仍立尧子，俄又夺其帝者乎？观近古有奸雄奋发，自号勤王，或废父而立其子，或黜兄而奉其弟，始则示相推戴，终亦成其篡夺。求诸历代，往往而有。必以古方今，千载一揆。斯则尧之授舜，其事难明，谓之让国，徒虚语耳。"[1] 他认为禅让"徒虚语"，与后世的篡夺没有区别，至于太伯避

---

1 [唐] 刘知几撰，[清] 浦起龙释：《史通通释》卷十三《疑古》，上海古籍出版社1978年版，第384页。

位、周公诛管蔡和后世争夺皇位也没有差别。这种"非圣无法"的大胆言辞,让世人惊叹不已。

刘知几认为,对古代经典不能盲从,因为"远古之书,其妄甚矣"[1],且所记之事简略。以《春秋》为例,"其所未谕者十有二",而后人"虚美者有五"[2],并批评说孔子专事隐晦,"饰智矜愚,爱憎由己者多矣"[3]。"夫子之修《春秋》,皆遵彼乖僻,习其讹谬,凡所编次,不加刊改者矣。何为其间则一褒一贬,时有弛张;或沿或革,曾无定体。"[4]对于当世儒者所重的章句训诂之学,刘知几也进行了严厉批评:"儒者之学,苟以专精为主,止于治章句、通训释,斯则可矣。至于论大体,举宏纲,则言罕兼统,理无要害。故使古今凝滞莫得而申者焉。"[5]

刘知几的疑古和对经书的非难虽然只是站在史学的角度,以史学的标准和史学工作者的态度对经典进行评定,但是其批判精神实为可贵,其言论对高高在上、士人顶礼膜拜的儒家经典和只晓得章句训诂的儒者无疑是当头一棒。抱残守缺的经师在反驳刘说的同时,也不由得反思经典和传注本身。刘知几实为经学一统后疑古惑经的第一人,给万马齐喑的儒学界增添了几分气息。"非圣无法,

---

[1] [唐]刘知几撰,[清]浦起龙释:《史通通释》卷十三《疑古》,第394页。
[2] [唐]刘知几撰,[清]浦起龙释:《史通通释》卷十三《惑经》,第398、410页。
[3] [唐]刘知几撰,[清]浦起龙释:《史通通释》卷十三《疑古》,第381页。
[4] [唐]刘知几撰,[清]浦起龙释:《史通通释》卷十三《惑经》,第406页。
[5] [唐]刘知几撰,[清]浦起龙释:《史通通释》卷十四《申左》,第416页。

并由此等谬说启之。"[1]此虽系批评之词,却从反面揭示了刘氏在打破儒学界沉闷气氛、经学变古和启迪来者中的不朽功勋。

中唐以后,疑传惑经思潮终于在经学领域产生了不小的波动。弄潮儿便是以研究《春秋》出名的啖助,继后其高足赵匡、陆淳扛起这面大旗,在当时产生了一定的影响。

啖助,字叔佐,本赵州(今河北赵县)人,后徙居关中,大历(766—779)年间著名的经学家,集十年之功研究《春秋》,撰成《春秋集传》,又摄《集传》纲条为《春秋统例》六卷。可惜此两书均已佚失,其学术观点主要散见于弟子的著作中。啖助淹通经术,主张为学不必严守"师法"与"家法"。"《春秋》之文简易……但先儒各守一传,不肯相通,互相弹射",其弊滋甚,[2]只有通学才能弥补此种缺漏。

赵匡,字伯循,河东(今山西永济)人,与陆淳均师事啖助。陆淳,字伯冲,因避唐宪宗讳,改名陆质,吴郡(今江苏苏州)人,《旧唐书·儒学传》谓其因传啖、赵之学而知名。啖助卒后,陆淳与啖助之子啖异录其遗文,命名为《春秋集注总例》,又请赵匡损益,更名为《春秋集传纂例》,所以此书应为啖、赵、陆三家之说。同时,三家之说还见于陆淳编定的《春秋集传微旨》和《春秋集传辨疑》。

---

1 [清]皮锡瑞:《经学历史》,第93页。
2 [唐]陆淳:《春秋集传纂例》卷一《啖氏集传注义第三》,《景印文渊阁四库全书》(146册),第382页。

啖助认为，治《春秋》者，首先要明白夫子因何修《春秋》，即孔子修《春秋》的动机。对此，"三传"均未详言，但注"三传"的杜预、何休和范宁给出了各自的看法。杜预以为"《春秋》者，周公之志"，"暨乎周德衰，典礼丧，诸所记注多违旧章，宣父因鲁史成文，考其行事而正其典礼，上以遵周公之遗制，下以明将来之法"。何休以为"《春秋》将以黜周王鲁，变周之文从先代之质"。范宁则说："平王东迁，周室微弱，天下板荡，王道尽矣。夫子伤之，乃作《春秋》，所以明黜陟，著劝戒，成天下之事业，定天下之邪正，使夫善人劝焉，淫人惧焉。"啖助认为，三家之说"诚未达乎《春秋》大宗"，所谓"宏纲既失，万目从而大去者也"，更不用说"议其深指"了。《春秋》主旨何在？啖助以为，从《春秋》"以权辅正，以诚断礼，正以忠道，原情为本，不拘浮名，不尚狷介，从宜救乱，因时黜陟，或贵非礼勿动，或贵贞而不谅，进退抑扬，去华居实"，可知其宗旨在于"救时之弊，革礼之薄"[1]。这从根本上抨击了传注不合经文，为传注作章句义疏的《五经正义》就更不用谈了，以比较隐晦的方式全面否定了汉唐注疏。

啖助、赵匡和陆淳还集中笔墨对《春秋》"三传"进行了猛烈的抨击。他们认为，左氏据周、晋、齐、宋、楚、郑等数国之史，"以授门人，义则口传，未形竹帛。后代学者乃演而通之，总而合之，编次年月以为传记。又广采当时文籍，故兼与子产、晏子及诸

---

[1] ［唐］陆淳：《春秋集传纂例》卷一《春秋宗指议第一》，第379页。

国卿佐家传,并卜书及杂占书、纵横家、小说、讽谏等杂在其中。故叙事虽多,释意殊少,是非交错,混然难证",同时由于作传之人"妄有附益,故多迂诞。又左氏本末释者抑为之说,遂令邪正纷糅,学者迷宗也"。《公羊传》《穀梁传》"初亦口授,后人据其大义散配经文,故多乖谬,失其纲统",且"随文解释,往往钩深。但以守文坚滞,泥难不通,比附日月,曲生条例,义有不合,亦复强通,舛驳不伦,或至矛盾,不近圣人夷旷之体"。[1]

在《春秋集传纂例》中,陆淳排比科条,阐明笔削之旨,引啖、赵之语攻击"三传",但是只总举其大意,未能细说。《春秋集传辨疑》则条列"三传"文,逐字逐句加以诘难,指摘其失却之处,驳正之论往往中的。如隐公元年(前722),"春王正月",《公羊传》曰:"春者何?岁之始也。"陆淳驳斥说:春为岁首,不应烦释。《公羊传》又说:"曷为先言王而后言正月?王正月也。"赵匡反驳说:"若言春正月王,则不成文理矣,何用解乎!"《公羊传》又说:"不言'即位',成公意也。"赵匡反驳道:"此乃直明公本意,又是事实,何名'成'哉!"[2] 再如隐公三年(前720),"宋公和卒",《左传》解释说:"宋宣公可谓知人矣,立穆公,其子飨之,命以义夫。"啖助驳斥说:"若宣公本知穆公反让其子,且让以求名,乃是诈也,何足美乎?"[3] 如此之类,颇为精允。

---

1 [唐]陆淳:《春秋集传纂例》卷一《三传得失议第二》,第381页。
2 [唐]陆淳:《春秋集传辨疑》卷一《隐元年春王正月》,《景印文渊阁四库全书》(146册),第598页。
3 [唐]陆淳:《春秋集传辨疑》卷一《宋公和卒》,第602页。

啖助、赵匡、陆淳对"三传"有褒有贬,但他们尽弃"三传",宗旨又在于深究经中大义,与《公羊传》《穀梁传》无异,故其论有时亦近于臆断。如"郑伯克段于鄢",《左传》说郑庄公"遂置姜氏于城颍,而誓之曰'不及黄泉,无相见也'"。啖助反驳说:"岂子囚母乎?此《传》近诬矣。"[1] 对公认的历史事实,他们也持怀疑态度,如此几无可信之史,不免有过分疑古之嫌,臆断之意十分明显。这样的例子也不少。

啖助、赵匡和陆淳及其思想对后世影响很大。四库馆臣在《春秋集传纂例》"提要"中将啖助的功绩概括为三点:一是"考三家得失,弥缝漏阙","故其论多异先儒";二是舍经求传,"导宋人之先路";三是攘异端,"破附会之失"。同时又说,其"生臆断之弊,其过不可掩",评价较为公允[2]。位居"唐宋八大家"之列的柳宗元曾言,"常愿执洒扫于陆先生之门",并亲为陆淳作墓表谓:"说《春秋》者百千,卒无有及其根源者,独先生讲述三十年,经学始大光莹。"他对陆淳可谓仰慕之至。怪不得宋人朱临会说:"子厚(柳宗元)文章宗匠也,以韩退之之贤,犹不肯高以为师,独肯执弟子礼于陆氏前,则陆氏之学从可论也。"[3] 在元人中享有"词宗"之誉的吴莱也认为:"后之学者自肆于藩篱阃域之外,口传耳剽,

---

1 [唐]陆淳:《春秋集传辨疑》卷一《郑伯克段于鄢》,第599页。
2 [清]永瑢等:《四库全书总目》卷二十六《春秋集传纂例十卷》,清乾隆武英殿刻本。
3 [宋]朱临:《春秋集传纂例原序》,转引自[唐]陆淳:《春秋集传纂例》,第377页。

而不难于议经者，必引啖、赵、陆氏以自解。"[1]

与刘知几相比，啖助、赵匡和陆淳师徒对"三传"的批判主要是从经学自身出发，可谓破其门入其室，执其矛攻其盾。当然，这种怀疑仅限于经典的传注，其攻击也不够系统。但是他们不满《春秋》学者信传而不宗经的固陋习气，主张破除门户之见，对"三传"进行大规模的整合与批判，开启了宋儒怀疑经传风气的先河。

（二）孙复、石介怀疑传注的言论

1. 宋初思想界的因循现状

唐代出现的疑古惑经现象并不是当时思想界和经学界的主流，章句训诂之学在经学界仍然占据绝对的支配地位。唐末五代，战乱频仍，思想界基本上没有任何作为。宋初，思想文化仍沿着汉唐的既定步伐向前发展。"祖宗之初，不以文字卑陋为当变，而以人心无所底止为可忧。故天下之士，惟知诵先儒之说以为据依，而不自知其文之陋也。是以重厚质实之风，往往或过于汉唐盛时。"[2]

宋初，统治者实行"右文"政策，特别重视儒生和文化，出现了大规模的文化典籍编撰盛事。宋太祖赵匡胤"独喜观书，虽在军中，手不释卷。闻人间有奇书，不吝千金购之"[3]。宋太宗"笃好

---

1 ［元］吴莱：《渊颖集》卷十二《春秋纂例辨疑后题》，《景印文渊阁四库全书》（1209册），第207页。

2 ［宋］陈亮：《龙川集》卷十一《传注》，《景印文渊阁四库全书》（1171册），第592—593页。

3 ［宋］李焘：《续资治通鉴长编》卷七《太祖乾德四年五月》，第171页。

儒学",说:"夫教化之本,治乱之源,苟无书籍,何以取法?"[1]乃聚名士于朝,诏修《太平总类》(后更名为《太平御览》)、《太平广记》、《文苑英华》等。《太平总类》千卷书成,他命臣下日进三卷,不辞劳苦,要在一年内读完:"朕性喜读书,开卷有益,不为劳也。此书千卷,朕欲一年读遍,因思学者读万卷书亦不为劳耳。"[2]为满足科举取士的需要,宋太宗还派人校刊《五经正义》。咸平二年(999),真宗命翰林侍讲学士邢昺与杜镐、舒雅、孙奭等人校订群经。完成后,雕版达十余万版,可谓右文之盛事。景德二年(1005)九月,真宗又命王钦若、杨亿等编修《历代君臣事迹》(即《册府元龟》),自上古至五代,囊括全部十七史,历时八年,成书一千卷。

经过宋初太祖、太宗、真宗三朝的努力,到景德二年,五代宋初经文错讹不全的状况已基本上得到改变。"国初(经版)不及四千,今十余万,经、传、正义皆具。臣(邢昺)少从师业儒时,经具有疏者百无一二,盖力不能传写。今板本大备,士庶家皆有之。"[3]

但文化表面上的辉煌并不能代表思想的发展,思想界的因循守旧,尤其是经学界,与唐代相比有过之而无不及。太宗、真宗朝校订的群经义疏,从某种意义上说就是《五经正义》的翻版,笃守古

---

1 [宋]李焘:《续资治通鉴长编》卷二十五《太宗雍熙元年春正月》,第571页。
2 [宋]李焘:《续资治通鉴长编》卷二十四《太宗太平兴国八年十一月》,第559页。
3 [元]脱脱等:《宋史》卷四百三十一《儒林一·邢昺传》,第12798页。

义，无取新奇。对此，经学家皮锡瑞分析得十分透辟。他说："经学自唐至宋初，已陵夷衰微矣。然笃守古义，无取新奇；各承师传，不凭胸臆；犹汉、唐注疏之遗也。"[1]

宋初思想界的循规蹈矩在科举取士中暴露无遗。李迪、贾边都是闻名于世的才子。参加考试时，李迪所作的赋有几处不合韵律要求，贾边答题"当仁不让于师论"时把"师"解释为"众"，与注疏异，两人都没有被录取。主考官上书请求让两人复试，参知政事王旦却上奏说：李迪之赋失韵，在于不细心，是无意中出现的过错，可以不必计较；贾边对经书妄加解释，与注疏不同，这是标新立异，如果容忍，将会使后来人争相效法，此风不可长。当时朝论倾向于王旦之说，于是只录取了李迪。[2] 可见，宋初朝廷对于舍弃传注、阐发新意者持排斥态度。类似的例子还有很多，正如孙复痛斥的那样："国家以王弼、韩康伯之《易》，左氏、公羊、穀梁、杜预、何休、范宁之《春秋》，毛苌、郑康成之《诗》，孔安国之《尚书》，镂板藏于太学，颁于天下；又每岁礼闱设科取士，执为准的，多士较艺之际，一有违戾于注说者，即皆驳放而斥逐之。"[3]

这种循规蹈矩、墨守成规的思想意识还表现在用人上。真宗时，以不用新人、务行故事作为执政方针。王旦是这一方针的坚定

---

[1] ［清］皮锡瑞：《经学历史》，第220页。
[2] ［元］马端临：《文献通考》卷三十《选举考三》，《景印文渊阁四库全书》（610册），第662页。
[3] ［宋］孙复：《孙明复小集·寄范天章书二》，《景印文渊阁四库全书》（1090册），第171页。

执行者，他常说："祖宗之法俱在，务行故事，慎所变改。"[1] 张咏任成都知府期间，蜀中局势一度趋于安定。真宗高兴地说："咏在蜀，吾无西顾之忧。"后张咏被召回朝中，真宗想让任中正接任成都知府，不少人认为任中正只会墨守成规，不能当此重任，王旦却认为"非中正不能守咏之规。他人往，妄有变更矣"。任中正知成都五年，果然"遵咏条教"，一成不变。[2] 朝廷以"不用浮薄新进喜事之人"[3]为急务，把创新看作喜事生非、华而不实。因此，士大夫们遇事无不装糊涂，动辄引经据典，虽满朝饱学之士，却一个个因循守旧、墨守成规。

当然，在总体上因循的基本框架下，也有个别人物基于社会现实开始了另一种模式的探索，这在经学研究上也有一定的表现。田敏等人校勘"九经"时，"颇以独见自任"，经常依照自己的见解改动经文。"如改《尚书·盘庚》'若网在纲'为'若纲在纲'，重言'纲'字。又《尔雅》'椵，木槿'注曰：'日及'，改为'白及'。如此之类甚众。"[4] 邢昺在东宫及内廷讲经时，"据传疏敷引之外，多引时事为喻"[5]。

一般而言，上层的政策导向往往对下层的价值取向起着指导和

---

1 ［元］脱脱等：《宋史》卷二百八十二《王旦传》，第9545页。
2 ［元］脱脱等：《宋史》卷二百八十二《王旦传》，卷二百八十八《任中正传》，第9550、9670页。
3 ［宋］李焘：《续资治通鉴长编》卷五十六《真宗景德元年秋七月》，第1243页。
4 ［元］脱脱等：《宋史》卷四百三十一《儒林一·田敏传》，第12819—12820页。
5 ［元］脱脱等：《宋史》卷四百三十一《儒林一·邢昺传》，第12800页。

规度的作用，尤其是科举取士。但是宋初的思想意识不仅没有按照上层所期望的方向发展，反而走向了对立面。从真宗景德（1004—1007）年间至仁宗庆历（1041—1048）年间，在这约四十年的时间里，士人的价值取向和思维方式几乎来了个一百八十度的大转弯。这种现象的出现是多种因素综合作用的结果。唐宋之际的社会现实，儒学发展的自我否定，佛道兴盛、儒门淡薄等因素的继续和发展，以及宋初激烈、复杂的民族矛盾，都是促成思想尤其是经学界变革的重要因素。

2. 孙复、石介对传注的怀疑

宋初社会风气的转变与学风的转变互为因果。孙复、石介是这股疑传惑经风气的积极倡导者和实践者，他们的言论和怀疑传注、以己意解经的实践活动对推动宋初风气的转变起着不可替代的作用。在某种程度上，孙复、石介怀疑和修改传注继承了唐代啖助、赵匡和陆淳等人的传统，并在此基础上进行了大胆的、超越性的尝试。

孙复、石介二人对汉唐儒家经典和其间学者对经典所作的传注进行了深入的研究。他们对儒家经典尤其是"六经"甚为景仰和推崇，认为上古之治道在于"六经"，舍"六经"求治道犹如舍舟楫而渡海，"欲求舜、禹、文、武之道者，必质诸周公、孔子而后至焉耳"[1]，"然则虞、夏、商、周之治，其不在于'六经'乎？舍'六

---

[1] ［宋］孙复：《孙明复小集·寄范天章书一》，第170页。

经'而求虞、夏、商、周之治,犹泳断潢污渎之中望属于海也,其可至矣哉?"[1]所以,现实社会若要于纷乱之后再造盛世,必须将以"六经"为代表的儒家经典作为指导,这也是当时志于重建社会秩序的儒者孜孜于"六经"的重要原因。在这一点上,孙复、石介与当时的学者并无殊途。由于"六经"如此重要,所以对其传注丝毫马虎不得。孙复、石介通过研究发现,当时儒者津津乐道和研习的经典存在诸多弊端。

流传下来的"六经"主旨含糊,治道思想郁而不彰,是其中最为严重的问题。孙复认为,这是由多种因素造成的,他将之概括为三点:

> 噫!孔子既殁,七十子之徒继往,"六经"之旨郁而不章也久矣;加以秦火之后,破碎残缺,多所亡散;汉魏而下,诸儒纷然四出,争为批注,俾我"六经"之旨益乱,而学者莫得其门而入观。夫闻见不同,是非各异,骈辞赘语,数千百家不可悉数。今之所陈者,正以先儒批注之说,大行于世者致于左右,幸执事之深留意焉。[2]

即:一是孔子殁后,孔门七十子以不同见解传经,致使经义淆乱;二是秦火造成典籍亡散、残缺破碎,"六经"亦未能幸免;三是汉魏以后,诸儒注解纷起,传注惑经,经旨益乱。这三点中,最后一

---

[1] [宋]孙复:《孙明复小集·寄范天章书二》,第171页。
[2] [宋]孙复:《孙明复小集·寄范天章书二》,第171页。

点在当时社会中的危害最大，因为汉唐先儒为经典所作的传注早被朝廷颁行天下，为士人研习近三百年，已固化于儒者的灵魂深处，成为他们思考问题和言行的无形"枷锁"。非但大多数士人凭借自身难以挣脱，即使社会上偶有人反对，他们也会群起而攻之，以为离经叛道、非圣无法。此时孙复、石介却清楚地看到了经典本身存在的问题，这对宋初学术界来讲无疑是一大幸事。

在孙复、石介看来，汉唐盛行的训诂章句之学有悖于圣贤为学之道，丢失了孔、孟儒学的精髓。于是，他们发出超越传注的呼声，其中孙复的言论最具代表性和前瞻性。他说：

> 复至愚至暗之人，不知国家以王、韩、左氏、公羊、穀梁、杜、何、范、毛、郑、孔数子之说，咸能尽于圣人之经耶？又不知国家以古今诸儒服道穷经者，皆不能出于数子之说耶？若以数子之说咸能尽于圣人之经，则数子之说不能尽于圣人之经者多矣；若以古今诸儒服道穷经皆不能出于数子之说，则古今诸儒服道穷经可出于数子之说者亦甚深矣。噫！专主王弼、韩康伯之说而求于《大易》，吾未见其能尽于《大易》者也。专守左氏、公羊、穀梁、杜预、何休、范宁之说而求于《春秋》，吾未见其能尽于《春秋》者也。专守毛苌、郑康成之说而求于《诗》，吾未见其能尽于《诗》者也。专守孔安国之说而求于《书》，吾未见其能尽于《书》者也。彼数子之说既

不能尽于圣人之经,而可藏于太学、行于天下哉?[1]

孙复大胆的言论可谓晴天霹雳,给以传注为核心、僵死不化的经学界当头一棒,将之形容为思想界的"异端"飙风一点儿也不算夸张。在这段言论中,孙复对儒者心目中至圣的经典传注予以全盘否定,彻彻底底,毫不妥协,其坚决的革新精神跃然纸上,至今读来仍有强大的震撼力、无穷的感召力和耳目清新的感觉。孙复之所以在当时能比他人较为深刻地认识到这一问题,与其早年的科举遭遇不无关系。

宋初科举沿袭唐制,要求举子严守朝廷颁布的经典传注,一有违戾,结果必然是落第,前举贾边之例即是最好的证据。孙复先后四次参加科举,然而都名落孙山。从孙复后来的自述可以推测,其科举失败的主要原因可能正是未能遵从政府颁定的汉唐先儒为经典所作的注疏。石介也有过类似的言论,他说:

"六经"皆出孔子之笔……《春秋》特见圣人之作褒贬。……故其辞危,其旨远,其义微,虽七十子莫能知也。左氏、公羊氏、榖梁氏,或亲孔子,或去孔子未远,亦不能尽得圣人之意。至汉大儒董仲舒、刘向,晋杜预,唐孔颖达,虽探

---

[1] [宋]孙复:《孙明复小集·寄范天章书二》,第171页。

讨甚勤，终亦不能至《春秋》之蕴。[1]

传注非但"不能尽得圣人之意"，还乱经迷惑士人，所以石介认为传注惑经与致使文字残缺的蠹书鱼没有区别，其危害之大不亚于书蠹：

> 斯则《易》其九师之蠹乎?《春秋》其三传为蠹乎?《诗》其齐、韩、毛、郑之蠹乎?《礼》其大戴、小戴之蠹乎?[2]

文中子王通曾说："九师兴而《易》道微，三传作而《春秋》散。齐、韩、毛、郑，《诗》之末也。大戴、小戴，《礼》之衰也。又，杨、墨之言出而孔子之道塞，佛、老之教行而尧、舜之道潜。"但王通死后，其思想后继无人。有感于此，石介特作《文中子》，曰：

> 独将礼乐付程仇，房杜无才阐大猷。
> 可惜唐家三百载，声明文物愧宗周。[3]

诗中，他对文中子王通之学后继无人感慨万千，唐代"三百载"经

---

[1] [宋]石介：《徂徕集》卷十四《与张洞进士书》，《景印文渊阁四库全书》（1090册），第280页。陈校本《文集》作"张洞"，景印文渊阁四库全书《徂徕集》《孙明复小集》《宋文选》《宋文鉴》，以及《宋元学案》（中华书局本）等均作"张洞"。陈校谓"据《宋文选》卷十七《泰山书院记》改"（第19页），查《景印文渊阁四库全书·宋文选》该处作"洞"，虽读作"洞"，但与"洞"意义不同，实为二字，应为"洞"之误字；同卷卷九孙复《答张洞书》亦作"洞"。"洞"亦有"远"之义，与"明远"甚相关联，综合考查，暂作"张洞"。

[2] [宋]石介：《徂徕石先生文集》卷七《录蠹书鱼辞》，第81页。

[3] [宋]石介：《徂徕石先生文集》卷四《文中子》，第56页。

学界主流的因循守旧则让他万分不满、痛心疾首。石氏进一步把传注看成惑乱经典、导致儒学衰微的"异端""邪说",认为它们"崩析""正经之旨","叛散""先儒之言":

> 韩愈死又且数百年,大道之荒芜甚矣,"六经"之缺废久矣。异端乖离放诞,肆行而无所畏;邪说枝叶蔓引,寖长而无所收。挈正经之旨,崩析而百分之;离先儒之言,叛散而各守之。《春秋》者,孔氏经而已,今则有左氏、公羊、穀梁氏三家之传焉。《周易》者,伏羲、文王、周公、孔子而已,今则说者有二十余家焉。《诗》者,仲尼删之而已,今则有齐、韩、毛、郑之杂焉。《书》者,出于孔壁而已,今则有古今之异焉。《礼》则周公制之、孔子定之而已,今则有大戴、小戴之记焉。是非相扰,黑白相渝,学者茫然恍惚,如盲者求诸幽室之中,恶睹夫道之所适从也。[1]

这样看来,传注于"六经"的危害和佛、道等异端思想对儒家的蚕食几乎没有差别。当时学者除极个别以外,都视传注为安身立命之所、猎取仕途的敲门砖。石介此言等于批评政府传注取仕是错误的举措,警告学者孜孜于传注如同"盲者求诸幽室之中",难得圣人之道。

孙复还通过自己的实践,进一步提出超越传注、回归经典的想

---

[1] [宋]石介:《徂徕集》卷十五《上孙少傅书》,第287页。陈校本《文集》"惚"字作"忽"(第173页),据景印文渊阁四库全书改。

法。在呈范仲淹的书信中，他表达了这种想法：

> 执事亟宜上言天子，广诏天下鸿儒硕老置于太学，俾之讲求微义，殚精极神，参之古今，覆其归趣，取诸卓识绝见大出王、韩、左、穀、公、杜、何、毛、范、郑、孔之右者，重为批注。俾我六经，廓然莹然，如揭日月于上，而学者庶乎得其门而入也。如是，则虞、夏、商、周之治，可不日而复矣，不其休哉！执事若以数子之说行之久矣，不可遽而去之，则唐李善以梁昭明太子《文选》五臣注未尽，别为注释；且《文选》者，多晋、宋、齐、梁间文人靡薄之作，虽李善注之，何足贵也！国家尚命镂板置诸太学，况我圣人之经乎！安可使其郁而不章者哉？幸执事之深留意焉。[1]

孙复以李善注《文选》取代五臣注类比，以为"李善注之，何足贵"，尚能"镂板置诸太学"，"况我圣人之经乎！"提出可以重新解经替代汉唐注疏。孙复的主旨是谏言政府广招天下鸿儒修改传注，重新诠释经典，以发掘圣人意旨，求得治道之正途。但孙复又有所保留，提出仅就"大出王、韩、左、穀、公、杜、何、毛、范、郑、孔之右者，重为批注"，至于未有真知灼见者，不妨仍然沿用旧注。因为这毕竟是一项浩大而有深远意义的文化壮举，其成功与否和天下士人休戚相关；再者，过分暴露锋芒，其所受到的阻力也会更大，所以一定要慎之又慎。这反映出孙复在多年实践、讲

---

[1] ［宋］孙复：《孙明复小集·寄范天章书二》，第172页。

学后的老成和思想的成熟。他不仅认识到了破坏的必要性,更看到了建设的重要性,正所谓没有建设的破坏尚不如保持原貌。

孙复的怀疑精神不仅体现在经学领域,他还对史家修史提出了质疑和批评:"秦火之后,简编错乱,司马子长修《史记》,叙太公之迹也,不能实录善事,乃散取杂乱不经之说,以广其异闻尔,斯固不足疑于圣人也。呜呼!古称季札贤明博达,观乐即能知兴衰,而于此也,何蒙暗顿惑之若是耶?逮乎杜预、服虔之徒,复无卓识绝见以发明之,斯又乖谬之甚者也!"[1] "愚尝病世之学者鲜克知仲舒之懿,又病班孟坚(班固)作仲舒之赞言……孟坚笔削之际,不能斥刘歆之浮论,惑而书之,失于断矣。"[2]

由于为学的侧重点不同,孙复、石介二人在怀疑传注的程度上存在一定的差异。孙复一生致力于经学及其注疏尤其是《春秋》和"三传"的研究,对汉唐儒者烦琐支离的经典正义认识深刻;石介则是将精力主要集中于古文运动和排斥佛、老上。所以,在怀疑、修改传注方面,孙复走得更远一些,贡献也更大一些。

(三)孙复、石介修改传注的尝试

仅有"空言",不足以服众。孙复、石介二人分别选择一两种经典及其传注作为突破口,开始了超越传注的实质性实践活动。孙复以《春秋》三传作为主要攻击对象,附带《周易》;石介则瞄准

---

[1] [宋]孙复:《孙明复小集·文王论》,第161页。
[2] [宋]孙复:《孙明复小集·董仲舒论》,第163页。

《周易》，旁及《春秋》。[1]之所以选择《春秋》和《易》，这与他们对二经的看法是分不开的："尽孔子之心者《大易》，尽孔子之用者《春秋》，是二大经，圣人之极笔也，治世之大法也。"[2]

孙复抛开"三传"阐发《春秋》大义，最引人注目的是对"尊王"思想的发挥。开篇孙氏在对"元年春王正月"的解释中将"尊王"思想和盘托出："孔子之作《春秋》也，以天下无王而作也，非为隐公而作也。然则《春秋》之始于隐公者，非他，以平王之所终也。……《春秋》自隐公而始者，天下无复有王也。夫欲治其末者，必先端其本；严其终者，必先正其始。元年书王所以端本也，正月所以正始也。其本既端，其始既正，然后以大中之法从而诛赏之，故曰元年春王正月也。"[3]《春秋》开篇正是天下"无王"之始，"无王"故要"尊王"，孙复认为"尊王"主旨贯穿《春秋》的始终。结合《春秋尊王发微》来解读孙氏的这段话，至少有三点值得注意：其一，孙氏在解《春秋》时基本上抛弃了汉唐儒者擅长和惯用的章句训诂之模式，改以阐释义理，为整个宋学定下了基调。其二，阐发义理时贯穿着对现实的基本看法，若言"（平王）东迁之后，周室微弱，诸侯强大，朝觐之礼不修，贡赋之职不奉，号令之无所束，赏罚之无所加，坏法易纪者有之，变礼乱乐者有之，弑君戕父者有之，攘国窃号者有之。征伐四出，荡然莫禁。天下之

---

1 孙复、石介二人怀疑传注的经学贡献参见本书"孙复、石介的经学贡献"相关篇章。
2 ［宋］石介：《徂徕石先生文集》卷十九《泰山书院记》，第223页。
3 ［宋］孙复：《春秋尊王发微》卷一，《景印文渊阁四库全书》（147册），第3页。

第二章　孙复、石介与宋初学风　｜　051

政，中国之事，皆诸侯分裂之"。事实上，这是自安史之乱历五代至宋初社会现状的真实写照。所以，"尊王"思想的致用主旨不言自明。如钱穆所言："孙复书名《春秋尊王发微》……即观其书名，亦可想见其治经意向之所在。"[1]其三，孙氏修改了其认为的"三传"对《春秋》的歪曲和错解，这在《春秋尊王发微》中随处可见。无论哪一点，都可窥视出孙复从怀疑到撇开传注、重为经典批注的尝试。对此，欧阳修颂扬说："先生（孙复）治《春秋》，不惑传注，不为曲说以乱经，其言简易，明于诸侯大夫功罪，以考时之盛衰，而推见王道之治乱，得于经之本义为多。"[2]刘梦得也说："国初诸儒但守传注，自孙明复为《春秋发微》，稍出己意，守道师之。"[3]

钱穆认为，宋初以孙复等人为代表的宋儒已经完全不同于汉唐的"经儒经生"，他们开创的经学是一种全新的经学。"论北宋诸儒之治经，如胡瑗之于《易》与《洪范》，孙复之于《春秋》，李觏之于《周官》，此等皆元气磅礴，务大体，发新义，不规规于训诂章句，不得复以经儒经生目之"，"宋儒经学，不拘拘在此（章句注疏），重要在创新义，发新论，亦可谓宋儒经学乃是一种新经学"。[4]

石介对《易》学用功较深，其解《易》也抛开郑玄、王弼、韩

1　钱穆：《朱子学提纲》，第10页。
2　[宋]欧阳永叔：《欧阳修全集·居士集》卷二十七《孙明复先生墓志铭》，第194页。
3　[清]乾隆：《御选唐宋文醇》卷三十三《庐陵欧阳修文十二》，《景印文渊阁四库全书》（1447册），第608页。
4　钱穆：《朱子学提纲》第10、27页。

康伯、孔颖达等汉唐儒者《易》传注中不合时宜的成分，开始了以新方法和己意阐释新义的尝试。石介解《易》与孙复解《春秋》在方法和主旨上有着很大的相似之处：以阐发义理为主，用世目的明显，将对现实关注的情感倾注其中，把个人的喜怒、哀乐、忧愁都毫无保留地展现在对经文的注释中。

作为促使宋代治经方法转变的先驱人物，孙复、石介有着大胆创新的精神和挑战传统的勇气。他们敢于突破常规，勇于向权威发难。事实上，孙复、石介二人的大胆程度更甚，已经逾越了怀疑传注的界限，开始了疑经改经。孙复在解《春秋》时，遇到经文无法说通之处，就指出可能是经文本身有问题，而不去曲解附会经文。如隐公二年（前721），《春秋》云："纪子伯莒子盟于密。"孙复解释说："纪本侯爵，此称子伯，阙文也。左氏作'子帛'，杜预言裂缯字者，盖附会其说尔，故不取焉。"[1] 但是他们修改经文的做法与后来儒者相比并不够明显，也就少有学者将注意力集中在他们身上。

在孙复和石介的影响下，其后从怀疑、修改传注到怀疑、修改经文本身的风气在学术界兴起。"新进后生，未知臧否，口传耳剽，翕然成风，至有读《易》未识卦、爻，已谓《十翼》非孔子之言；读《礼》未知篇数，已谓《周官》为战国之书；读《诗》未尽《周南》《召南》，已谓毛、郑为章句之学；读《春秋》未知十二

---

[1] ［宋］孙复：《春秋尊王发微》卷一，第5页。

公,已谓三传可束之高阁。循守注疏者,谓之腐儒;穿凿臆说者,谓之精义。"[1]仁宗庆历(1041—1048)以后至神宗熙宁二年(1069)以前,循守注疏者被讥为"腐儒",怀疑传注甚至是经典本身已成为时尚,不再是新奇的事情。南宋的陆游追述说:"唐及国初,学者不敢议孔安国、郑康成,况圣人乎?自庆历后,诸儒发明经旨,非前人所及,然排《系辞》(谓欧阳修),毁《周礼》(欧阳修、苏轼、苏辙),疑《孟子》(李觏、司马光),讥《书》之《胤征》《顾命》(苏轼),黜《诗》之《序》(晁说之),不难于议经,况传注乎?"[2]钱穆评价说:"汉儒乃经学之儒,而宋儒则转回到子学之儒,故宋儒不仅有疑子,亦复有疑经。"[3]此后,疑传疑经蔚然成风,并拓展至其他领域,理学诸派在此风气中酝酿形成。这实与孙、石二先生的筚路蓝缕之功密不可分。

宋初疑传疑经思潮是在对汉唐烦琐章句训诂之学批判的基础上实现回归原典及其精神的尝试。疑传、疑经,直至改经,是一场对经学研究、社会风化有着巨大影响的思想解放运动。它是宋儒觉醒的标志,是宋学创新精神的体现,更是宋代社会生机盎然的反映,正是这种创新成为宋学和宋代社会、文化发展进步源源不断的生命之泉。汤用彤评论汉代章句之学时说:"汉初经学,繁于传记,略于训说。其后罢传记博士,而章句蔚起。其末流之弊,班固谓'一

---

[1] [宋]司马光:《传家集》卷四十二《论风俗札子》,《景印文渊阁四库全书》(1094册),第390页。
[2] [宋]王应麟:《困学纪闻》卷八《经说》,辽宁教育出版社1998年版,第190—191页。
[3] 钱穆:《朱子学提纲》,第12页。

经说百余万言。说五字之文，至于二三万言'。故有识者尝思救其偏失，于是乃重明文证据。"[1]到了宋代，儒者开始觉醒，摆脱诸经注疏，自抒心得。宋儒的觉醒是宋代学术文化长足发展的主要原因。邓广铭指出："他们（宋儒）都想重振儒家学派，使其能凌驾于佛道两家之上。要达到这一目的，首先就需要把儒家的学说加以丰富、充实，于是有人援释老以入儒，有人则援名法以及诸子百家以入儒，遂使宋代的儒家学说真正蕴有了内圣外王的内涵，到达了充实而有光辉的境界。"[2]其实，疑传疑经、重新训释经典，与援释老、名法以及诸子百家入儒殊途同归，都是丰富、充实儒家学说的有益途径。

二、孙复、石介与古文运动

所谓"古文"，是韩愈等人针对"时世之文"提出的一个概念。它一般指先秦两汉的散文，其特点是质朴自由，以散行单句为主，不受格式声律约束，有利于反映现实生活、表达思想。隋唐以来，一些文人学者甚至是政治家有感于"时文"——骈体文的弊端，提倡文体和文风改革，至韩愈、柳宗元终于形成一场浩浩荡荡

---

[1] 汤用彤：《汤用彤全集》第四卷《魏晋玄学论稿·王弼之〈周易〉〈论语〉新义》，河北人民出版社2000年版，第75页。
[2] 邓广铭：《〈邓广铭学术论著自选集〉自序》，见《邓广铭全集》（第10卷），河北教育出版社2005年版，第424页。

的古文革新运动。这场运动与儒学复兴互为表里,在社会上产生了强烈的反响,韩、柳也由此位列"唐宋八大家"前二。唐末五代,古文运动几乎销声匿迹。宋初,孙复、石介掇拾古文运动之余绪,将其与反对"西昆体"结合起来,在社会上产生了很大的效应,为古文战胜"时文"做出了贡献。

(一)唐宋之际的古文运动

与古文相对的"时文",是形成于魏晋、唐宋时期在文坛上占主导地位的骈体文。其特点是过分讲究句式的对偶、辞藻的华丽、典故及声律的运用,以致所作之文华而不实、空洞而无实质内容,根本无法反映现实生活,更不用说承担"载道"的使命了。

唐初文坛,骈文极盛一时,上至皇帝,下至隐士,都倾心于浮华的骈文。面对此种状况,史学家刘知几提出"言必近真""轻事雕彩"[1]的主张,王勃、陈子昂也揭橥复古的旗帜[2]。在骈体文赖以生存的土壤仍存在时,硬性的行政手段或者是单凭个别人物的呐喊与不成熟的示范,丝毫无法撼动骈文的绝对统治地位,这也是前期倡导古文者不少但成效不大的重要原因。[3] 唐玄宗天宝年间至中唐前

---

1 [唐]刘知几撰,[清]浦起龙释:《史通通释》卷六《言语》《叙事》,第153、180页。
2 陈子昂力倡汉魏风骨,"以雅易郑","以风雅革浮侈",见[唐]独孤及:《毘陵集》卷十三《检校尚书吏部员外郎赵郡李公中集序》,《景印文渊阁四库全书》(1072册),第259页;[唐]梁肃:《补阙李君前集序》,见《文苑英华》卷七百三,《景印文渊阁四库全书》(1339册),第643页。
3 参见章培恒、骆玉明《中国文学史》(中卷),复旦大学出版社1996年版,第185页。

期，元结、萧颖士、李华、独孤及、梁肃、柳冕等人先后提出宗经明道的主张，并用散体作文。理论与实践遥相呼应，这是他们较前人的高明之处。在他们的努力下，骈文的独霸局面有所松动，散体文初步得到一些人的认同。萧颖士、李华等人，也以古文运动先驱者的身份被载入史册。

之后，扛起古文运动大旗并将它推向顶峰的当属韩愈和柳宗元。韩、柳并列为古文运动中的两员健将，他们在骈文极盛的风气中逆流而上，提倡质朴的古文。

1. 韩愈、柳宗元在古文上的开拓

韩愈（768—824），字退之，号昌黎，河阳（今河南孟州市）人。他的古文主张曾受到独孤及、梁肃等人的影响。"大历、贞元之间，文字多尚古学，效扬雄、董仲舒之述作，而独孤及、梁肃最称渊奥，儒林推重。愈从其徒游，锐意钻仰，欲自振于一代。"但韩愈要激进得多，其提倡、实践古文运动之劳远远大于对前人的承继之功。古文运动之所以又称古文革新运动，是因为它不仅继承了先秦两汉质朴文之风格，更实现了继承基础上的创新与突破，这些都是与韩愈分不开的。所以，弟子李汉将韩愈的"摧陷廓清之功，比于武事"[1]，苏轼也高度赞誉韩愈"文起八代之衰，而道济天下之溺"[2]。

---

[1] ［唐］李汉：《昌黎先生集序》。转引自［唐］韩愈撰，马其昶校注：《韩昌黎文集校注》，上海古籍出版社1986年版，第2页。

[2] ［宋］苏轼：《苏轼文集》卷十七《潮州韩文公庙碑》，中华书局1986年版，第509页。

柳宗元（773—819），字子厚，号柳州。柳宗元在古文运动中的影响虽然比不上韩愈，但是他以散体文写作的山水游记，体现了另一种模式的创作实践，"创造了一种更文学化、抒情化的散文类型"，为文风的改变开拓了新路。[1]

韩愈、柳宗元对骈文均持批评态度。柳宗元对骈体文徒有虚表、好看不中用的本质进行了无情的鞭挞。他说，骈文"眩耀为文，琐碎排偶，抽黄对白，喀哕飞走。骈四骊六，锦心绣口，宫沉羽振，笙簧触手。观者舞悦，夸谈雷吼。独溺臣心，使甘老丑"[2]。对于如何超越病态百出的骈体文，韩、柳提出"文以载道""文以明道"的主张，指斥骈文为堆砌辞藻而作文的空洞无物现象。韩愈认为，提倡古文不仅仅在于它文辞质朴，更在于它内容充实、言之有物。"夫所谓文者，必有诸其中，是故君子慎其实"，"充实之谓美，充实而有光辉之谓大"。[3] "实"指文章的内容，为"道"之一面，它深藏于"辞"中。所以，欲"学古道"就一定要"兼通其辞"，"通其辞"的目的"本志乎古道者也"[4]，这与柳氏的"道假辞而明""文者以明道"[5]不谋而合。柳宗元对"道""辞""书"三者的关系做了精辟的论述："圣人之言，期以明道，学者务求诸道而

---

[1] 参见章培恒、骆玉明《中国文学史》（中卷），第203页。
[2] ［唐］柳宗元：《柳宗元集》卷十八《乞巧文》，中华书局1979年版，第489页。
[3] ［唐］韩愈：《韩愈全集》文集卷二《答尉迟生书》，遗文《答侯生问论语书》，上海古籍出版社1997年版，第167、384页。
[4] ［唐］韩愈：《韩愈全集》文集卷五《题哀辞后》，第255页。
[5] ［唐］柳宗元：《柳宗元集》卷三十四《报崔黯秀才论为文书》《答韦中立论师道书》，第886、873页。

遗其辞。辞之传于世者，必由于书。道假辞而明，辞假书而传，要之，之道而已耳。"[1]"辞""书"仅是传"道"的工具和手段，只有越过表面的"辞"才能求得圣人之"道"。对于学者而言，读圣人之文的目的是"之道"，学圣人作古文在于"明道"，所以"文以载道""文以明道"是要求所作之文必须言之有物，不在于追求表面文辞的修饰与华丽，直击骈文要害。

"文以载道""文以明道"的"道"到底是什么？韩愈在《重答张籍书》中明确指出，自己的"道"乃是"夫子、孟轲、扬雄所传之道"，是儒家的仁义和"道统"。所以，在此"道"指导下写作的"文"，只能是"歌颂尧舜之道"的文，是阐发六经大旨的文，"皆约六经之旨"[2]。柳宗元则认为，"以辅时及物为道"[3]，强调"道"的实用性。除了宣扬儒家的封建伦理纲常外，韩、柳的载"道"、明"道"之"文"还在于对现实社会的关注，对能坚守、传"斯道"和符合"道"的要求的行为给予肯定、颂扬，对一切违反甚至是破坏"斯道"的行为进行鞭挞。在此指导下，韩、柳撰写了不少此类文章。

韩愈认为，古文的"文以载道"是古文运动参与者学习的榜样，但学习古文，应"师其意，不师其辞"[4]，反对对古文的简单模仿，否则和骈文滥用古人文中的典故和辞藻就没有什么区别了。这

---

1 [唐]柳宗元：《柳宗元集》卷三十四《报崔黯秀才论为文书》，第886页。
2 [唐]韩愈：《韩愈全集》文集卷三《上宰相书》，第171页。
3 [唐]柳宗元：《柳宗元集》卷三十一《答吴武陵论非国语书》，第824页。
4 [唐]韩愈：《韩愈全集》文集卷三《答刘正夫书》，第192页。

指出习古文、写古文者一定要有创造精神,"词必己出","惟陈言之务去"。[1] 敢于创新语言和建立自己的风格,这是韩愈的高明之处,也是其散文的精华所在。他从前人的语汇和当时的口语中推陈出新,提炼出不少新颖的词汇,使其文章中妙语警句不断,如"动辄得咎""佶屈聱牙""业精于勤荒于嬉,行成于思毁于随""俯首帖耳""摇尾乞怜""面目可憎""企足以待""垂头丧气"[2]等,都是沿用至今鲜明而生动的词语。柳宗元也注重对语言、句式的提炼,在其山水佳作中,千锤百炼的语句随处可见。如"黛蓄膏渟"刻画出水的幽深平静,"日光下澈,影布石上"展现了水的清澈见底,"流若织文,响若操琴"道出了宛若音符般的波动水流,"曲行纡余,睨若无穷"让水的曲折流动尽收眼底。[3]再如石头,其所处的位置不同,形态也各异,描写这些形态各异的石头就不能用千篇一律的语言。柳氏的刻画尤为到位,小丘之石用"嵌然相累而下者,若牛马之饮于溪""冲然角列而上者,若熊罴之登于山"[4],山麓之石"或列或跪,或立或仆,窍穴逶邃,堆阜突怒",荒野之石则"涣若奔云,错若置棋,怒者虎斗,企者鸟厉。抉其穴则鼻口相呀,搜其根

---

[1] [唐]韩愈:《韩愈全集》文集卷七《南阳樊绍述墓志铭》,文集卷三《答李翊书》,第306、177页。

[2] [唐]韩愈:《韩愈全集》文集卷一《进学解》,文集卷三《应科目时与人书》,文集卷八《送穷文》,第131、191、317页。

[3] [唐]柳宗元:《柳宗元集》卷二十九《游黄溪记》《至小丘西小石潭记》《石涧记》《石渠记》,第760、767、771、770页。

[4] [唐]柳宗元:《柳宗元集》卷二十九《钴鉧潭西小丘记》,第765页。

则蹄股交峙。环行卒愕，疑若搏噬"[1]。这些传神的刻画将作者的感受和自然景观的原貌表现得淋漓尽致，读后令人产生身临其境的感觉。

韩、柳的语汇创新和提炼与骈体文语言的雕饰有着很大的区别。前者是自然的流露，"文从字顺"，也是感情奔放的体现，凝聚着作者的创造精神；后者是刻意的修饰，不免因辞害义，体现着陈词滥调的重复，读后不仅不能产生共鸣，还会徒增读者对雕饰者做作的厌恶。

韩、柳倡导"文以载道""文以明道"，并没有忽视个人感情的抒发，而是在散文创造实践中将文章所揭示的"道"寓于情感之中，使读者在受其情感陶冶之后，又能体会到"道"的存在。这可能是后人极力推赏韩、柳文的原因之一吧。但是相比较而言，韩、柳文在情感抒发上有着很大的差别：韩愈提倡"不平则鸣"，其文以直抒胸襟见长；柳文则以感情含蓄见称，主张心平气和。

韩愈、柳宗元是唐代古文运动的积极倡导者和领导核心，他们不仅建立了一套完整的古文理论，还以其理论为指导，进行创作实践活动，写出了大量优秀的古文作品，为他人树立了榜样。《旧唐书》这样称赞韩愈的古文成就："愈所为文，务反近体，抒意立言，自成一家新语。后学之士，取为师法。当时作者甚众，无以过

---

[1] [唐]柳宗元：《柳宗元集》卷二十七《永州韦使君新堂记》《永州崔中丞万石亭记》，第733、735页。

之。"[1]他们还致力于提携后进,以人格魅力将大批学者团结到自己周围,如张籍、李贺、李翱、皇甫湜、樊宗师等,从而在文坛上形成一个韩、柳领导的,以其学生和追随者组成的团体,将古文运动和散文写作推向高潮,有力地促进了文风的转变。

韩愈、柳宗元领导的古文运动影响虽然很大,但是并没有给骈体文以致命的打击。而且,随着韩、柳的逝世,古文运动盛极而衰,唐末五代这一运动几乎销声匿迹。但是,近百年后古文运动却又奇迹般地实现复苏,进入另一个高潮,直至完全胜利,这就是宋代的古文运动。

2. 宋初古文的两种发展模式

五代到宋初,浮靡华丽的文风再度泛滥,当时作文者以"刻削为工,声律为能"[2],所作之文"忘于教化之道,以妖艳为胜"[3]。王禹偁追述说:"文自咸通后,流散不复雅。因仍历五代,秉笔多艳冶。"[4]学者"非章句声偶之辞,不置耳目"[5],可见骈文影响之巨。

宋初,最早对晚唐五代以来雕琢浮靡文风进行批判和抵制的是

---

1 [后晋]刘昫等:《旧唐书》卷一百六十《韩愈传》,中华书局1975年版,第4204页。
2 [宋]柳开:《河东集》卷五《上王学士第三书》,《景印文渊阁四库全书》(1085册),第268页。
3 [前蜀]牛希济:《文章论》。转引自李昉《文苑英华》卷七百四十二,《景印文渊阁四库全书》(1340册),第239页。
4 [宋]王禹偁:《小畜集》卷四《五哀诗·故尚书虞部员外郎知制诰贬莱州司马渤海高公》,《景印文渊阁四库全书》(1086册),第27页。
5 [宋]穆修:《穆参军集》卷中《答乔适书》,《景印文渊阁四库全书》(1087册),第12页。

柳开、穆修和王禹偁等人。

柳开（947—1000），原名肩愈，字绍先，意思是继承韩愈、柳宗元[1]；后改名开，字仲涂。他在自传中解释了改名、字的用意："将谓开古圣贤之道于时也，将开今人之耳目使聪且明也，必欲开之为其涂矣，使古今由于吾也。"[2]可见，他首先把自己看成韩、柳的后继者，其次是以凭借自己的力量维持"道统"不堕的一代新教主自居。柳开批评骈文的言论以《上王学士第三书》为代表。在文中，他指责"代言文章者，华而不实，取其刻削为工，声律为能"。

穆修（979—1032），字伯长，郓州（治今山东东平）人，比王禹偁稍晚。穆修与柳开都以继承韩、柳的古文传统为己任，提倡古文不遗余力。邵伯温《易学辨惑》记载，为了倡导古文，穆修四处募捐，刻印韩、柳文集数百部，在京师相国寺设肆出售，"有儒生数辈至其肆，辄取阅，伯长夺取，怒视谓曰：'先辈能读一篇不失一句，当以一部为赠'，自是经年不售"。当时学者致力于声律、偶俪之文，甚至连读韩、柳古文的能力都没有。古文在当时没有任何市场，所以柳开、穆修的行为很不为当世所欢迎。柳开曾叹息说自己"动得憎嫌，挤而斥之"[3]，穆修也说"今世士子习尚浅近，非章句声偶之辞，不置耳目"，将作古文者视为怪人，"排诟之，罪

---

1 ［宋］柳开：《河东集》卷二《东郊野夫传》第245页。
2 ［宋］柳开：《河东集》卷二《补亡先生传》第247页。
3 ［宋］柳开：《河东集》卷九《再与韩洎书》，第308页。

毁之，不目以为迁，则指以为惑。谓之背时远名……先进则莫有誉之者，同侪则莫有附之者"[1]。但时过境迁，数十年后，学者却对他们推崇备至。如范仲淹《尹师鲁河南集序》谓："柳仲涂起而麾之，髦俊率从焉。仲涂门人能师经探道，有文于天下者多矣。"[2] 邵伯温《邵氏闻见录》也说："本朝古文，柳开仲涂、穆修伯长首为之倡。"[3] 这都对柳、穆二人的首倡之功予以肯定。

其实，从时间上看，王禹偁（生平思想见后）比穆修要早；从宋代散文发展的路子来看，宋代散文主要是沿袭了王禹偁的风格。当代学者徐规在《王禹偁事迹著作编年》中认为柳开在文学上的建树比王禹偁逊色。[4] 可是时人往往视柳开、穆修为宋初文风改革的开山，对王禹偁的评价并不是很高。南宋叶适谓王禹偁文"不甚为学者所称，盖无师友论议之故也"[5]，有一定的道理，但问题并没有如此简单。章培恒在《中国文学史》中解释说："在宋代文学尤其散文中，道统文学观具有压倒性的势力，而柳开、穆修的创作虽无所成就，甚至谈不上是文学家，但他们对于'道统'的鼓吹却远比王禹偁积极有力。后代作家在追溯其文学渊源时，首先不是从散文艺术，而是从'道统'的意义上去寻找一个连结韩愈、柳宗元与自

1　［宋］穆修：《穆参军集》卷中《答乔适书》，第12页。
2　［宋］范仲淹：《范仲淹全集·范文正公文集》卷八《尹师鲁河南集序》，四川大学出版社2002年版，第183页。
3　［宋］邵伯温：《邵氏闻见录》卷十五，中华书局1983年版，第166页。
4　徐规：《王禹偁事迹著作编年·序》，商务印书馆2003年版，第8页。
5　［宋］叶适：《习学记言序目》卷四十九《皇朝文鉴三·记》，中华书局1977年版，第733页。

己的中介环节。"[1]陈植锷则认为是长久以来对"古文"理解的偏颇所致,"'时以偶俪工巧为尚,而我以断散拙鄙为高,自齐梁以来言古文者无不如此'。以此划线,王禹偁的文章就不能算纯粹的古文,只有柳开的文章才合标准"[2]。(王禹偁的散文中骈散结合,后面将论及此点。)

两位先生的解释都有一定的道理,但有一个很重要的内容被大家忽略了。柳开生活的年代正值骈俪文最为昌盛的时期,作为宋代最早的古文学者,也是最早自称韩愈后学的人,当时的情形真可谓:众人皆醉,仲涂独醒。敢于在这样的环境中独树一帜,孤独地承担维系"斯道"使之不堕的使命,功勋之巨自不待言。宋真宗咸平(998—1003)、景德(1004—1007)年间,以杨亿(974—1020)、刘筠(971—1031)、钱惟演(977—1034)等人为首的一大批馆阁诗人活跃一时。他们效法李商隐,追求辞采绮丽、声律谐和与用典的风格,在唱酬应和时作了大量诗篇。由于严重脱离社会现实,这些诗作的思想内容大多单薄空虚。大中祥符二年(1009),杨亿将这些诗作结集为《西昆酬唱集》,"时人争效之,诗体一变"[3]。这时柳开(卒于1000年)、王禹偁(卒于1001年)两位古文健将即将不久于人世,对于这批日益"猖獗"的馆阁诗人,心有余而力不足,只能眼睁睁地任他们"猖獗"。此时正值壮年的

---

[1] 章培恒、骆玉明:《中国文学史》(中卷),第324—325页。
[2] 陈植锷:《略论宋初古文运动的两种倾向》,见邓广铭、郦家驹等主编《宋史研究论文集(一九八二年年会编刊)》,河南人民出版社1984年版,第432页。
[3] [宋]欧阳永叔:《欧阳修全集·诗话》,第1039页。

穆修，独自一人对抗着昌盛一时的"西昆体"，直至生命终结。正如《宋史》本传所言："杨亿、刘筠尚声偶之辞，天下学者靡然从之；修于是时独以古文称，苏舜钦兄弟多从之游。修虽穷死，然一时士大夫称能文者必曰穆参军。"[1]穆修还培养、影响了一大批古文学者，如苏舜钦兄弟、尹洙以及欧阳修等，使古文薪火相传，为后来大规模的古文运动的兴起积攒了力量。基于以上论说，不能认为宋人尊柳、穆而忽略王禹偁毫无道理，也不宜以单一的模式或今人的评判标准去忖度古人。

柳开、穆修都以韩愈的后继者自居，忠实地宣扬着"道"，并说："吾之道，孔子、孟轲、扬雄、韩愈之道。吾之文，孔子、孟轲、扬雄、韩愈之文也。子不思其言，而妄责于我。责于我也即可矣，责于吾之文、吾之道也，即子为我罪人乎！"[2]宣称他们的"道"得自圣人的嫡传。文章为"道之筌也"[3]，所以他们为传圣人之"道"而作的"文"才是真正的"古文"。

王禹偁（954—1001），字元之，钜野（今山东巨野）人，宋太宗太平兴国八年（983）进士，晚年曾任黄州地方官，故又称"王黄州"，存世著作有《五代史阙文》一卷和《小畜集》三十卷。北宋初期文坛上，效仿白居易的诗体成为一时之风，王禹偁即是仿"白体"中的佼佼者。蔡宽夫《诗话》曰：宋初"沿袭五代之余，

---

1 [元]脱脱等：《宋史》卷四四二《文苑四·穆修传》，第13070页。
2 [宋]柳开：《河东集》卷一《应责》，第244页。
3 [宋]柳开：《河东集》卷五《上王学士第三书》，第269页。

士大夫皆宗白乐天诗,故王黄州主盟一时"[1]。

针对五代以来"秉笔多艳冶"的风气,王禹偁主张变革文风,反对骈文"语皆迂而艰,义皆昧而奥"[2]的颓废文风。但他又不主张对骈体文采取盲目、极端排斥的态度,在实践上,甚至把骈体文结构整齐、朗朗上口而具有声韵之美的优点融入自己的散文写作中。如描写小竹楼:

> 远吞山光,平挹江濑,幽阒辽夐,不可具状。夏宜急雨,有瀑布声;冬宜密雪,有碎玉声;宜鼓琴,琴调和畅;宜咏诗,诗韵清绝;宜围棋,子声丁丁然;宜投壶,矢声铮铮然——皆竹楼之所助也。[3]

亦骈亦散,既体现了古体文句式、字数变换自如的风格,又不失骈体文音节协和、通俗流畅之美,不愧为骈散结合的完美典范。宋代散文的主调在这里得到了初步体现。

王禹偁认为,文章是"传道明心"的工具,这个"传道明心"实含传"道义"和明"心迹"两层意思,摒弃了当时流行的看法——只有"六经"和"五常"作为依据的作品才配称古文。既然如此,就应该"使句之易道,义之易晓"[4],那种刻意雕饰、用词

---

[1] [宋]胡仔:《苕溪渔隐丛话》前集卷二十二《西昆体》,人民文学出版社1962年版,第144页。
[2] [宋]王禹偁:《小畜集》卷十八《再答张扶书》,第176页。
[3] [宋]王禹偁:《小畜集》卷十七《黄州新建小竹楼记》,第166页。
[4] [宋]王禹偁:《小畜集》卷十八《答张扶书》,第175页。

怪癖、语句艰涩难懂、抗俗自异的做法破坏了"文"的目的。毫无疑问,"传道明心"论比前人单纯的"文以载道""文以明道"论要宽泛得多。

文章是传道的工具,然而自科举以来,多数士子把为学、作文看成获取利禄的手段,甚者更企图在写作中杂合百家之说,为学、作文与道义截然分离,以致道义不传,文章、吏治弊端丛生。"古君子之为学也,不在乎禄位,而在乎道义而已。用之则从政而惠民,舍之则修身而重教,死而后已,弗知其他。科试已来,此道甚替,先文学而后政事故也。然而文学本乎'六经'者,其为政也,必仁且义,议理之有体也;文学杂乎百氏者,其为政也,非贪则察,涉道之未深也。是以取士众而得人鲜矣,官谤多而政声寝矣。"[1]王禹偁认为,欲医此弊,须回归"古君子之为学"之道,把文章、道义与从政结合起来,使作文和政治建立在"六经"的基础上。后来,孙复明确指出:"舍'六经'而求虞、夏、商、周之治,犹泳断潢污渎之中望属于海也,其可至矣哉?"[2]

王禹偁的诗虽学"白体",但能融入自己的风格,并未落入机械模仿的俗套,其诗文语言浅切、行文流畅、思想深刻、表现手法灵活,有"古文"之遗风,"主盟一时",在当时影响很大。故欧阳修称赞道:"想公风采常如在,顾我文章不足论。"[3]南宋叶适亦谓王

---

[1] [宋]王禹偁:《小畜集》卷十九《送谭尧叟序》,第188页。
[2] [宋]孙复:《孙明复小集·寄范天章书二》,第171页。
[3] [宋]欧阳永叔:《欧阳修全集·居士集》卷十一《书王元之画像侧》,第78页。

禹偁的散文"简雅古淡，由上三朝未有及者"[1]。

柳开、穆修与王禹偁从不同的侧面为宋代散文奠定了基调：柳开与穆修强调、高扬韩愈之"道"，为"古文"和儒学复兴提供了"道"的依据；王禹偁骈散结合的古文实践则为宋代散文风格的形成指明了道路。然而，历史并非如此简单地前进，各种力量的对抗总是交织在一起，最终的发展方向往往是大家都没有意识到的。

柳开、王禹偁、穆修等人的孤立呐喊及实践在社会上并没有产生多大的反响，同时科举导向使然："世之号进士者，率以砥砺辞赋、睎觊科第为事"[2]，士人尚骈俪、声律的局势并没有多大改观。此后，孙复、石介沿着中唐以来"古文"发展的方向对骈文和"西昆体"进行了更猛烈的围攻。

（二）孙复的"文""道"统一思想

因古籍佚失，今天我们所能见到的关于孙复对"古文"和"文"的议论并不系统，它主要体现在《孙明复小集》中，其中的《答张洞书》通篇都在讨论"文"的问题。联系其他诸篇，笔者钩稽、归纳了几条孙复对"古文"和"文"的基本见解。

首先，孙复对骈文以及一切不符合"文"的标准的文章采取指责的态度。前人提倡"古文"，多是针对同"时文"做斗争而言。然而，在天才的倡导者和实践者们仙逝之后，其传人或追随者因能

---

1 ［宋］叶适：《习学记言序目》卷四十九《皇朝文鉴三·记》，第733页。
2 ［宋］孙复：《孙明复小集·答张洞书》，第173页。

力和才赋不逮，多无法继承先辈们的未竟事业。他们或持师说之一端，抱残守缺，甚或由相互不满到攻击，力量分散，力度大不如从前，在"时文"或者变形"时文"的反攻下走向绝迹。这是一件很令人痛心的事，许多有价值的探索就这样中断了。孙复也许是很清醒地看到了这一点，他将视角扩大，所指摘的矛头不再仅仅限于骈文，而是扩展到一切文章。孙复用他挑剔的眼睛审视着历史和当时所有可称为"文"的东西，然后用他所认为构成"文"的尺度来衡量，一旦不符合此标准即唾弃之，绝不留情。这种目标放大的结果，就是将诠释"六经"的传注，也视为"骈辞赘语"。

> 孔子既殁，七十子之徒继往，"六经"之旨郁而不章也久矣；加以秦火之后，破碎残缺，多所亡散；汉魏而下，诸儒纷然四出，争为批注，俾我"六经"之旨益乱，而学者莫得其门而入观。夫闻见不同，是非各异，骈辞赘语，数千百家不可悉数。[1]

李唐及宋初，诗赋文词是进士科考核的主要内容，也是科举考试中最重要的一科。范仲淹曾不满地说："国家乃专以辞赋取进士，以墨义取诸科，士皆舍大方而趋小道，虽济济盈庭，求有才有识者，十无一二。"[2] 此处范仲淹从国家以辞赋取士不得才的角度批判科举。孙复也有类似的议论，不过是从士人致力于声律辞赋、知

---

[1] ［宋］孙复：《孙明复小集·寄范天章书二》，第171页。
[2] ［宋］范仲淹：《范仲淹全集·范文正公政府奏议》卷上《答手诏条陈十事》，第529页。

"道"和传"道"者甚少的角度来看待这件事："复窃尝观于今之士人，能尽知舜、禹、文、武、周公、孔子之道者，鲜矣。何哉？国家踵隋唐之制，专以辞赋取人，故天下之士皆奔走致力于声病对偶之间；探索圣贤之阃奥者，百无一二。向非挺然持古、不徇世俗之士，则孰克舍于彼而取于此乎？"[1]基于此，学习诗赋文词的教科书、被士人奉为圭臬的《文选》，他批驳说"多晋、宋、齐、梁间文人靡薄之作"[2]。

当时"探索圣贤之阃奥者，百无一二"，"非挺然持古、不徇世俗之士"无人肯舍弃猎取利禄之途的科举，孙复也是在四次科举不第后才毅然退居泰山，潜学夫子之道，致力于"斯文"三十年，但并没有取得让他自己满意的成就。[3]所以，有时他会无奈地说："国朝自柳仲涂开、王元之禹偁、孙汉公何、种明逸放、张晦之景既往，虽来者纷纷，鲜克有议于斯文者，诚可悲也！斯文之下衰也久矣。"尽管如此，他仍孜孜不倦，"未尝以此摇其心敢一日而叛去"[4]，并劝谕、鼓励后学"既学便当穷远大，勿事声病淫哇辞；斯文下衰吁已久，勉思驾说扶颠危"[5]。这种不折不挠的笃学精神，为宋代学者树立了光辉的榜样。

其次，在文与道的关系上，孙复也有自己的心得体会。如前辈

---

1 [宋]孙复：《孙明复小集·寄范天章书一》，第170页。
2 [宋]孙复：《孙明复小集·寄范天章书二》，第172页。
3 [宋]孙复：《孙明复小集·上孔给事书》，第172页。
4 [宋]孙复：《孙明复小集·上孔给事书》，第173页。
5 [宋]孙复：《孙明复小集·谕学》，第178页。

一样，孙复也认为"文"是获得"道"的手段，"夫文者，道之用也"。"道者，教之本也"，所以作为"道之用"的"文"，一定要"得之于心而成之于言。得之于心者，明诸内者也；成之于言者，见诸外者也。明诸内者，故可以适其用；见诸外者，故可以张其教"[1]。用现代的话诠释就是：作为"文"，就内在来说，它是"心"的产物，也是"心"的反映；"言"是其外在的表现形式，也是向外部展现其自身的唯一途径；它得之于"心"，形于"言"，故既可以化育人心，又可以教化万物。后面一层意思已从"文"的功用升华至"道"的本能，"文"与"道"的统一初现端倪。

在孙复看来，"文""道"的统一并非只有圣人、贤者才能做到，凡人亦可为，不过普通人若有志于此须"潜其心而索其道"。他指出："潜其心而索其道，则其所得也必深。其所得也既深，则其所言也必远。既深且远，则庶乎可望于斯文也。不然，则浅且近矣，曷可望于斯文哉？"[2]可见，"潜其心而索其道"，是作"文"者达到"斯文"必备的基本条件。"潜其心而索其道"含有两层要求：一是不为利禄所吸引，勤学耐劳，能吃苦。"人生在学勤始至，不勤求至无由期。孟轲、荀卿、扬雄氏，当时未必皆生知。因其钻仰久不已，遂入圣域争先驰。"二是"心"中始终要充满仁义等儒家基本规范，并将它们贯通到文章中，"苟非道义充其腹，何异鸟兽

---

1 [宋]孙复：《孙明复小集·答张洞书》，第173页。
2 [宋]孙复：《孙明复小集·答张洞书》，第174页。

安须眉"[1]。"心"中有仁有义,但未将之体现在文章中,或者文章中不只是仁义之言,还杂有其他诸家之说,也不能被称为"文"。从古至今,不乏此类现象:

> 自西汉至李唐,其间鸿生硕儒摩肩而起,以文章垂世者众矣,然多杨、墨、佛、老虚无报应之事,沈、谢、徐、庾妖艳邪侈之言杂乎其中。至有盈编满集,发而视之,无一言及于教化者,此非无用瞽言、徒污简册者乎?至于始终仁义不叛不杂者,惟董仲舒、扬雄、王通、韩愈而已。由是言之,则可容易至之哉。若欲容易而至,则非吾之所闻也。

如果这两点都做不到,即使"鸿生硕儒"所作之"文"也是"构虚无状",为"无用之瞽言尔,徒污简册,何所贵哉!"[2]孙氏认为,一般人能作"文"传道,但又难至之极,这就是长久以来斯文下衰和不传的原因。

人人皆能为"文"传道,无疑使许多致力于古文的年轻学者有了信心;话一转,又很少有人可以胜任,打击了后学者的热情,如此当然不利于"文"的宣扬和"道"的传播。为了给他们鼓劲,孙氏又指出:

> 是故《诗》《书》《礼》《乐》《大易》《春秋》之文也,总而谓之经者,以其终于孔子之手,尊而异之尔。斯圣人之文

---

[1] [宋]孙复:《孙明复小集·谕学》,第178页。
[2] [宋]孙复:《孙明复小集·答张洞书》,第174页。

也，后人力薄不克以嗣，但当左右名教、夹辅圣人而已。或则列圣人之微旨，或则摛诸子之异端，或则发千古之未寤，或则正一时之所失，或则陈仁政之大经，或则斥功利之末术，或则扬圣人之声烈，或则写下民之愤叹，或则陈大人之去就，或则述国家之安危。必皆临事摭实，有感而作，为论为议，为书疏、歌诗、赞颂、箴辞、铭说之类，虽其目甚多，同归于道，皆谓之文也。[1]

也就是说，论议、书疏、歌诗、赞颂、箴辞、铭说等，不管它以何种形式、名目出现，只要对圣人之道有所裨益，或者能服务于社会、大众，概言之，只要体现了"尊道、扶圣、立言、垂范之事"[2]，都可以称为"文"，从形式上突破前人给"文"追加的种种束缚。

孙氏不仅说"文""道"一致，也认为"文统"和"道统"能够合一。"吾之所为道者，尧、舜、禹、汤、文、武、周公、孔子之道也，孟轲、荀卿、扬雄、王通、韩愈之道也。"[3]文章中"始终仁义不叛不杂者"，自汉以降，"惟董仲舒、扬雄、王通、韩愈而已"。前一句说明提到的那些古人是孙氏认为的"道统"的传承者，后一句则指出他们是"文统"的承继者。所以，孙氏认为，至少在上述古人身上，既体现了"文""道"的统一，也实现了"文

---

1 [宋]孙复：《孙明复小集·答张洞书》，第173—174页。
2 [宋]孙复：《孙明复小集·答张洞书》，第173页。
3 [宋]孙复：《孙明复小集·信道堂记》，第175页。

统"和"道统"的完美结合。

孙复除著有《孙明复小集》一卷、《春秋尊王发微》十二卷外，还有《睢阳子》十卷、《易说》六十四篇等，可惜后两部著作均已佚失。孙复以其"文""道"思想指导"古文"创作的实践情况我们无法详知，但有一点可以肯定，孙复在泰山书院和国子监讲学时，把对"时文"的看法和变革文风的主张传授给弟子门人或传达给听众，至少影响了一批人甚至一代人。

从现存的史料来看，孙复的文章植根于经术，《孙明复小集》中保存的十九篇文章和三首诗几乎全系儒家伦理、说教之文。四库馆臣认为："复之文根柢经术，谨严峭洁，卓然为儒者之言，与欧、苏、曾、王千变万化，务极文章之能事者，又别为一格。"根柢经术、谨慎严密、峭拔高洁、自成一家，对孙氏文章风格的概括甚为到位。认为孙复之文为儒家说教之作的杰出代表也毫不为过，弟子石介则将此种风格发挥到了极致。但从散文的角度来看，孙复之文则不免呆板、枯燥。当然，孙氏对"古文"的贡献更多地体现在变革文风方面。《四库全书总目》对此给予了高度赞扬："宋初承五代之弊，文体卑靡，穆修、柳开始追古格，（孙）复与尹洙继之。风气初开，菁华未盛。"[1]

泰山弟子门人或多或少地受到了孙复"古文"主张的影响，多数人投身于古文运动之中。其中，石介表现得最为突出，成为"宋初三先生"中反对"西昆体"最为激烈和提倡载"道"之"古文"

---

[1]［清］永瑢等：《四库全书总目》卷一五二《孙明复小集》，第1312页。

最为用力的一位。

(三) 石介的斥 "时文" 主张

石介学习和致力于 "古文" 并不早，是在其中举后，即天圣八年（1030）。此前他虽然对 "古文" 和倡导 "古文" 的柳开等人极感兴趣[1]，但只能和其他志于科举的士子们一样忙于考试、穷于应付。明道二年（1033），他开始发誓致力于 "古文"。

石介是把 "文" 作为一个道德概念来看待的，这从他对 "文" 的种种界定中可以看出：

> 夫有天地，故有文，天尊地卑，乾坤定矣；卑高以陈，贵贱位矣；动静有常，刚柔断矣；方以类聚，物以群分，吉凶生矣；在天成象，在地成形，变化见矣，文之所由生也。天垂象，见吉凶，圣人象之；河出图，洛出书，圣人则之，文之所由见也。观乎天文，以察时变；观乎人文，以化成天下，文之所由用也。三皇之书，言大道也，谓之《三坟》；五帝之书，言常道也，谓之《五典》，文之所由迹也。四始六义存乎《诗》，典、谟、诰、誓存乎《书》，安上治民存乎《礼》，移风易俗存乎《乐》，穷理尽性存乎《易》，惩恶劝善存乎《春秋》，文之所由著也。[2]

---

[1] 陈植锷认为石介的《过魏东郊》诗作于其二十六岁中举以前。此诗对柳开推崇备至，因此至少在此时石介已对 "古文" 和倡导 "古文" 的柳开等人极为崇拜。

[2] ［宋］石介：《徂徕石先生文集》卷十三《上蔡副枢书》，第143页。

石介除了继承先辈们以天地为基础的"文"的传统外，又从"文"之"所由生"（产生）、"所由见"（表现）、"所由用"（功用）、"所由迹"（迹象）、"所由著"（载体）等方面，把"文"界定为几乎囊括所有儒家学说的概念。不但如此，它还具有包罗万象、界定万物的道德功能。在接下来石介对"文"各个层次的直接表述中，更好地说明了这一点：

> 两仪，文之体也；三纲，文之象也；五常，文之质也；九畴，文之数也；道德，文之本也；礼乐，文之饰也；孝悌，文之美也；功业，文之容也；教化，文之明也；刑政，文之纲也；号令，文之声也；圣人，职文者也。[1]

三纲、五常、九畴，乃至道德本身都被用来概述"文"的内涵及外延。这样看来，"文"在石介那里具有道德的本质是没有任何异议的。石介的概括，使"文"更加系统化、理论化，并在一定程度上具备了抽象的哲学内涵，更趋成熟。石介认为，在正常情况下，由于"君子章之（文），庶人由之，具两仪之体，布三纲之象，全五常之质，叙九畴之数，道德以本之，礼乐以饰之，孝悌以美之，功业以容之，教化以明之，刑政以纲之，号令以声之"，"文"才能顺着道德本原运转，"尊卑有法，上下有纪，贵贱不乱，内外不渎，

---

[1] ［宋］石介：《徂徕石先生文集》卷十三《上蔡副枢书》，第143—144页。

风俗归厚，人伦既正，而王道成矣"[1]。可是"文"的道德实质、内涵并非一成不变，否则就不会有古"文"和今"文"的差别，也不会有我们要谈的"时文"之弊。在石介看来，今"文"之所以弊端丛生，就是因为"遗两仪、三纲、五常、九畴而为之文也，弃礼乐、孝悌、功业、教化、刑政、号令而为之文也"，是丧失道德本源的必然结果。

以上是石介对"文"的总体看法。基于当时的实际情况，需要进行具体分析。赵宋建国迄于真宗，社会发展已步入正轨：制度修，法律明，物采章，政令和，礼乐正，教化通。但是，"时文"之弊也愈益严重，正如石介在《寄明复熙道》一诗中所言：

> 四五十年来，斯文何屯蹇。
> 雅正遂凋缺，浮薄竞相扇。
> 在上无宗主，淫哇千万变。
> 后生益篡组，少年事雕篆。
> 仁义近消亡，圣经亦离散。
> 其徒日已多，天下过大半。
> 路塞不可辟，甚于杨墨患。
> 辟之使廓如，才比孟子浅。
> 患大恐不救，有时泪如霰。

---

[1] ［宋］石介：《徂徕集》卷十三《上蔡副枢书》，第268页。陈校本《文集》作"内外不卖"（第144页），据《景印文渊阁四库全书》改。

大贤为时生，去圣犹未远。[1]

"斯文"衰竭，"淫哇"之辞不绝于耳，少年后生无不受其毒害，圣经、仁义荡然无存，与战国时代的杨、墨之患相比，有过之而无不及。所以，每忆及此，石介无不"泪如霰"。

在《上赵先生书》中，石介对"古文"和"今文"进行对比，指出"古文"具有"化成天下""经纬天地"等功用，而"今文""主者不过句读妍巧、对偶的当而已。极美者不过事实繁多、声律调谐而已。雕镂篆刻伤其本，浮华缘饰丧其真，于教化仁义、礼乐刑政，则缺然无髣髴"，完全失去了为"文"的应有之义。"古文"具有教化和传"道"的功能，这是"古文"倡导者的共识，"今文"则完全丧失了这一功能。为什么会出现这种情况呢？石介认为，并非今人没有古人聪明，而是"由于朝廷敦好时俗习尚，渍染积渐，非一朝一夕也"。

鉴于此，石介对魏、晋以降迄于宋，"声律对偶之言，雕镂文理"的做法甚为不满，指责其"刓刻典经，浮华相淫，功伪相衒"，致使"道日以刻薄而不修，六经之旨日以解散而不合"，其毒害并不逊于"蠹书鱼"。[2] 在《明四诛》篇中，石介更认为按《王制》"作淫声、异服、奇技、奇器以疑众"该杀之制度，凡"不为

---

[1] ［宋］石介：《徂徕集》卷三《寄明复熙道》，第198页。陈校本"仁义近消亡"的"近"作"仅"，"辟之使廓如"的"辟"作"辞"（第27页），据《景印文渊阁四库全书》改。另，《景印文渊阁四库全书》标题为"寄复熙道"，少"明"字，而他本皆有"明"字，待考。

[2] ［宋］石介：《徂徕石先生文集》卷七《录蠹书鱼辞》，第81页。

孔子之经，而淫文浮词聋瞽天下后生之耳目"和"不执艺以谏，而为雕丽淫巧之器以荡君心"[1]者均在当诛之列。可见，其对"时文"厌恶、痛恨之深。

与当时反对"时文"的诸学者相比，石介的贡献是把"西昆体"从"时文"中单独挑出，作为攻击的靶子。那时，"西昆体"的开创者杨亿等人已逝世一二十年之久，但"西昆体"依然在文坛上占据绝对优势，且天下士人欣然归附，其发展形势仍如火如荼。在这种非常的情势下，石介以为只有树立一个反面典型，打击才有力度，才能起到震动人心的效果。但是，如果单单从纯文学的角度指斥"西昆体"修饰文辞、排比语句、言之无物和罕言儒家之道等已没有任何轰动作用，结果也很难再起到多么明显的效果。因为在一般学者看来，对于这些指责，直抒己意的文学作品大可不必在意。于是，为了打倒杨亿等人开创的"西昆体"，石介特地为杨亿以及"西昆体"量身定做了一个"道"，这个"道"是与"文"之本、儒家之"道"完全背离的；不但如此，杨亿等还"盲天下人目，聋天下人耳"，企图以己之"道"取代孔子之"道"。这样一来，便为"西昆体"和杨亿等人扣了离经叛道、非圣无法的大罪名。

> 昔杨翰林欲以文章为宗于天下，忧天下未尽信己之道，于是盲天下人目，聋天下人耳，使天下人目盲，不见周公、孔

---

[1] ［宋］石介：《徂徕石先生文集》卷六《明四诛》，第70—71页。《景印文渊阁四库全书》"不执艺以谏"句"艺"字后有"事"字，存疑。

子、孟轲、扬雄、文中子、韩吏部之道；使天下人耳聋，不闻有周公、孔子、孟轲、扬雄、文中子、韩吏部之道。俟周公、孔子、孟轲、扬雄、文中子、韩吏部之道灭，乃发其盲，开其聋，使天下唯见已之道，唯闻已之道，莫知有他。[1]

实际上，杨亿等人只是擅长写作，充其量只能算是文学家，并没有建立自己的思想体系，根本算不上思想家，更没有任何以己之"道"取代孔子之"道"的企图，他们的言行规范仍以儒家思想为宗。但在石介眼里，杨亿等人的行为不仅仅是"穷妍极态，缀风月，弄花草，淫巧侈丽，浮华纂组"，更有着不可告人的秘密，"刓锼圣人之经，破碎圣人之言，离析圣人之意，蠹伤圣人之道"[2]，险恶用心昭然若揭。后学如果依然固执地追随、效法他，即是有意与先圣先贤作对。

为了打败杨亿之"道"，重振"斯文"，恢复圣人之"道"，包括石介在内的泰山学者都与其进行了针锋相对的斗争。石介曾这样形容他们的战斗情况："先生（孙复）与熙道（士建中）为元帅，介与至之（姜潜）、明远（张洞）被甲执锐，摧坚阵，破强敌，佐元戎周旋焉。曹二、任三坐于罇俎之间。"在这场战斗中，孙复与士建中扮演了主帅角色，石介与姜潜、张洞，以及泰山书院的诸弟子执"锐器"披挂上阵，个个表现出无所畏惧的精神。他们对战斗

---

1 ［宋］石介：《徂徕石先生文集》卷五《怪说中》，第62页。
2 ［宋］石介：《徂徕石先生文集》卷五《怪说中》，第62页。

的胜利也充满信心,"介知必克捷矣。然后枭竖子辈首,致于麾下。使斯文也,真如三代、两汉,跨踰李唐万万。使斯道也,廓然直趋于尧、舜、禹、汤、文、武、周公、孔子"[1]。正是在这样的信心鼓舞下,致力于"斯文""斯道"的石介觉得全身充满力量,好像整个人一下子变得高大无比:

> 介尝自视身不满七尺,见人语呐呐不出诸口,被服儒衣冠,举步趋跄为书生。于斯也,身自视若八九尺长,方目广额,体被犀甲,头戴铁鍪,前后驰十万骑,胆气雄烈,无所畏恐,故尝自道吾年才三十,吾心已不动。谁谓石介刚勇过于孟轲?此诚敢自许也。[2]

孟子"距杨墨"、斥异端的高大形象早已成为儒者心中可望而不可即的楷模,石介敢以孟子"刚勇"自诩,足见其大无畏的战斗精神,怪不得有人称石介是"宋儒中的狂者"[3]。

石介的另一贡献是把杨亿、刘筠、钱惟演等人及其"西昆体"归入与佛、道具有同样危害的一类,认为只有去此三者,方能有所作为。石介这样做自有其目的。南宋的黄震推断说:"徂徕先生学正识卓,辟邪说,卫正道,上继韩子以达于孟子,真百世之师也。

---

1 [宋]石介:《徂徕石先生文集》卷十五《上孙先生书》,第182页。
2 [宋]石介:《徂徕集》卷十五《上孙先生书》,第293页。"介尝自视身不满七尺",陈校本作"三尺";"于斯也",陈校本"斯"后多"道"字;"谁谓石介刚勇过于孟轲,此诚敢自许也",陈校本点作"谁谓石介刚过于孟轲,勇则诚敢自许也",结合文意,今改从《景印文渊阁四库全书》。
3 董金裕:《宋儒风范》,台湾东大图书有限公司1979年版,第10页。

杨亿不过文词浮靡，其害本不至与佛、老等，而亦辟之峻如此，盖宋兴八十年，浮靡之习方开，辟所怪也，怪所作也。"[1] 黄氏的分析具有一定的道理，但并未涉及石介更深层的用意。反对佛、道是唐宋大部分儒者的一贯立场，不管他们私下里是否与佛、道有着千丝万缕的联系。斥"时文"的战线则相对狭小，除了科举导向外，还因为在多数学者眼里，"时文"在"文"上的危害远远无法与佛、道对现实社会的破坏力度相比。因此，他们往往只反对佛、道，或者即便同时反对佛、道和排斥"时文"，也认为三者风马牛不相及，尽管他们的终极目的都是复兴儒道。石介则把三者等量齐观，认为忽略其中的任何一项都是徒劳的，如此能扩大斥"时文"的阵营，这是毫无疑问的。朱熹编纂的《宋名臣言行录》中记录了这样一段话：

> 天圣以来，穆伯长（修）、尹师鲁（洙）、苏子美（舜钦）、欧阳永叔（修）始倡为古文，以变西昆体，学者翕然从之。其有杨（亿）、刘（筠）体者，人戏之曰："莫太昆否？"守道深嫉之，以为孔门之大害，作《怪说》三篇，上篇排佛、老，下篇排杨亿。于是新进后学不敢为杨、刘体，亦不敢谈佛、老。[2]

石介将排佛、道与斥杨亿并举，"新进后学不敢为杨、刘体，亦不

---

1 ［宋］黄震：《黄氏日抄》卷四十五《读诸儒书十二·石徂徕文集》，《景印文渊阁四库全书》（708 册），第 244 页。
2 ［宋］朱熹：《宋名臣言行录》前集卷十《石介》，《景印文渊阁四库全书》（449 册），第 122 页。

第二章　孙复、石介与宋初学风 | 083

敢谈佛、老"，足见石氏这一创举在排斥"时文"、复兴儒学上的贡献。

认识到杨亿等人为"西昆体"目的险恶，再加上看到"西昆体"与佛、道具有同样的危害，当世儒生非但不能再学"西昆体"，还要与其做坚决的斗争，重新夺回被杨亿等人占领的儒家圣地。对此，石介提出了一个以其人之道还治其人之身的方法：

> 反盲天下人目，聋天下人耳，使天下人目盲，不见有杨亿之道；使天下人耳聋，不闻有杨亿之道。俟杨亿道灭，乃发其盲、开其聋，使目惟见周公、孔子、孟轲、扬雄、文中子、韩吏部之道，耳惟闻周公、孔子、孟轲、扬雄、文中子、韩吏部之道。[1]

这与他反对佛、道的"人其人、俗其俗"相类，看起来虽然有些幼稚，甚至是原始，但也不失为一剂返源治乱的良方。从总体上看，"西昆体"的确有着很大的缺陷，有必要进行批判，石介的良苦用心也值得肯定，但其对"西昆体"偏见较深，凭己意任加贬斥，一棒子打死，根本看不到它的任何长处，难免有失公允。

（四）倡"古文"活动及影响

不论是排佛、道，还是斥"时文"，石介的根本目的都是重建、维护儒家之"道"。所以，基于此，只要有谁妨碍他，他即鸣

---

[1] ［宋］石介：《徂徕石先生文集》卷五《怪说中》，第62页。

鼓击之，并坚决与之斗争到底。石介这样说：

> 尧、舜、禹、汤、文王、武王、周、孔之道，万世常行不可易之道也。佛、老以妖妄怪诞之教坏乱之，杨亿以淫巧浮伪之言破碎之，吾以攻乎坏乱破碎我圣人之道者，吾非攻佛、老与杨亿也。[1]

此段话既是石介排佛老、斥"时文"心迹的真实表白，亦可认为是其向一切祸害圣人之"道"行为做斗争的宣战书。

石介是"古文"运动以来宣扬"道统"和"文统"最用力的一位。唐代的韩愈、柳宗元和宋初的王禹偁等人，虽致力于"古文"和"道统"的重建，但他们没有放弃"文"的艺术性和形式上的多样性，而且经常在实践中写出优美的散文以证明艺术性同样不可缺少。石介则几乎完全舍弃对"文"的修饰与雕琢，在他看来，大讲特讲儒家伦理道德即是最好的文章，没有这些内容再优美的文字也只能是"缀风月，弄花草"，毫无价值。他的目的是使文章成为儒家经典、封建伦理的衍生物。再看看石介的文集，几乎每一篇、每一页都充斥着"道统"和"文统"思想，尧、舜、禹、汤、文、武、周公、孔子，以及孟轲、扬雄、文中子（王通）、韩愈是其念念不忘的"道统"和"文统"继传者。石介也很敬佩柳开、孙何、张景、贾公疏等人，虽然他们能"祖述吏部而师尊之"，但因"其

---

[1] ［宋］石介：《徂徕石先生文集》卷五《怪说下》，第63页。

智实降"[1],没有能力承载"道"的使命。石介过分强调"文"的道德伦理性,这一点倒有几分颇似柳开和穆修,只是石介比他们更为大胆,走得更远。他这一思想后来受到了道学家的青睐和继承。陈植锷在《徂徕石先生文集》的序言中讲了这样一句话:"与其把石介视为北宋诗文革新的闯将,倒不如把他说成理学家的先驱。"笔者认为,此语十分妥帖。

认识到个人"道不充,力不足",仅凭个人力量根本无法撼动有着广泛影响力的"时文",孙复、石介师徒二人还在以下两方面努力着:一是上书朝廷、当权的官吏或有影响的大儒,希望他们用行政权力或影响力促成"文"的变革;二是教育后学,从下实现文风的改变。

前者如孙复的《寄范天章书》《上孔给事书》以及石介的《代郓州通判李屯田荐士建中表》《上蔡副枢书》《上范思远书》《与君贶学士书》和《上赵先生书》等。在《上赵先生书》中,石介劝说博洽多闻的赵先生,请求其致力于改变文风,表示愿意为此而追随他:

> 先生如果欲有为,则请先生为吏部(韩愈),介愿率士建中之徒为李翱、李观。先生唱于前,介等和于后,先生击其左,介等攻其右,先生掎之,介等角之。又岂知不能胜兹万百千人之众,革兹百数十年之弊,使有宋之文赫然为盛,与大汉相视,

---

[1] [宋]石介:《徂徕石先生文集》卷七《尊韩》,第79页。

钜唐同风哉！……今者道实在于先生，先生岂得让乎？[1]

孙复、石介上书朝廷、权臣，或直接阐明其斥"时文"、变革文风的主张，或进荐从事"古文"的学者。孙复的《寄范天章书一》就是为荐举石介、士建中而作，石介的《上范思远书》《上蔡副枢书》目的在于推荐士建中。类似的篇章在石介的文集中甚多。

前文已言，教育后学是孙复传圣人之"道"最重要的形式，同为"宋初三先生"的石介也把讲学作为传己之"道"的一个重要方式。在徂徕山聚徒讲学和担任国子监直讲期间，石介孜孜不倦，广收学徒，"学者从之甚众"[2]，贫家子弟、富家公子，乃至佛、道之徒都曾向他求学。《徂徕石先生文集》记载了张生、孟生两个道士受石介讲学感化，"弃其师，事吾儒师；裂其服，被吾儒服；斥其礼，行吾儒礼；掷其书，读吾儒书"[3]的情况。当然，石介如何以"古文"教育后学，史乘中没有记载，但学生受到其"古文"主张的影响，这一点没有任何疑问。《湘山野录》生动地记载了一则石介斥退监生为"时文"的案例：

> 康定（应作庆历）中（石介）主盟上庠，酷愤时文之弊，力振古道。时庠序号为全盛之际，仁宗孟夏銮舆有玉津钹麦之

---

[1] ［宋］石介：《徂徕石先生文集》卷十二《上赵先生书》，第138—139页。"先生唱于前，介等和于后"为景印文渊阁四库全书，陈校本作"先生唱于上，介等和于下"，前者更确切。赵先生，行实无考，疑其人乃《上王沂公书》中石介所极力推荐的赵师民。
[2] ［元］脱脱等：《宋史》卷四百三十二《儒林二·石介传》，第12833页。
[3] ［宋］石介：《徂徕石先生文集》卷七《宗儒名孟生》，第82页。

幸，道由上庠。守道前数日于首善堂出题曰《诸生请皇帝幸国学赋》，糊名定优劣。中有一赋云"今国家始建十亲之宅，新封八大之王"。盖是年造十王宫，封八大王元俨为荆王之事也。守道晨兴鸣鼓于堂，集诸王（生之误）谓之曰："此辈鼓箧游上庠，提笔场屋，稍或出（黜）落，尚腾谤有司，悲哉！吾道之衰也。如此是物宜遽去，不尔，则鼓其姓名，挞以惩其谬。"时引退者数十人。[1]

以惩罚的方式强迫后生放弃雕饰文辞的"时文"，在"时文"肆虐横行的形势下，也不失为良策。

时人和后人对石介斥"时文"、倡古文的评价不一。欧阳修与石介同年进士，后来欧阳修成为"古文"运动的核心人物。他在读石介《怪说》《中国论》等排佛老、斥杨亿的文字后说："近于京师频得足下所为文读之，甚善。其好古闵世之意，皆公操自得于古人，不待修之赞也。然有自许太高，诋时太过，其论若未深究其源者。"[2] 欧阳修对石介的文章及其"好古忧道"的情操持肯定态度，但又不满其"诋时太过"和为文"好异以取高"。"诋时太过"与石介的性格有很大的关系。综观石介一生行事，刚烈勇猛，乐善疾恶，且敢于直言，自认为勇猛过于孟子，在国学讲学期间，直言政事，毫不隐讳，"著《唐鉴》以戒奸臣、宦官、宫女，指切当时，

---

1 ［宋］文莹：《湘山野录》卷中，中华书局1984年版，第24页。
2 ［宋］欧阳永叔：《欧阳修全集·居士外集》卷十六《与石推官第一书》，第482页。

无所讳忌"¹,又作《庆历圣德颂》,褒扬盛事,贬斥奸臣。这些"诋时太过"的举动都为其以后的不幸遭遇埋下伏笔。对于欧阳修"好异以取高"的批评,石介在《答欧阳永叔书》中进行了辩解:

> 夫好为诡异奇怪以惊世人者,诚亦有之,皆轻浮者所为也。则非行道正人、笃行君子之所为。介深病世俗之务为浮薄,不敦本实,以丧名节,以乱风俗,思有请于吾圣天子,吾贤宰相,愿取天下轻险、怪放、逸奇之民,投诸四裔(四库本作"夷"),绝其本源,以长君子名教,以厚天下风俗,今反肯自为之乎?²

此种辩白未能改变时人对其为文风格"好异以取高"的一般看法。其文章在当时甚不受欢迎,这一点连石介本人也有清醒的认识。他形容自己的处境说:"予不自揆度,乃奋独力,直斥其人而攻之。我寡彼徒众,反攻予者日以千数,视予之肉,虎动吻而狼磨牙。"³庆历六年(1046),即石介死后第二年,知贡举的张方平上书指责道:"尔来文格日失其旧,各出新意,相盛为奇。至太学之建,直讲石介课诸生、试所业,因其所好尚,而遂成风,以怪诞诋讪为高,以流荡猥烦("琐"之误)为赡(善),逾越规矩,或(惑)

---

1 [元]脱脱等:《宋史》卷四百三十二《儒林二·石介传》,第12834页。
2 [宋]石介:《徂徕石先生文集》卷十五《答欧阳永叔书》,第175页。
3 [宋]石介:《徂徕石先生文集》卷十八《送张绩李常序》,第216页。景印文渊阁四库全书中本句与陈校本差别甚大,特将景印文渊阁四库全书原文摘录于下:予不自揣度,乃奋独力,宣斥其人而攻之,我寡彼众,反攻予者日以千数,一日之内,虎动吻而狼磨牙。

误后学。"¹苏轼也谓:"士大夫不深明天子之心,用意过当,求深者或至于迂,务奇者怪僻而不可读。"²虽未点名石介,但明眼人一看即明白。

笔者认为,批评石介"好异以取高"对他来说是不公平的。除了石介自己的辩白外,还有两点需要说明:第一,宋初的"古文"写作虽说有唐朝的经验可以借鉴,但"古文"运动仍处于探索试验阶段,作为前驱者,石介的探索还不成熟,与后来已成熟的欧、苏散文当然不可同日而语;第二,当时对"古文"的看法也存在很大的差异,宋初的柳开与王禹偁分别开创了宋代"古文"的两种不同风格,石介继承了柳开的风格,而欧、苏秉承了王禹偁的传统。与欧、苏等人的批评形成鲜明对照,后来的道学家对石介则推崇备至,朱熹的评说可以作为代表。他说:"本朝孙(复)石(介)辈忽然出来,发明一个平正底道理自好,前代亦无此等人。如韩退之已自五分来,只是说文章。若非后来关(张载)洛(二程)诸公来,孙石便是第一等人。孙较弱;石健甚,硬做。"又说:"石守道只是粗。若其名利嗜欲之类,直是打叠得伶俐,兹所以不动心也。"³朱子此言一方面颂扬了孙复、石介发明"一个平正底道理",肯定了孙、石的"古文"贡献;另一方面,对时人言石介故作高论

---

1 [宋]张方平:《乐全集》卷二十《贡院请诫励天下举人文章》,《景印文渊阁四库全书》(1104册),第184页。

2 [宋]苏轼:《苏轼文集》卷四十八《谢欧阳内翰书》,第1423页。

3 [宋]黎靖德编:《朱子语类》卷一百二十九《自国初至熙宁人物》,中华书局1986年版,第3091页。

以惊世俗进行了反驳。评判的出发点、立场不同,得出的结论也不同,甚或截然相反,前人已给出了很好的例证。所以,站在一种风格的立场上评说另一种风格,本身就不够客观。

不论时人如何看待,宋以后学者对石介的斥"时文"及散文探索基本上持肯定态度。如王士禛《池北偶谈》称石介文章"倔强劲质,有唐人风,较胜柳(开)、穆(修)二家,终未脱草昧之气"[1],堪称笃论。清人徐肇显说石文"慷慨激直,理达气充"[2],石键也谓"诵其诗,读其书,灏灏落落,如黄河之发源昆仑而泻千里也;辉辉耀耀,如三辰列宿经纬四维而光景常新也"[3]。钱穆在写到宋初儒者"用明白朴质的古文,来推翻当时的文体"时,也自注谓:"最著如柳开、石介,乃至欧阳修。"[4]道出了今人对石介古文贡献的基本看法。

孙复、石介的"古文"主张与实践同前人、时人及后人相比,不能说最为重要,甚至在某些方面还不够成熟,但他们却构成唐宋古文运动中不可或缺的一环。作为泰山书院、徂徕书院以及国子学的首席长官、主讲,他们将自己的"古文"主张传授后学,酝酿学"古文"、作"古文"的氛围;同时,作为宋初古老的齐鲁文化圈的领袖人物和整个宋学的开山,他们的提倡和参与更起着一种榜样和

---

[1] [清]王士禛:《池北偶谈》卷十七《徂徕集》,中华书局1982年版,第408页。
[2] [清]徐肇显:《重刻徂徕先生集序》。转引自《徂徕石先生文集》附录三,第268页。
[3] [清]石键:《徂徕石先生全集序》。转引自《徂徕石先生文集》附录三,第271页。
[4] 钱穆:《国史大纲》第三十二章《士大夫的自觉与政治革新运动》,商务印书馆1994年版,第560页。

模范作用，"所为诗文，皆根柢至道，排斥佛、老，（石介）与孙复于祥符、天圣间以仁义忠孝之道，发于文章，为诸儒倡"[1]。

---

[1] ［清］徐宗干：《拟请宋孙石两先生从祀议》。转引自《徂徕石先生文集》附录三，第296页。

第三章

孙复、石介与"道统"论

"道统"是唐代学者韩愈为对抗炽盛的佛道、复兴式微的儒学而提出的概念，后逐步得到大多数学者的认同。两宋时期，它成为新儒学兴起和发展的原动力之一。"道统"论伴随适应对抗佛道的需要而产生，所以排斥佛道是其中必不可少的要义；同时，新儒者在构建"道统"论时把唐中期以前一直默默不显的孟子纳入其中，如此，"孟子升格运动"应运产生。排斥释老与提升孟子地位构成"道统"论中两个极为重要的方面，在宋儒那里得到了最大限度的发展。作为"宋初三先生"的两位——孙复、石介在由唐到宋的"道统"论转变中扮演了"接力者"的角色。

一、排斥释老

从魏晋南北朝到隋、唐，由于佛教的中国化和道教的成熟，佛、道成为社会上有着重要影响的意识形态，并与儒学分庭抗礼，出现三足鼎立的局势。此后，佛、道发展益速，至唐中后期，已超过儒学。佛、道的盛行带来了大量弊病，排佛抑道的主张和言论在不少有志之士之间传布开来。他们为复兴儒学，固守先圣王道阵地，遂与释、老进行了针锋相对的斗争。

儒者真正大规模地排斥佛、道出现于唐代中后期，其中韩愈的反佛、道影响最大，也最为后人所称誉。韩氏反佛道、复兴儒学的主张是从多个层面展开的。他倡导古文，认为古文是表达儒家圣道的至善至美形式[1]；他反对汉唐盛行的训诂章句之学，以为其有悖于圣贤为学之道，丢失了孔孟儒学的精髓，是导致儒学衰微、释老炽盛的内在原因，"汉氏已来，群儒区区修补，百孔千疮，随乱随失，其危如一发引千钧，绵绵延延，寖以微灭。于是时也，而唱释、老于其间，鼓天下之众而从之。呜呼，其亦不仁甚矣！"[2]其文《原道》，是辨释、老学说的千古名篇。在该文中，他从夷夏之辨、浮图害政、桑门蠹俗等角度全面阐述其反佛道主张。更重要的是，为抗衡佛教的"法统"，他精心构筑了一个儒家"道统"理论[3]，为宋儒反佛道构建了理论框架。为实践其反佛、道的主张，他不惜逆龙鳞，进疏宪宗《论佛骨表》，称"佛本夷狄之人，与中国言语不通，衣服殊制，口不言先生之法言，身不服先王之法服，不知君臣之义，父子之情"，并引用大量的历史事实证明"事佛求福，乃更得祸"，在疏奏结尾处甚至要求佞佛的宪宗皇帝把佛教"投诸水火，永绝根本，断天下之疑，绝后代之惑"[4]，指斥皇帝佞佛，不避锋芒，公然反对"迎佛骨"。

韩愈反佛、道的大声呐喊在当时影响很大，带动了一些儒生后

1　见本书"古文运动"相关内容。
2　[唐]韩愈：《韩愈全集》文集卷三《与孟尚书书》，第195页。
3　见本书"孟子升格运动"相关内容。
4　[唐]韩愈：《韩愈全集》文集卷八《论佛骨表》，第335页。

学，张籍、李翱等就是其中的佼佼者。但是，其反佛、道的方式在社会上并没有得到多大的认同，即便与韩愈关系密切的柳宗元也不以为然。韩愈认为，佛、道蠹害圣人之道，无益于教化；柳宗元则认为，各派学说"皆有以佐世"，主张对包括佛、道在内的各派兼收并蓄，"悉取向之所以异者，通而同之，搜择融液，与道大适，咸伸其所长，而黜其奇邪，要之与孔子同道，皆有以会其趋"[1]。所以，当韩愈批评他交游不择对象、对儒者和浮图一视同仁时，他却说："浮图诚有不可斥者，往往与《易》《论语》合，诚乐之，其于性情奭然，不与孔子异道。"接着，他以扬雄为例，指出"退之好儒未能过扬子，扬子之书于庄、墨、申、韩，皆有取焉。浮图者，反不及庄、墨、申、韩之怪僻险贼耶？"[2]

  儒学虽长于教化，但缺乏系统的理论思辨体系，而佛道在本体论和心性论上的优势则是人所共知的。在下层民众中，佛教的天国许诺比儒学的世俗教条更具吸引力。再者，寺院经济的发展，使其在民间普及和宣传佛教文化上拥有很大的优势。这些都是儒学难以匹敌的，也是韩愈反佛、道呼声甚大而收效甚微的重要因素。不能说韩愈的反佛道是机械、盲目的，但不可否认，其有盲目的倾向。韩愈的反佛道理论，对宋儒尤其是孙复、石介的排佛老有发轫之功。钱穆在《中国近三百年学术史》引论中说："曰寻水者必穷其源，则水之所自来者无遁隐。韩氏论学虽疏，然其排释老而返之

---

1 [唐]柳宗元：《柳宗元集》卷二十五《送元十八山人南游序》，第663页。
2 [唐]柳宗元：《柳宗元集》卷二十五《送僧浩初序》，第673页。

儒，昌言师道，确立道统，则皆宋儒之所滥觞。"

（一）儒门淡薄，皆归释老

北宋建立伊始，统治者即采取了崇道扬佛的举措。太祖赵匡胤耗巨资整修寺院庙宇，集国家之力刊刻佛经，派遣大批僧人入西域求佛。太宗赵光义"素崇尚释教"，创译经院，建造舍利塔，礼待僧人，推崇佛理，宣称"浮屠氏之教有裨政治"[1]。真宗天禧（1017—1021）末年，全国僧尼分别为397615人和61239人[2]，为整个北宋之最。史载，真宗每逢灾害都要亲临寺院设坛祭祀"祈雨"，甚至下令在京师及诸路设立戒坛，由当地官员带头施行祭祀之礼，最多时全国有戒坛达七十二处。仁宗时期，政府的尊佛行为在真宗的基础上继续向前发展着。仁宗不仅亲自为《景祐天竺字源》作序赐译经院，并诏令臣下翻译、编定佛典《传法院译经碑铭》《法宝录》等。[3]

宋朝统治者的崇道是出了名的。宋太祖赵匡胤称帝前，即与道士过往甚密，其"黄袍加身"离不开"善天文占候之术"的道士苗训。据《宋史》记载，苗训随赵匡胤北征，见"日上复有一日，久相摩荡，指谓楚昭辅曰'此天命也'。夕次陈桥，太祖为六师推

---

1 ［宋］李焘：《续资治通鉴长编》卷二十三《太宗太平兴国七年六月》、卷二十四《太宗太平兴国八年冬十月》，第523、554页。
2 ［宋］李攸：《宋朝事实》卷七《道释》，第124页。《群书考索》（后集卷六十三《财用门·鬻僧类》）所载与《宋朝事实》僧同，尼多100人。
3 ［清］徐松：《宋会要辑稿》道释二之八、之九，中华书局1957年版，第7892—7893页。

戴，训皆预白其事"[1]。赵匡胤一称帝，即对道教恩遇有加，如遣使诣真源祠老子，于京城修建隆观，且"斋修率就是观"；乾德五年（967），诏莱州道士刘若拙肃正道流；开宝五年（972），再令刘若拙与功德使"集京师道士试验，其学业至而不修饬者皆斥之"；每水旱，必召刘若拙于禁中致祷；与在野道士陈抟、苏澄隐、王昭素等皆有交往。赵匡义也效法赵匡胤，利用道士张守真传玉帝辅佐黑杀大将军令，为继统制造舆论。事成后，太宗令人专门在终南山下兴建上清太平宫，封黑杀神为"翊圣将军"以供奉之，又赐张守真紫衣，封号"崇玄大师"，命主持上清太平宫。[2]在治国理政上，宋太宗也推崇道家思想，一日读《老子》，对侍臣说："伯阳五千言，读之甚有益，治身治国并在其内。至云'善者吾亦善之，不善者吾则不善之'，此言善恶，无不包容。治身治国者，其术如是。若每事不能容纳，则何以治天下哉！"[3]《续资治通鉴长编》还记载了一段他与臣下讨论采用道家思想治国理政的言论：

> 上曰："清静致治，黄、老之深旨也。夫万务自有为以至于无为，无为之道，朕当力行之。至如汲黯卧治淮阳，宓子贱弹琴治单父，此皆行黄、老之道也。"参知政事吕端等对曰："国家若行黄、老之道，以致升平，其效甚速。"宰臣吕蒙正曰："老子称'治大国若烹小鲜'。夫鱼挠之则溃，民挠之则

---

1 ［元］脱脱等：《宋史》卷四百六十一《方技上·苗训传》，第13499页。
2 ［宋］李攸：《宋朝事实》卷七《道释》，第115—117页。
3 ［宋］李攸：《宋朝事实》卷三《圣学》，第37页。

乱，今之上封事议制置者甚多，陛下渐行清静之化以镇之。"上曰："朕不欲塞人言。狂夫言之，贤者择之，古之道也。"[1]

宋真宗赵恒也是一个"道皇帝"，其崇道与扬佛并举，景德三年（1006）诏告天下曰："老氏立言，实宗于众妙；能仁垂教，盖诱夫群迷。用广化枢，式资善利。"[2]在他当政时期，不仅多次上演"天书"下降和祥瑞闹剧，还诏令校勘、颁行《老子》《庄子》等道家核心经典，整理、刊刻新道藏，为老子、玉皇、真武等道教谱系重要人物上尊号，更是大肆兴修道观，专设宫观官，崇道信道达到宋代的第一个顶峰。其中大中祥符元年（1008），增建的玉清昭应宫尤为劳民伤财，极尽奢华之能事，《宋朝事实》作如下描述：

> 大中祥符元年，增宫名曰玉清昭应。凡役工日三四万，发京东西、河北、淮南州军禁军，调诸州工匠，每季代之，兵卒岁一代，并优其口粮资值，选四厢都指挥使忠佐二员董役，立赏格以劝。其所用木石，则有秦、陇、歧、同之松，岚州、汾阴之柏，潭、衡、道、永、鼎、吉之杉松，桐、楮，温、台、衢、婺之豫章，明、越之松杉。其石则淄、郑之青石，卫州之碧石，莱州之白石，绛州之斑石，吴、越之奇石，洛水之玉石。其采色则宜圣库之银朱，桂州之丹砂，河南之赭土，衢州之朱土，梓州之石青、石绿，磁、相之黛，秦、阶之雌黄，广

---

1 [宋]李焘：《续资治通鉴长编》卷三十四《太宗淳化四年闰十月》，第758页。
2 [宋]李攸：《宋朝事实》卷七《道释》，第123页。

州之藤黄，孟、泽之槐花，虢州之铅丹，信州之黄土，河南之胡粉，卫州之白垩，郓州之螺粉，兖、泽之墨，宣、歙之漆，贾谷之望石，莱、芜、兴之铁。其木石皆遣所在官部押兵民入山谷伐取，挽辎车、泛舟航以至，余皆分布部纲输送。又于京师置务，化铜为鍮，冶金箔、锻铁以给用。凡宫之东西三百一十步，南北四百三十步，地多黑土疏恶，于京东取良土易之，自三尺至一丈，有六等。……兵匠供茶、酒、饮食，纲卒皆给鞋钱、衣屦、口粮。民以材木鬻于官者，蠲其算。或有献良木者，优赐其值。车驾时来省视，必有赐赉；遇节序日，别赐燕会……凡宫殿门名，无虑五十余所，皆御制赐名，亲书填金。有司具黄麾仗、道门威仪，奉迎至宫奉安。东、西山院，在集灵、凝命之旁，皆累石为山，引流水为池，东有昆玉亭、澄虚阁、昭德殿，西有瑶峰亭、涵晖阁、昭信殿。北门内二宴殿曰迎禧、迎祥，后二殿曰崇庆、崇福。太初殿楚石为丹墀，龙墀前置日月楼，画太阳、太阴像及环殿图八十一，太一东西廊，图五百灵官，前置石坛、钟楼、经楼，四隅置楼，阙其外，累甓为墙，引金水为甓渠，环宫垣，又分为二石渠贯宫中。[1]

玉清昭应宫拟十五年建成，施工期间，夜以继日，最终七年完工，规模宏大，无与其匹，"凡三千六百一十楹"[2]，役工、取材、用料不

---

1 [宋]李攸：《宋朝事实》卷七《道释》，第107—109页。
2 [宋]李焘：《续资治通鉴长编》卷一百八《仁宗天圣七年六月》，第2515页。

计成本,"屋室有小不中程,虽金碧已具,必毁而更造,有司不敢计其费"[1]。不仅如此,除东京建玉清昭应宫外,真宗还诏令天下遍兴天庆观,一次建观约一千五百余座[2]。其崇道之甚,诚如《宋史》所云:"如病狂然,吁,可怪也!"[3]

史籍关于宋仁宗崇道的记录虽不多,但从全国僧尼的数量可以看出,其在位期间基本延续着真宗朝重视道教的态势。据《宋会要辑稿》载:真宗天禧五年(1021),全国有道士19066人,女冠731人;仁宗庆历二年(1042),道士19680人,女冠502人。[4]元代道士彭致中《鸣鹤余音》中保存一首《尊道赋》,署名宋仁宗,文中有云:"三教之内,惟道至尊。上不朝于天子,下不谒于公卿。……参满天之秀气,表妙道之殷勤。比儒教兮,官高职显,富贵浮云。比释教兮,寂灭为乐,岂脱凡尘。朕观三教,惟道至尊。"[5]此赋未必为仁宗本人亲作,但反映了在道教内部,仁宗至少有着尊道的形象。

综上,在统治者的支持下,宋初道教获得迅速发展,不仅表现为道观和道士人数的激增,出现了一批杰出的道士,开创了一些新门派,开展了大规模整理道教经典的活动,道教本身也不断进行援

---

1 [宋]李焘:《续资治通鉴长编》卷八十一《真宗大中祥符六年秋七月》,第1839页。
2 朱云鹏:《北宋道教发展述论》,《中国道教》2000年第4期,第19页。
3 [元]脱脱等:《宋史》卷八《本纪第八·真宗三》,第172页。
4 [清]徐松:《宋会要辑稿·道释一·披度》,上海古籍出版社2014年版,第9979—9980页。
5 [元]彭致中:《鸣鹤余音》卷九《尊道赋》,明正统道藏本。

儒、援佛入道的尝试，在与儒、佛的争战中取得了一定的优势。

在皇帝的影响下，士大夫也沉溺佛道[1]。仁宗皇祐朝（1049—1054）进士吴处厚《青箱杂记》记载，杨亿"深达性理，精悟禅观"，"丞相王公随亦悟性理"，"曹司封修睦，深达性理，知邵武军时，常以竹簟赠禅僧仁晓"，"张尚书方平，尤达性理"，"陈文惠公亦悟性理，尝至一古寺"，"富文忠公，尤达性理"，等等。[2] 司马光也谓王旦"性好释氏，临终遗命剃发着僧衣，棺中勿藏金玉，用荼毗火葬法，作卵塔而不为坟"[3]。这些精通佛教性理的士大夫常常模仿僧人作偈颂，"庆历中，士大夫多修佛学，往往为偈颂以发明禅理"[4]。

在佛、道日炙的同时，儒学继续着唐代衰落的惯性。唐末、五代，政局混乱，政权更替频仍，儒家纲常伦理、道德观念在国家政治、社会治理、士人生活等多个层面受到全方位挑战，纲纪废弛，道德败坏，价值颠倒。清人编修的《续通志》创设"贰臣传"，五代虽仅五十余年，传主竟有十八位，居该书所收唐宋元明"贰臣"数量之首。其中典型者，如为人巧佞、阿谀、寡廉耻的苏循，朝梁暮晋、诸事无寸的冯道等。特别是冯道，"历五朝、八姓，若逆旅

---

1 可参看：张伟《宋初佛教政策与佛教的复兴》，《浙江师大学报（社会科学版）》1998年第3期；鲍新山《北宋士大夫与道家道教》，暨南大学博士学位论文，2005年。
2 ［宋］吴处厚：《青箱杂记》卷十，第110—111页。
3 ［宋］司马光：《涑水记闻》卷七，第143页。
4 ［明］何良俊：《语林》卷九《文学第四》，第15页。或见《宋稗类钞》卷七《宗乘》，第596页。

之视过客，朝为仇敌，暮为君臣，易面变辞，曾无愧怍"[1]，晚年自号"长乐老"，著有《长乐老自叙》数百言，"陈己更事四姓及契丹所得阶勋官爵以为荣"。"当是时，天下大乱，戎夷交侵，生民之命，急于倒悬"，而冯道以能自保且稳立官场为荣，"其可谓无廉耻者矣"；不仅如此，"当世之士无贤愚皆仰（冯）道为元老，而喜为之称誉"，社会风尚所向，"则天下国家可从而知也"[2]。与"贰臣"对应者，欧阳修称为"死节"，其撰修的《新五代史》仅收录三人，在该书另一篇——《死事传》序中，他不无感慨地写道："呜呼甚哉！自开平迄于显德，终始五十三年，而天下五代，士之不幸而生其时，欲全其节而不二者，固鲜矣。于此之时，责士以死与必去，则天下为无士矣。然其习俗，遂以苟生不去为当然。至于儒者，以仁义忠信为学，享人之禄，任人之国者，不顾其存亡，皆恬然以苟生为得，非徒不知愧，而反以其得为荣者，可胜数哉！"[3]

在这种背景下，士人的社会价值取向和个体生命观发生了变化，儒家的修齐治平理念和人生追求被怀疑、否定甚至抛却，沉浸于儒学研究者鲜乏其人，直至"宋初三先生"，这也难怪乎《续通志》"孝友传"于五代仅取一人，"儒林传"则无一人可取。如此看来，张方平所云"儒门淡薄，收拾不住，皆归释氏耳"[4]，令王安石欣然叹服，应非妄言。

---

1 [宋]司马光:《资治通鉴》卷第二百九十一《后周纪二》，中华书局1956年版，第9512页。
2 [宋]欧阳修:《新五代史》卷五十四《杂传第四十二》，第614、611页。
3 [宋]欧阳修:《新五代史》卷三十三《死事传》，第355页。
4 [清]潘永因:《宋稗类钞》卷之七《宗乘》，第597页。

第三章 孙复、石介与"道统"论 | 103

"儒门淡薄,收拾不住,皆归释氏",一语道破儒学式微、佛教鼎盛的事实。今人钱穆也谓:"那时(宋初)稍稍带有教育和思想意味的,只在出世的和尚们,乃至求长生的道士们那里。"[1]

(二)孙复:鸣鼓攻释老

宋初,面对佛道的昌盛、儒学的衰微,一部分忧道忧民的儒士和官吏萌发了一种强烈的捍卫儒道的意识。柳开、王禹偁、穆修、范仲淹、孙复、石介、胡瑗、欧阳修、李觏等,或为政治家、教育家,或为经学家、文学家,尽管身份不同,为学侧重点也有差异,但他们都有着济世救民、为往圣继绝学和为万世开太平的胸襟与强烈愿望。他们继承了韩愈等人反佛、道的传统,辟邪说、斥异端,积极实践着复兴儒学的伟大使命。其中,孙复、石介对佛道异端思想的反对最为激进,并且以对儒家之道的忠诚信仰和坚决不妥协的姿态对释、老进行了最为猛烈的攻击。

孙复、石介主要活动于真宗后期和仁宗前中期,这段时期是北宋政府尊崇佛、道的第一个高潮。政府过分尊崇佛道和佛道的迅速发展,使孙复、石介等人深感忧虑;再加上复兴儒学的使命使然,他们二人遂从不同角度对佛道展开了批判。他们继承了韩愈以儒家文化为主体的强烈民族情感和"道统"意识,把对佛、道的批判与反对少数民族政权的入侵、维护赵宋王朝的统一、"道统"体系的构建、古文运动以及复兴儒学等结合起来,从而使宋初的反佛道在

---

[1] 钱穆:《国史大纲》第三十二章《士大夫的自觉与政治革新运动》,第557页。

多个层面大规模地开展起来，出现入宋以来第一次反佛道高潮。

孙复对佛、道思想的批判，主要是从释老蠹政、害文和蚕食儒家学说三个方面展开的，第三点是孙复攻击的重点。

宗教是麻醉人们的精神鸦片。佛教注重来世与天国，宣扬修行与忍让，道教则主张出世退隐、清静无为，这些都成为消弭下层民众斗志和反抗情绪的镇静剂，历代统治者支持、利用佛道二教大多出于此点考虑。然而，随着释、老学说的横行和其宗教势力的迅速膨胀，它们不可避免地给社会和政治造成极大破坏。如佛教庄园经济的发展，导致政府控制的编户齐民和耕地数量减少，严重影响了政府的财政收入，遂产生宗教与政府争利之说，这是历史上著名的"三武一宗"灭佛的基本出发点。再如佛、道教徒的增多，社会上从事生产和服徭役、兵役的人口也会随之减少；同时，教徒不事生产，仍然消耗社会财富，成了社会上的"浮食"阶层，严重影响了社会的发展。从经济角度评判佛道对政府施政造成的破坏，都是前人反复论述过的，南北朝和隋唐的反佛道势力也主要以此作为攻击佛道的靶子。

从经济角度论说佛、道害政很有道理，也十分有必要。但是，孙复认为，佛、道害政并不止于此，并且这些危害不能算是最主要的，也不能成为其坚决彻底、毫不妥协地反佛道的最终依据。孙氏认为，佛、道的蠹政在于其对圣人为政之教和儒家施政之道的侵蚀与破坏。在《无为指》中，孙复以理论和大量的历史事实为依据，通过分析、对比儒家圣人的"无为"与佛、道的"清静无为"，指出佛道倡言"清静无为"除了误政、害政之外，更无他益。基于此，孙复对受佛道学说妖惑的施政者予以了无情的批判："惑佛、老之说，忘祖宗之勤，罔畏天命之大，靡顾神器之重，委威福于臣下，肆宴安于人上。冥焉莫知其所行，荡焉莫知其所守，曰我无为矣。至纲颓纪坏，上僭下逼……且夫天下之广，亿兆之众，一日万几，兢兢翼翼，犹惧不逮，而佛、老之说其可惑乎？祖宗之勤其可忘乎？……"[1]儒家也讲"无为"，然而其无为是有条件的。孙复以虞舜为例给出了无为的必备条件："舜始得之于尧，而终传之禹，此舜之无所为也章章矣。噫！上无尧，下无禹，孰可高视而称于无为哉？上尧而下禹，舜所以得高视而无为也。"而且，其无为并非"旷然而不为"，不然何有舜帝"齐七政，类上帝，禋六宗""觐四岳，班瑞于群后""东巡守至于岱宗，协时月正日，同律度量衡，修五礼五玉""南巡狩至于南岳，西巡狩至于西岳，北巡狩至于北岳"[2]等举措。但是后世提倡无为者往往"不思虞帝之德，而慕虞帝之无为"，又有"世之憸佞偷巧之臣，或启导之""枉引佛老虚无清净、报应因果之说，交乱乎其间"，如此焉有不败的道理！孙复进一步列举了历史上佞信佛、道的君王败亡的先例："昔秦始、汉武，始则惑于虚无清净之说，终则溺于长生神仙之事。梁武、齐襄、姚兴，始则惑于因果报应之说，终则溺于解脱、菩提之事，卒

---

1 ［宋］孙复：《孙明复小集·无为指下》，第168页。
2 ［宋］孙复：《孙明复小集·无为指上》，第167—168页。

皆沦胥以亡，势不克救。"[1]这些前车之鉴已俱载简策，为后世提供了一面镜子；但是"后之帝天下者"和辅政之大臣置历史于不顾，枉费了史臣"俱载"的良苦用心，实不啻历史罪人。

《无为指》从比较儒家与佛、道无为之治的角度，既批判了佛道学说惑政、害政之危害，又宣扬了儒家学说。孙复自言其作本篇的目的是"为帝天下者戒"，致用目的十分明显，其用意更在于"当朝"，即告诫沉溺于佛、道的仁宗和当朝大臣，不能被佛、道之说所惑，否则祸乱必兴、败亡必至。它充分体现了一个"不在位"的儒者，不满于统治者佞佛崇道，而又对国家政权深感忧虑的"兼济"胸襟。

孙复还从"文"的角度对佛、道思想进行了猛烈的批判。[2]佛、道的昌盛，不仅表现为其在社会上有着大批的信徒，还表现在宣扬其思想学说的典籍大量增加，在文化下移、普及等方面也蓬勃发展起来。唐宋时期，伴随佛、道的发展，其典籍资料迅速丰富起来，尤其是佛教，不但在统治者的支持下翻译了大量的域外佛典经文，而且随着佛教与中国本土文化的融合、门派的增多，新创了不少经文。如宋太宗时创建译经院，以朝廷大员担任译经使，招徕境内外高僧翻译佛经，真宗、仁宗朝更是有增无减。同时，雕版印刷术的发展和寺院势力的增强，使佛、道经典大规模地版印成为可能和得

---

[1] ［宋］孙复：《孙明复小集·无为指下》，第168—169页。
[2] 关于孙复对"文"的看法详见本书"古文运动"相关内容，这里只涉及其对佛、道之"文"的批判。

以实施，其在文化普及上的优势远远超过儒学。文人因受佛、道的影响，文集中大量使用佛、道语词，反映释、老之事。如韩愈排释老用力不谓不大、程度不谓不深，然而其文集从语言形式到内容思想都不同程度地显示出受佛教影响的痕迹。再如，韩愈的追随者李翱作《复性书》，本为发明儒义，然亦染于佛学。所以，孙复不无感慨地说："自西汉至李唐，其间鸿生硕儒摩肩而起，以文章垂世者众矣，然多杨、墨、佛、老虚无报应之事，沈、谢、徐、庾妖艳邪哆之言杂乎其中。"[1]更甚者，不少文人儒士不知"亡国恨"，公然大作偈颂以发明禅理，并且这些东西在社会上有着广泛市场。孙复对此深恶痛绝，愤怒地斥责道："至有盈编满集，发而视之，无一言及于教化者，此非无用聱言、徒污简册者乎？""无一言及于教化"，不是说佛、道不讲教化，但其教化与儒家教化有着根本的区别：前者以佛、道"虚无报应"思想为教化的前提，后者则根基于儒家的礼乐思想与文化。"夫文者，道之用也；道者，教之本也"[2]，佛、道之教化的基础——佛、道之"道"是通过释、老之"文"传达和反映出来的。释、老之"文""以死生、祸福、虚无、报应为事，千万其端，绐我生民；绝灭仁义，以塞天下之耳；屏弃礼乐，以涂天下之目"[3]，使人不闻儒家之道，其危害甚于无教化。所以，欲灭佛、道之"道"，就不应该忽视对其"文"的打击，这是

---

1 [宋]孙复：《孙明复小集·答张洞书》，第174页。
2 [宋]孙复：《孙明复小集·答张洞书》，第173页。
3 [宋]孙复：《孙明复小集·儒辱》，第176页。

必然的选择。可见，孙复对佛、道之"文"的批判更多的是出于维护儒家圣人之"道"，这与其继承韩愈积极构建"道统"理论[1]、致力于复兴儒学的愿望是一致的。

孙复痛斥佛、道，从佛、道发展的反面探寻儒学衰弱的原因，认为释、老的昌盛是以儒学的衰败为代价的。换句话说，佛、道之教阵营的扩大正是建立在儒家阵地不断缩小的基础上的。所以，在孙氏看来，儒与佛、道是不共戴天的关系，不是你死就是我亡，绝没有共存的可能。佛、道的兴旺正是儒学危机的反面映照，这是志于圣人之"道"的儒者该清醒认识的，更是所有儒者应该感到耻辱的事情。孙复借用《礼记》中"四郊多垒，此卿大夫之辱也；地广大荒而不治，此亦士之辱也"的思想，言"卿大夫以四郊多垒为辱，士以地广大荒而不治为辱"，难道"仁义不行，礼乐不作"，儒者就不感到耻辱了吗？[2] 为了警醒仍沉睡在释、老之乡做着迷梦的儒者，孙复怀着无比的激愤之情写下了《儒辱》一文。

在《儒辱》中，孙复考察了儒学发展的历史，指出儒者之辱的由来和产生的原因：

> 儒者之辱始于战国，杨朱、墨翟乱之于前，申不害、韩非杂之于后。汉魏而下则又甚焉，佛、老之徒横乎中国。彼以死生、祸福、虚无、报应为事，千万其端，绐我生民；绝灭仁

---

[1] 孙复、石介关于"道统"的论述详见本书"孟子升格运动"。
[2] ［宋］孙复：《孙明复小集·儒辱》，第176页。

义，以塞天下之耳；屏弃礼乐，以涂天下之目。天下之人，愚众贤寡，惧其死生、祸福、报应。人之若彼也，莫不争举而竞趋之，观其相与为群，纷纷扰扰，周乎天下。于是其教与儒齐驱并驾，峙而为三。吁，可怪也！……圣人不生，怪乱不平，故杨、墨起而孟子辟之，申、韩出而扬雄距之，佛、老盛而韩文公排之。微三子，则天下之人，胥而为夷狄矣。惜夫三子，道有余而志不克就，力足去而用不克施。若使其志克就，其用克施，则芟夷蕴崇，绝其根本矣。

孙复的这段话集中反映了两个问题：第一，儒者之辱由来已久，它是由多种因素造成的。这些因素包括杨、墨、申、韩、佛、道之害，以及一切"空阔、诞谩、奇崄、淫丽、谲怪之说"，佛、道之害并非唯一因素，但却是最主要的因素，其诱良为奸，"去君臣之礼，绝父子之戚，灭夫妇之义；以之为国则乱矣，以之使人贼作矣"，危害最甚，"得不鸣鼓而攻之乎？"第二，儒学的发展过程充满荆棘与坎坷。在这个漫长的艰辛史中，正是因为有了孟子、扬雄、韩愈等人，儒门的薪火才代代相传，不致被异端邪说所湮没。所以，对此三人，孙复给予了最热烈的赞颂："微三子则天下之人胥而为夷狄矣。"但是，孙氏又不无叹惜地指出，"惜夫三子道有余而志不克就，力足去而用不克施"，未能"绝其根本矣"。既然如此，那么毫无疑问，"芟夷蕴崇，绝其根本"的使命也就落到了以孙复为代表的一代儒者身上。

这样看来，复兴儒学也不单单是排斥佛、道这么简单，因为孟、扬、韩三人未竟的使命都需要完成。所以，孙复把一切"怪力、乱神""空阔、诞谩、奇崄、淫丽、谲怪之说"与佛、道学说等同起来加以批判，认为它们同是儒学传播和发展的绊脚石。"孔子既没，千古之下，驾邪怪之说、肆奇险之行，侵轶我圣人之道者众矣，而杨、墨为之魁，故其罪剧。"[1]对于"驾邪怪之说、肆奇险之行"者，孙复一概不放过，即使是被后世推许的人物。如贾谊，孙复不否认其有王佐之才，然而其"不能以道终始"，"宣室对鬼神之事"，"极其神怪、虚无之言"，倡言"圣人之所不语"的怪力、乱神，所以孙氏得出基本的结论是：汉世多言神怪者，由贾生启之于前，而公孙卿之徒甚之于后也。[2]不但如此，对于间接导致邪说横行的人物，他也不予宽恕。如平津侯公孙弘，当丞相时，"无伊尹之心"，"无制礼作乐、长世御民之才，但以持禄固位、自图安乐为事"，导致"孝武崇神仙之淫祀，惑少君之妖言，祠灶入海，以求神仙不死之事"，卒"为千古笑"，公孙弘"诚可罪也！"[3]

孙复以儒门传人自居，认为排斥佛、道是自己应尽的义务。同时也看到，佛、道"由汉魏而下迄于兹千余岁，其源流既深，根本既固"，单靠某一两个人根本无法成功完成这一艰巨的使命，所以他对众多儒者以"不得其位，不剪其类"为借口，非但不去剪灭

---

1 ［宋］孙复：《孙明复小集·兖州邹县建孟庙记》，第174页。
2 ［宋］孙复：《孙明复小集·书贾谊传后》，第165页。
3 ［宋］孙复：《孙明复小集·罪平津》，第167页。

之，却"章甫其冠，缝掖其衣，不知其辱，而反从而尊之者"感到无比愤怒，痛斥他们是儒门的"罪人"。当时社会上佛、道信徒众多，也包括不少当朝高官。孙复著《儒辱》，不但斥责了佛、道对于儒学的窃夺，更将批判的矛头指向众多的佛道信徒、"在其位不谋其政"以儒士自居而对蚕食儒门的佛道尊信不疑的高官，以及大批食儒门之禄不思行圣人之道的儒者。其排释老、兴儒学的心情是多么迫切，不惧一切恶势力并与之斗争的行为是多么勇猛。石介继承并发展了这种精神，所以称他们二人是宋初与佛、道斗争最勇猛的健将，一点儿也不算夸张。

（三）石介：尤勇攻佛老

石介继承了韩愈、孙复的反佛、道主张，其反对的激烈程度与韩、孙以及一切前辈相比，有过之而无不及。其斥佛、道语言之犀利，感情之充沛，他人实难比肩，代表作有《怪说》和《中国论》等。

《怪说》三篇是石介排斥释、老、杨亿邪说夷行肆虐中国的有力论著，但上篇风格与石介其余著作的风格以及其直人直语的性格很不一致。石介为人"贤愚善恶，是是非非，无所讳忌"[1]，有其愤必发之而后快，正所谓不平则鸣。其论著基本上体现了这一风格，《庆历圣德颂》最为典型。然而，《怪说》上篇则与众不同，其主旨在于反佛、道，却未见其直泄情感、大骂释老的昔日作风。石介先

---

1 ［宋］欧阳永叔：《欧阳修全集·居士集》卷三十四《徂徕石先生墓志铭》，第239页。

是不惜笔墨列举了大量违背常理的"可怪"与"愈可怪"的现象，如果不看完全文，我们根本无法晓得他列举这么多"可怪"与"愈可怪"现象的目的到底是什么。看完后，才会恍然大悟，原来这些"可怪"与"愈可怪"的现象都是释、老所致，其所列举的只是众多"怪"现象中的一小部分，冰山之一角。

综观全文，石介并没有说佛、道怎样盛行，也没有明言其反佛、道的举措，但是看到这些"可怪"与"正常"现象的巨大反差，我们会不自觉地从心底对释、老产生厌恶与排斥：

> 灭君臣之道，绝父子之亲，弃道德，悖礼乐，裂五常，迁四民之常居，毁中国之衣冠，去祖宗而祀夷狄（一作远裔），汗漫不经之教行，妖诞幻惑之说满，则反不知其为怪，既不能禳除之，又崇奉焉。……彼其孙、其子、其父、其母，忘而祖宗，去而父母，离而常业，裂而常服，习夷教，祀夷鬼，则反不知其为怪，既不能厌胜之，又尊异焉。

这些还不足以引起儒者以及稍有良知的世人的关注与反思吗？在全文的最后，石介以饱含激情的语言写道："甚矣，中国之多怪也！人不为怪者，几少矣。"同时，感慨万分地说道：

> 释、老之为怪也，千有余年矣，中国蠹坏亦千有余年矣，不知更千余年，释、老之为怪也如何？中国之蠹坏也如何？尧、舜、禹、汤、文、武、周公、孔子不生。吁！[1]

---

[1] ［宋］石介：《徂徕石先生文集》卷五《怪说上》，第61页。

既为今世忧，又替将来愁，正所谓死生皆是忧愁。虽然石介常以"道"之传人自居，但他更期盼着尧、舜、禹、汤、文、武、周公、孔子等圣贤的再生，因为只有他们才能真正肃清包括释、老在内的各种邪说异端。这也导致其见到孙复后，就有一种相见恨晚、似曾相识的感觉，并立即拜其为师。这样做除了希望倡明师道外，更有一种牺牲自我、推奉他人为圣为贤以带领诸儒共同战斗的高尚情怀。为人师难，使人为师更难。然而，石介却能一生孜孜于此，得到后人的诸多赞许。

石介排斥佛、道勇猛异常，毫不畏惧，在"举中国而从佛、老，举天下而学杨亿"，释、老、杨亿之徒"万亿千人之众"的大势下，依然勇往直前。当有人提醒他说："虽子之说长，又岂能果胜乎？子不唯不能胜夫万亿千人之众，以万亿千人之众反攻子，予且恐子不得自脱，将走于蛮夷险僻深山中而不知避也。子亦诚自取祸矣。"[1] 躲进蛮夷险僻深山之中，对于一个服膺于圣人之道、以救世济民为己任的儒者来说，这是一件多么悲哀的事情啊！它意味着再也不能感受到圣人遗风的浸润，再也无法施展自己的抱负。但是石介并未退却，听后"辄跃起身数尺，瞋目变色"[2]，以"韩愈……孤力排谤，不避其死，论佛骨贬潮州八千里，而志弥悫，守益坚"[3] 自励，辩白说："佛、老以妖妄怪诞之教坏乱之（尧、舜、禹、汤、

---

1 [宋]石介：《徂徕石先生文集》卷五《怪说下》，第63页。
2 [宋]石介：《徂徕集》卷五《怪说下》，第217页。陈校本《文集》作"瞋目作色"，第63页。
3 [宋]石介：《徂徕石先生文集》卷十四《与士建中秀才书》，第163页。

文、武、周公、孔子之道），杨亿以淫巧浮伪之言破碎之，吾以攻乎坏乱破碎我圣人之道者，吾非攻佛、老与杨亿也。吾学圣人之道，有攻我圣人之道者，吾不可不反攻彼也。"并以"盗入主人家，奴尚为主人拔戈持矛以逐盗，反为盗所击而至于死且不避"作喻，誓言道："吾亦有死而已，虽万亿千人之众，又安能惧我也！"[1]这充分展现了一个冲锋陷阵、英勇无畏的勇士形象。

"佛、老之教蠹于中国千百年矣"[2]，其根深蒂固，在石介看来，非用激烈的手段根本无法肃清。所以，他根据《礼记·王制》中四类罪该诛杀的先例，认为"佛、老以夷狄之教法乱中国之教法，以夷狄之衣服乱中国之衣服，以夷狄之言语乱中国之言语"，蠹毁圣人之道，"罪莫大焉"，最应该诛杀之。[3]如何肃清佛、道势力？石介在《中国论》中给出了答案：

> 各人其人，各俗其俗，各教其教，各礼其礼，各衣服其衣服，各居庐其居庐，四夷处四夷，中国处中国，各不相乱，如斯而已矣。则中国，中国也；四夷，四夷也。[4]

从《怪说》到《中国论》，石介排斥佛、道的思想不断升华，

---

1 ［宋］石介：《徂徕石先生文集》卷五《怪说下》，第63—64页。
2 ［宋］石介：《徂徕石先生文集》卷十四《与士建中秀才书》，第163页。
3 ［宋］石介：《徂徕石先生文集》卷六《明四诛》，第70—71页。景印文渊阁四库全书《徂徕集》该句为："佛、老以异端之教法乱儒者之教法，异端之衣服乱儒者之衣服，异端之言语乱儒者之言语。""夷狄"均作"异端"，"中国"作"儒者"，少两个"以"字，特标出待校。
4 ［宋］石介：《徂徕石先生文集》卷十《中国论》，第117页。

第三章 孙复、石介与"道统"论 | 115

由此前的泛泛而论到集中笔墨。前者更多的是出于感情上的泄愤，是对佛、道猖獗造成各种怪现象的万分不满，当然不排除其卫道的目的；后者则提升到理论的高度，其名"中国论"，折射了他试图以"夷夏"观念唤醒士人文化上排斥佛、道的思想理路。

宋初的儒者，最忌讳和敏感的问题是什么？是赵宋政权在与周边所谓的"夷狄"政权的对峙和周旋中处于劣势，这是儒者最无法忍受的事情。赵宋政权的开创者和巩固者太祖、太宗两人均是雄心勃勃、企图恢复盛唐辽阔疆域的有为帝王，但是随着收复北疆战事的失利，特别是到真宗澶渊之盟后，"夷强我弱"的事实从此在士人的心中蒙上了一层挥之不去的阴影。士人一方面希冀政府在与"夷狄"政权的交涉中能够摆脱屈辱性的条款，为此他们甚至叫嚣着不惜代价与其一战；另一方面，北部"夷狄"政权咄咄逼人和愈益强大的姿态让士人的忧惧感不断增强。他们把"夷狄"政权的军事进攻与其以文化侵蚀儒家文化等同起来。在他们看来，保卫赵宋政权正是为了保护儒家圣地不受侵犯。大多数情况下，这种保存、延续传统文化的情怀成了他们考虑问题的出发点。

然而，赵宋政权的无能使儒者们对是否能完成保护传统的使命倍感担忧。他们对政府的弱势行为十分不满，经常上书要求政府拿出太祖、太宗时强硬的姿态，甚至不惜政府开战。儒者对政治的关怀时常是出自一腔的热情，情绪的冲动当然无法避免，在这一点上，他们比不上政治家的冷静与理智。对于他们的上书和指责，政治家往往以"书生意气"搪塞过去。内心的愤懑和无奈无处发泄，在这种情况下，传统儒家的"夷夏之辩"和"夷夏之防"成了他们倾泻内心愤懑的渠道。他们将对政府政策的不满带到思想文化领域，以"夷夏"的思维来批判思想领域的异端思想，这在石介的《中国论》中表现得尤为明显。

石介首先从地域观念和地理位置上阐发儒家的夷、夏论调，把夷、夏对应的地理位置和习俗人情说成天之常、地之理、人之道，逾此界限则是乱天常、易地理、悖人道。接着，他把佛、道说成夷狄文化：

> 闻乃有巨人名曰"佛"，自西来入我中国；有庞眉名曰"聃"，自胡来入我中国。各以其人易中国之人，以其道易中国之道，以其俗易中国之俗，以其书易中国之书，以其教易中国之教，以其居庐易中国之居庐，以其礼乐易中国之礼乐，以其文章易中国之文章，以其衣服易中国之衣服，以其饮食易中国之饮食，以其祭祀易中国之祭祀。[1]

佛、道入"中国"，从道德、习俗、礼仪、教育、文化典籍以及衣服、饮食等精神文化与物质生活方式方面，对儒家传统进行全方位浸蠹，全面推翻了天常、地理、人道的合理性。

为了煽动广大士人的反佛、道情绪，石介思想学说深处甚至暗含着这样一层意思：佛、道文化作为"夷狄"文化攻入"中国"自有其险恶的用心，即为夷狄政权的军事进攻披荆开路，其蠹政、靡

---

[1] ［宋］石介：《徂徕石先生文集》卷十《中国论》，第116—117页。

第三章　孙复、石介与"道统"论

财、害道等都是在疲"中国",为"夷狄"更大规模地入侵"中国"服务。这样看来,石介把佛、道之教说成"夷狄"之教,把释、老与夷狄完全等同起来,除了有排斥异质文化、重建和维护儒家纲常人伦秩序的意图外,更有维护赵宋王朝政治统一的致用目的。"天下一君也,中国一教也,无他道也。今谓吾圣人与佛、老为三教,谓佛、老与伏羲、神农、黄帝、尧、舜俱为圣人,斯不亦骇矣!"[1]"天下一君",时下指赵宋君王,"中国一教"即儒教,至此,其维护赵宋政权一统局面和重建儒教独尊地位的意图,就甚为明了了。

对于石介的主张和做法,我们不能以政府忠实信徒或御用文人视之,尽管其对政府无比尊重,对政治表现出极大的兴趣。因为,在那个时代,在包括石介在内的绝大多数士人看来,只有赵宋政权才是"中国"之正统,是儒家文化得以保存的唯一圣地。所以,石介的做法暗示了其内心深处对传统文化的深情关切,更体现了一个知识分子以天下国家为己任的高尚情怀。当然,这些并不能掩盖其学说上的缺陷。其过于危言耸听的言论,不利于异质文化的互相吸收与发展,这也是不可否认的事实。

对于石介异为激烈的言辞和排斥佛、老的过激主张,许多士人不以为然,特别是与其同年中进士的欧阳修,说他好故为高远之辞,"自许太高,诋时太过","好为诡异奇怪以惊世人",说得难听

---

[1] [宋]石介:《徂徕石先生文集》卷十三《上刘工部书》,第153—154页。

点儿就是哗众取宠。针对此批判，石介有自己的看法。他理直气壮地辩驳说：

> 今天下为佛、老，其徒嚣嚣乎声，附合响应，仆独挺然自持吾圣人之道；今天下为杨亿，其众哓哓乎口，一倡百和，仆独确然自守圣人之经。凡世之佛、老、杨亿云者，仆不惟不为，且常力摈斥之。天下为而独不为，天下不为而独为，兹是仆有异乎众者。然亦非特为取高于人，道适当然也。[1]

又说："今不离此而去彼，背中国而趋佛、老者几人？"[2] 天下之人不之佛，即之老，能够坚守儒家之道的已经没有几人了，所以他要"挺然自持吾圣人之道"，"确然自守圣人之经"，表明自己要做一个抗世异俗、特立独行的人，真可谓"出淤泥而不染"。这不是石介故作高远之辞，而是圣人之道的内在要求使然，更是出于完成孟子、扬雄、韩愈等人未竟使命的需要。对于欧阳修的指责，除了石介本人的回答外，我们还可以从另一个角度来理解。

石介与欧阳修都是宋初致力于儒学复兴运动的有志之士，但是他们二人的为学侧重点不同，在某些问题上可能因为视角差异，出现一些非实质性的分歧也在所难免。欧阳修在古文和史学上建树颇多，其复兴儒学的实践也主要体现在这两个方面。石介为学侧重

---

[1] ［宋］石介：《徂徕石先生文集》卷十五《答欧阳永叔书》，第175—176页。"附合响应"，景印文渊阁四库全书作"附合相应"。

[2] ［宋］石介：《徂徕石先生文集》卷十《中国论》，第117页。

点在哪里，很难精确，因为其在许多方面有所涉及，而且从表面上看，他在这些方面甚至可以说齐头并进，但是如果就影响而言，可以集中在讲学和"号手"两个方面。前者较容易理解，本书有专篇论述；后者换一种说法或者可以说是"鼓吹家"。鼓吹家为了达到鼓动的效果，把事情过分夸大，这也是常理中事。这可以从石介对佛、道、杨亿的打击批判中找到证明。作为儒士，欧阳修也对佛道昌盛、儒学式微甚为揪心，但他认为此兴则彼息，即儒学战胜释老、复兴的重点在于儒学自身："佛法为中国患千余岁……千岁之患，遍于天下，岂一人一日之可为。民之沉酣，入于骨髓，非口舌之可胜。然则将奈何？曰：莫若修其（儒）本以胜之。"[1] 即主张从调整儒学自身出发，以取得对佛、道斗争的胜利。对于石介的大声呐喊和欧阳修的"修其本以胜之"，我们不能说孰优孰劣，因为他们是反佛、道倾向的两种观点的代表，或者可以认为他们在某种程度上分别继承了韩、柳的作风。对于韩愈、石介、孙复等人的态度，我们不能用冲动、不理智来形容，更不能说其不成熟。

事实上，欧阳修对石介坚决彻底地排斥佛、道的态度是十分赞成的，后来在《读〈徂徕集〉》和为石氏作墓志铭时，称石介"尤勇攻佛老，奋笔如挥戈。不量敌众寡，胆大身么麽"[2]。

所谓尧、舜、禹、汤、文、武、周公、孔子、孟轲、扬

---

[1] ［宋］欧阳永叔：《欧阳修全集·居士集》卷十七《本论上》，第122—123页。
[2] ［宋］欧阳永叔：《欧阳修全集·居士集》卷三《读〈徂徕集〉》，第18页。

雄、韩愈氏者，未尝一日不诵于口。思与天下之士，皆为周、孔之徒，以致其君为尧、舜之君，民为尧、舜之民，亦未尝一日少忘于心。至其违世惊众，人或笑之，则曰："吾非狂痴者也。"是以君子察其行而信其言，推其用心而哀其志。[1]

"君子察其行而信其言"，以十分委婉的方式表达了对石介做法和昔日辩白的肯定。南宋魏了翁也谓："自先生（石介）覃思六经，排抵二氏（释、老），东诸生始知有正学。"[2]

孙复、石介继承了韩愈强硬的反佛、道态度与主张，且更为卖力，更加"疯狂"。必须指出，不论孙复、石介多么猛烈地丑化、攻击释、老，并不纯粹是出于对异质文化的排斥，它更包含着孙、石对有关文化与国家统一、政治安定、人心归向等关系的认识，其终极归宿都是维护儒家之道。这和他们热衷于对"道统"和"道"的内涵解释以及对"道"本身的研究和鼓吹的目的是完全一致的，并且这种做法也起到了鼓动士人狂热卫道心态的作用。从某种程度而言，其后的道学家正是秉承了他们的这一做法。

---

[1] ［宋］欧阳永叔：《欧阳修全集·居士集》卷三十四《徂徕石先生墓志铭》，第240页。
[2] ［宋］魏了翁：《鹤山集》卷四十八《徂徕石先生祠堂记》，《景印文渊阁四库全书》（1172册），第540页。

二、孟子升格运动 —— 兼论孙复、石介的"道统"观

"孟子升格运动"是唐宋间思想学术界的一件盛事,对古代中国中后期社会尤其是思想的发展产生了重大的影响。无论是经学史,还是思想史,都不能回避这一段历史。它最早是由周予同提出[1],本身包含两层意思:孟子其人升为圣人;其书《孟子》入为经书。徐洪兴曾就孟子升格的过程和原因等进行过专题考察[2],探讨甚为翔实。本部分的重点在于弄清孙复和石介在这一运动中所起的作用。

(一)酝酿及展开

1. 宋以前孟子及《孟子》的地位

宋之前孟子的地位并不高[3],从第一个为孟子列传的司马迁开始,"孟荀"齐号一直是大多数儒者的共识[4],至于宋之后广为流传

---

1 朱维铮:《周予同经学史论著选集》,上海人民出版社1983年版,第289页。
2 徐洪兴:《唐宋间的孟子升格运动》,《中国社会科学》1993年第5期。
3 唐宋以前最尊崇孟子的是赵岐。赵岐,字邠卿,东汉末年京兆长陵(今陕西咸阳)人,其在《孟子题辞》中称赞孟子"命世亚圣之大才者也"〔〔清〕朱彝尊:《经义考》卷二百三十二《孟子二》,《景印文渊阁四库全书》(680册),第70页〕,这是首次尊称孟子为"亚圣",但并未被官方认可。
4 清代的朴学家赵翼认为,司马迁虽将孟、荀同列于一传中,却开了尊崇孟子的先河。他说:"其传孟子,虽与荀卿、邹忌等同列,然叙忌等尊宠处,即云:岂与仲尼菜色陈蔡、孟轲困于齐梁同乎哉!又云:卫灵公问阵,孔子不答;梁惠王谋攻赵,孟子称太王去邠,岂有意阿世苟合而已哉!皆以孔子、孟子并称,是尊孟子亦自史迁始也。"(《陔余丛考》卷五《〈史记〉三》,河北人民出版社1990年版,第72页)这有一定的道理。

的"孔孟"之称在宋之前则几乎完全被"周孔"或"孔颜"一体垄断[1]。《新唐书·儒学传》记载，唐初，高祖李渊诏令在国子学立周公、孔子庙，敕封周公、孔子分别为先圣、先师，四时祭祀，"周孔"依然并列。但时隔不久，周公便被"赶去"陪祭周武王，孔子升为先圣，颜渊擢为先师并配享特权。这件事发生在太宗贞观六年（632）。十五年后，即贞观二十一年（647），唐太宗又将先秦汉晋一批儒者并封为"先师"，从左丘明、卜子夏、公羊高、穀梁赤、伏胜、高堂生，到郑玄、服虔、何休、王肃、王弼、杜预等有二十二人之多。褒奖此二十二人的理由是他们"用其（孔子）书，行其道"[2]。此后关于应祭"周孔"还是"孔颜"的争论持续了几十年之久，直到唐玄宗时才完全确定太宗之制有效，即只祭"孔颜"。此后，颜回好运连连。开元十九年（731），玄宗封颜回为"亚圣"，开元二十七年（739）再封为"兖国公"，同时孔门七十弟子均封侯或伯。在庞大的圣、师、侯、伯褒封群中，却只字未

---

1 赵岐称赞孟子"命世亚圣之大才者也"，不仅首次尊称孟子为"亚圣"，还暗含有孟承孔道、孔孟一体的意思，实际上已启"孔孟"并称的端倪。东晋义熙（405—418）年间，何承天作《上邪篇》云："承平贵孔孟，政敝侯申商。"（［梁］沈约：《宋书》卷二十二《乐志四》，中华书局1974年版，第665页）始"孔孟"并称。南齐武帝永明（483—493）末，王融《上武帝陈北伐疏》云："窃习战阵攻守之术，农桑牧艺之书，申、商、韩、墨之权，伊、周、孔、孟之道。"（［梁］萧子显：《南齐书》卷四十七《王融传》，第820页）后晋刘昫《韩愈传》亦谓："故愈所为文，务反近体，抒意立言，自成一家新语。后学之士，取为师法。当时作者甚众，无以过之，故世称'韩文'焉。然时有恃才肆意，亦有鳌孔、孟之旨。"（《旧唐书》卷一百六十《韩愈传》，第4204页）这些"孔孟"并语实开后世孔孟合称的先河，值得注意。

2 ［宋］欧阳修、宋祁：《新唐书》卷一百九十八《儒学传上》，第5636页。

提孟子。孔子的地位升高了，孟子的地位则未见变动。这样看来，在唐代礼制中，孟子与孔子的距离不是缩小了，而是拉大了。但稍后，主张改变隋唐以来在科举和庙制上的孟子地位的呼声响了起来，并酝酿出要求从根本上改变孟子地位的思想。可见宋以前孟子在人们的心目中只是一般的儒者，不能与孔子并提，这是毫无疑问的事实。

再看看宋以前《孟子》一书的地位。从《汉书·艺文志》到《隋书·经籍志》《旧唐书·经籍志》，再到《新唐书·艺文志》（成书于北宋1060年）、《崇文总目》，甚至是南宋晁公武的《郡斋读书志》（成书于南宋1151年），都把《孟子》列入"子部"，直到陈振孙的《直斋书录解题》才把《孟子》列入"经部"。1 从汉代的"五经"，经汉魏的"七经"，再到唐中期以前的"九经"、唐文宗"开成石经"，甚至是五代后蜀主孟昶的"蜀石经"（广政石经），

---

1 赵岐《孟子题辞》称："孝文皇帝欲广游学之路，《论语》《孝经》《孟子》《尔雅》皆置博士。后罢传记博士，独立五经而已。迄今诸经通义，得引《孟子》以明事，谓之博文。"对此，许多学者持怀疑态度。其实，清人阎若璩早已考证过此事，他说："朱子谓此事在《汉书》并无可考。愚谓《汉书》固有是说，但未见《儒林传》。"接着，阎氏引用刘歆《移太常博士书》指出当时《孟子》置博士的可能性。《孟子》置博士时间极短，后汉武帝接受董仲舒"凡不在六艺之条、孔子之术者，皆绝其道，勿使并进"的建议，"故止立五经博士"〔[清]阎若璩：《四书释地》三续卷下《〈孟子〉置博士》，《景印文渊阁四库全书》（210册），第471页〕。当然，《孟子》与《论语》《孝经》《尔雅》一起皆置博士，并不能说明《孟子》曾厕身于"经部"，因那时《论语》《孝经》《尔雅》也不在"经书"之列。宋徽宗宣和六年（1124），知成都的席旦令人刻《孟子》石经，补入"蜀石经"，《孟子》才正式入经。事见顾炎武的《石经考》、万斯同的《万氏石经考》、杭世骏的《石经考异》、王国维的《蜀石经残拓片跋》等。

宋真宗咸平（998—1003）年间"十二经"注释的新定本，《孟子》一书都未曾入选。[1]《孟子》一书在宋以前的地位由此可见一斑。

2. 唐代孟子升格运动的展开

进入唐代中后期，随着历史的变化，出现了要求提高孟子地位的呼声。在整个唐代，为孟子地位提升做出贡献最大的学者有三位，即杨绾、韩愈和皮日休。清人赵翼考证说：

> 《孟子》书，汉以来杂于诸子中，少有尊崇者。自唐杨绾始请以《论语》《孝经》《孟子》兼为一经，未行，韩昌黎又推崇之。其后皮日休请立《孟子》为学科，其表略云："圣人之道，不过乎经；经之降，不过乎史；史之降，不过乎子。（子）不异（乎）道者，《孟子》也；舍是而子者，（必戾乎经史，又率于子者，）皆（原作则）圣人之贼（原作盗）也。请废庄、老之书，以《孟子》为主，有能通其义者，其科选同明经。"则宋人之尊《孟子》，其端发于杨绾、韩愈，其说畅于日休也。

---

[1] "五经"即《诗》《书》《礼》《易》《春秋》。"七经"说法不一，一般认为是"五经"加《论语》《孝经》，但不论何种说法，都未囊括《孟子》。"九经"为隋唐科举"明经"考试内容，即《周易》《尚书》《毛诗》，加"三礼"（《周礼》《仪礼》和《礼记》）、"三传"（《左传》《公羊传》和《穀梁传》），《论语》和《孝经》虽不在"九经"之内，却是"明经"各科所必须兼通的"兼经"，实际上也是"经"。"开成石经"为"九经"加"兼经"的《论语》和《孝经》，再加上《尔雅》，共"十二经"。后蜀主孟昶所刻的"蜀石经"为"十经"，即今之"十三经"去掉《公羊》《穀梁》和《孟子》三经。真宗"十二经"新注疏中的经名与"开成石经"一致，仍未有《孟子》。参见许道勋、徐洪兴《中华文化通志·经学志》第一章第四节"经典范围的扩大过程"，上海人民出版社1998年版，第65—75页。

第三章 孙复、石介与"道统"论

日休又尝请以韩文公配享太学，则尊昌黎亦自日休始。[1]

赵氏的考证十分准确。

代宗宝应二年（763），杨绾上疏言："《论语》《孝经》《孟子》兼为一经，其明经、进士及道举并停。"[2]把《孟子》列为科举考试教科书，并居于"明经"和"进士"科之上，虽未见行，但杨氏首倡之功实不可没。杨氏只是着力于提高《孟子》地位，韩愈则高扬孟子之"道"，全面揭开唐宋孟子升格运动的序幕。

为了对抗佛、道，韩愈精心打造了儒家"道统"的链条，孟子则是这个链条中的关键一环，也是韩愈认为至其本人之前的最后一环。在《原道》中，韩愈对"道统"进行了详细的阐发。他说：

> 斯吾所谓道也，非向所谓老与佛之道也。尧以是传之舜，舜以是传之禹，禹以是传之汤，汤以是传之文、武、周公，文、武、周公传之孔子，孔子传之孟轲，轲之死，不得其传焉。荀与扬也，择焉而不精，语焉而不详。由周公而上，上而为君，故其事行；由周公而下，下而为臣，故其说长。然则，如之何而可也？曰：不塞不流，不止不行。人其人，火其书，庐其居，明先王之道以道之，鳏寡孤独废疾者有养也：其亦庶乎其可也？[3]

---

1 [清]赵翼：《陔余丛考》卷四《尊〈孟子〉》，第65—66页。
2 [宋]欧阳修、宋祁：《新唐书》卷四十四《选举志上》，中华书局1975年版，第1167页。
3 [唐]韩愈：《韩愈全集》文集卷一《原道》，第122页。

韩氏的"道统",是指儒家之道承前启后流传下来的系统。从其排列的"道统"统序来看,它产生于上古的尧、舜、禹,依次传至汤、文、武、周公、孔子,最后到孟子,即尧→舜→禹→汤→文、武、周公→孔子→孟子。由此系统可见孟子得孔子真传,是儒家正统,故"求观圣人之道,必自孟子始"[1],但是这个正统却在孟子以后中断了。

韩愈推崇孟子,一方面因其得孔子真传,"自孔子没,群弟子莫不有书,独孟轲氏之传得其宗"[2],"吾读孟轲书,然后知孔子之道尊,圣人之道易行……孔子之徒没,尊圣人者,孟氏而已"[3];另一方面则是孟子批判杨、墨学说。孟子辟杨墨、斥邪说,使杨、墨邪说"不流""不传",从而维持圣人之道"不塞""不止"。所以"塞""止"杨、墨之说,本身也是捍卫、传承和弘扬孔子之道,这和直承、发扬孔子学说有异曲同工之妙。孔子诸弟子门人,以及先秦其他儒者,于此则无人能望孟子项背。至于荀子作《非十二子》,表面上看是批"邪说"捍卫孔子之道,但他捍卫的仅是儒家八派之一的"孙氏(荀子)之儒",故其学术胸襟比孟子狭隘得多,护卫孔子之道的功绩也无法与孟子同日而语。[4]所以,韩愈说他"择焉而不精,语焉而不详",并未得"道"之真传。基于此,韩愈高扬孟子之道,以为其功不在平治水土的大禹之下,"向无孟氏,

---

1 [唐]韩愈:《韩愈全集》文集卷四《送王秀才序》,第212页。
2 [唐]韩愈:《韩愈全集》文集卷四《送王秀才序》,第212页。
3 [唐]韩愈:《韩愈全集》文集卷一《读荀》,第128页。
4 查昌国:《孟子与〈孟子〉》,山东文艺出版社2004年版,第150页。

则皆服左衽而言侏离矣，故愈尝推尊孟氏，以为功不在禹下者，为此也"[1]。

当然，生活于中唐时期的韩愈推崇孟子还有一个十分明显的用世目的。众所周知，唐代儒、佛、道鼎足并立，儒家在佛、道的夹攻下日趋衰落，所以斥佛道、复兴儒学益为紧迫，这比孟子时代儒学受到杨墨的攻击更严重。韩氏高扬孟子，正是以孟子为榜样，效仿其辟异端邪说以振兴儒学。"释、老之害过于杨、墨，韩愈之贤不及孟子，孟子不能救之于未亡之前，而韩愈乃欲全之于已坏之后，呜呼……使其道由愈而粗传，虽灭死万万无恨！"[2]韩愈的这番话很显然是要越过汉唐诸儒，直承孟子，当仁不让地重新把失传已久的"道统"大旗扛起来。

继韩愈之后，末唐的皮日休上疏《请孟子为学科书》，进一步提出以《孟子》为主设科取士。

> 圣人之道，不过乎经。经之降者，不过乎史。史之降者，不过乎子。子不异乎道者，《孟子》也。……《孟子》之文，粲若经传。天惜其道，不烬于秦。自汉氏得之，常置博士，以专其学。故其文，继乎六艺，光乎百氏。真圣人之微旨也。……今有司除茂才明经外，其次有熟庄周、列子书者，亦登于科。其诱善也虽深，而悬科也未正。夫庄、列之文，荒唐之文也。

---

[1] ［唐］韩愈：《韩愈全集》文集卷三《与孟尚书书》，第194—195页。
[2] ［唐］韩愈：《韩愈全集》文集卷三《与孟尚书书》，第195页。

读之可以为方外之士，习之可以为鸿荒之民。有能汲汲以救时补教为志哉？伏请命有司，去庄、列之书，以《孟子》为主。有能精通其义者，其科选，视明经。苟若是也，不谢汉之博士矣。既遂之，如儒道不行，圣化无补，则可刑其言者。[1]

皮日休建议把《孟子》单独作为一经，悬为科举功令，这比杨绾"兼为一经"又迈出一步。在皮氏看来，之所以以《孟子》设科取士，一是因为子部中唯《孟子》"不异乎道"，其文"粲若经传"（与经传比列）、"继乎六艺"（道承六经），体现了圣人的微旨；二是当时科举考试中甚至以"荒唐之文"的庄子、列子书取士，无益于"救时补教"的宗旨，若改以《孟子》，则可以起到行儒道、劝教化的目的。为此，皮氏甚至以自己的身家性命作为赌注，"既遂之，如儒道不行，圣化无补，则可刑其言者"，足见其推崇《孟子》的良苦用心。但是，和韩愈的遭遇一样，皮日休的建议并未被当权者采纳。

杨绾、韩愈及皮日休等人的主张虽未能付诸实践，但可以肯定的是，其在社会上引起了不小的波动，后来宋代诸儒的尊孟活动就是在此基础上展开的。

3. 宋初孙奭等人的尊孟

五代宋初，孟子地位一如从前，《孟子》一书依然屈居于子部之列。赵宋王朝"明经"考试的教科书依然是李唐颁布的"九

---

[1] ［唐］皮日休：《皮子文薮》卷九《请孟子为学科书》，上海古籍出版社1981年版，第89页。

经",太学孔庙配享,孟子仍被排除在外。

但是,此时变化也悄悄地发生了。宋初,较早提出尊孟主张的是柳开。柳开继承并发展了韩愈的"道统"说,在其排列的"道统"序列中,在孟子之后又加进了扬雄和韩愈。而且,柳开不仅在理论层面尊孟子,还首开实践的先河。太平兴国八年(983)八月,知润州的柳开重修本州孔庙竣工,选"自颜子及孟子以下门人大儒之像,各塑缋配享于座"[1],这可能是最早把孟子纳入配享孔庙之列的案例。图绘孟子像配享孔庙,是柳开以实际行动表明自己对孟子的推崇,这比仅在理论层面尊孟的诸儒又前进了一大步。之后,可能受柳开祭孟的影响,其他地方在祭孔时也出现了以孟子配享的事情,并且这种状况很可能慢慢地传播开来。随着祭孟事件的增多,研究《孟子》的活动也在儒者中蔓延开来,以至贵为皇帝的真宗也下诏校订《孟子》。[2]

《孟子音义·序》记载,受命校订《孟子》的是儒官孙奭以及尚书虞部员外郎同判国子监王旭、诸王府侍讲太常博士国子监直讲马龟符、镇宁军节度推官国子学说书吴易直、前江阴军江阴县尉国子学说书冯元等人,孙奭担任主校官。

孙奭(962—1033),字宗古,博平(今山东茌平)人,端拱二年(989)"九经"及第,事太宗、真宗、仁宗三朝,曾任国子监

---

[1] [宋]柳开:《河东集》卷四《润州重修文宣王庙碑文》,第261页。
[2] 以孟子配享、祭孟的升温与研究《孟子》一书的增多到底是一种怎样的关系,在相关史料发现之前,本书的说法只能是一种推测。

130 | 孙复、石介的教育学术活动与宋代儒学复兴

直讲等职。孙奭博通经学，咸平（998—1003）年间奉敕与邢昺等人校订《论语》《孝经》《尔雅》等正义。其传道授业，释惑解疑，深受世人推崇，被尊为"惇儒"。

《孟子》一书，自东汉赵岐的章句后，后世作注者较多（均宗赵氏《孟子章句》），而撰音义者却较少。唐陆德明《经典释文》于十二经皆有音义，并兼及《老子》《庄子》，而日益受到儒者重视的《孟子》却无音义。整个唐代，《孟子》的音义只有张镒的《孟子音义》和丁公著的《孟子手音》两种，且张、丁两家撰录，"俱未精当。张氏则徒分章句，漏略颇多；丁氏则稍识指归，讹谬时有。若非刊正，讵可通行"。基于此，孙奭以赵注为底本，参以张、丁二家，"参考旧注，采诸儒之善，削异说之烦，证以字书，质诸经训，疏其疑滞，备其阙遗"[1]，重为音义，著《孟子音义》二卷[2]。

孙奭受真宗之命重校《孟子》，适应并促使了孟子及《孟子》一书地位的提升。在《孟子音义·序》中，孙奭对孟子及《孟子》一书甚为推崇。他说：

夫总群圣之道者，莫大乎六经；绍六经之教者，莫尚乎

---

[1] ［宋］孙奭：《孟子音义·序》，《景印文渊阁四库全书》（196册），第31页。
[2] 《十三经注疏》中的《孟子疏》，题名孙奭撰，实为伪书。参见《朱子语类》（卷一九《语孟纲领》，第443页）、《孟子正义》提要（［清］永瑢等：《四库全书总目》卷三五，第289—290页），以及钱大昕《十驾斋养新录》（卷三《〈孟子正义〉非孙宣公作》，上海书店1983年版，第53页）和焦循的《孟子正义》（卷三十《孟子篇叙》，第1049—1050页）。

《孟子》。自昔仲尼既没，战国初兴，至化陵迟，异端并作。（张）仪、（公孙）衍肆其诡辩，杨、墨饰其淫辞。遂致王公纳其谋，以纷乱于上；学者循其躅，以蔽惑于下。犹滓水怀山，时尽昏垫，繁芜塞路，孰可芟夷？惟孟子挺名世之才，秉先觉之志，拔邪树正，高行厉辞。导王化之源，以救时弊；开圣人之道，以断群疑。其言精而赡，其旨渊而通。致仲尼之教，独尊于千古。非圣贤之伦，安能至于此乎？

孙氏对孟子的推崇，基本上继承了韩愈的观点，即传孔子之道和辟异端邪说。

大中祥符间，《孟子音义》成，孙奭上呈真宗[1]，并"请以孟轲书镂板"[2]天下，即以朝廷的名义颁布其校订的赵岐《孟子章句》和亲撰的《孟子音义》二卷。这可能是历史上第一次以政府的名义在全国范围内公开颁行《孟子》。孙奭推崇孟子的思想也随着《孟子音义》的刊行而流传开来，这势必会对天下士人起到一定的影响，不然何有数十年之后司马温公于纷繁琐碎的史实中操笔记下这件事？

（二）"非孟子莫能救之"

虽然孙奭受朝廷之命校订《孟子》，并"镂板"刊行，但《孟

---

1 ［宋］晁公武：《郡斋读书志》卷三上《孟子音义》，《景印文渊阁四库全书》（674册），第214页。
2 ［宋］司马光：《涑水记闻》卷四，第76页。

子》仍未被朝廷列入经典之中。至仁宗庆历前后，在上下儒者的一致努力下，孟子升格运动又迈出一大步。

在上，朝廷内部先后形成以范仲淹、欧阳修为核心的儒官团体。他们不但积极倡导改革，致力于改变宋廷"积贫积弱"的局面，还身体力践儒家之道，高扬孔、孟人格，并以之作为修身行事的楷模。范仲淹，这位北宋甚至是中国古史中最富忧道和忧民意识的良吏，服膺于孟子的"浩然之气"，终其一生以孟子精神砥节砺行，忧道自处。在范仲淹的文集中，大量迹象表明其在许多方面发扬了孟子思想，如《四民诗》《君以民为体赋》体现了孟子的民本思想，"先天下之忧而忧，后天下之乐而乐"更是孟子"乐以天下，忧以天下"的创造性发展。欧阳修，北宋前中期古文运动的领袖，提倡先秦孔孟之古文，亦言："孔子之后，惟孟轲最知道。"[1]

在下，对尊孟呼喊、奔走最用力的要算孙复、石介了。他们师徒二人不但继承、发扬了韩愈的"道统"论，从理论层面阐述尊孟的必要性及现实意义，还都在泰山书院和国子学担任过主讲，将其尊孟思想传授给广大的后生。所以，与范、欧等人相比，他们在尊孟方面的贡献和影响更为显著。

孙复、石介的尊孟思想和前贤基本相同，也是基于孟子能传孔子之道和辟邪说两点。如孙复言：

> 孔子既没，千古之下，攘邪怪之说，夷奇险之行，夹辅我

---

[1] ［宋］欧阳永叔：《欧阳修全集·居士外集》卷十六《与张秀才第二书》，第482页。

圣人之道者多矣，而孟子为之首，故其功巨……诸儒之有大功于圣门者，无先于孟子。[1]

石介也说：

孔子既没，微言遂绝，杨、墨之徒，榛塞正路，孟子正人心，息邪说，距诐行，放淫辞，以辟杨、墨，说齐宣、梁惠王七国之君，以行仁义。[2]

类似的话还有很多，无非要传达孟子是孔子之后"道"的继承者和传递者，以及孟子有卫道之功两个基本观点。但同时，在韩愈学说的基础上，孙复、石介把孟子的贡献放得更大。

韩愈言："杨、墨交乱，而圣贤之道不明，则三纲沦而九法斁，礼乐崩而夷狄横，几何其不为禽兽也！故曰：'能言拒杨、墨者，皆圣人之徒也。'……向无孟氏，则皆服左衽而言侏离矣，故愈尝推尊孟氏，以为功不在禹下者，为此也。"[3]孟子"功不在禹下"是韩愈对孟子辟杨、墨邪说的最高赞赏。孙复、石介则发展了韩愈孟子"功不在禹下"的看法，将孟子的功绩提升到更高的层次。

昔者二竖（杨、墨）去孔子之世，未百年也，以无父、无君之教行于天下，天下惑而归之。嗟乎！君君、臣臣、父父、子子，君国之大经也，人伦之大本也，不可斯须去矣。而彼皆

---

[1] ［宋］孙复：《孙明复小集·兖州邹县建孟庙记》，第174—175页。
[2] ［宋］石介：《徂徕石先生文集》卷十四《与士建中秀才书》，第162—163页。
[3] ［唐］韩愈：《韩愈全集》文集卷三《与孟尚书书》，第194—195页。

无之，是驱天下之民，舍中国之夷狄也，祸孰甚焉，非孟子莫能救之。故孟子慨然奋起，大陈尧、舜、禹、汤、文、武、周公、孔子之法驱除之，以绝其后。拔天下之民于夷狄之中而复置之中国，俾我圣人之道炳焉不坠。[1]

在孙氏看来，若非孟子斥杨、墨"无父、无君"之教，维护夫子君臣、父子之纲常伦理，则杨、墨之言充斥"中国"，如此正是"驱天下之民、舍中国之夷狄也"。从表面上看，孙复之言仍是韩氏的再版，只是说得更加详尽，并无新意，但仔细品味，再将其与孙复、石介有关"道统"的论述结合考察，便会发现其中隐藏着更深刻的寓意。

首先，韩氏认为，杨、墨祸乱，"圣贤之道不明"，所以孟子仅是"明"圣贤之道。孙复、石介则认为，杨、墨之祸并不限于此。孙复言"祸孰甚焉"，石介则明确地指出孔子死后，杨、墨之徒充塞正路，"微言遂绝"。也就是说，杨、墨横行的结果并非"圣贤之道不明"那样简单，而是灭"绝"的险地，所以孟子的贡献由韩氏那里单纯的"明"道升华为孙、石的"存"道。只一字之差，孟子的地位就发生了巨大的变化。

其次，韩愈借孟子之言谓"能言距杨、墨者，皆圣人之徒也"，对于"徒"字的理解是释此句的关键。单独看这一句话，"徒"字有两个意思：第一种是作辈、类解，即同一类人，若作此

---

[1] ［宋］孙复：《孙明复小集·兖州邹县建孟庙记》，第174页。

解,该句话的意思是"能言距杨、墨者",都是圣人。联系上下文和韩氏的思想学说,这种解释是说不通的。韩氏虽然十分推崇孟子,但只把他看作贤者,而非圣人。"徒"字的第二种解释是弟子、门徒,即"能言距杨、墨者",都是圣人的门人弟子,进一步言是指能传圣人之道的门人。孟子是孔子的再传弟子,且与后一句话"扬子云云古者杨、墨塞路,孟子辞而辟之,廓如也"相呼应。综合起来看,韩氏此句的大意是说,能够"距杨、墨"的,都是圣人的门徒,而只有孟子一人堪当斯任,但不排除孔子其他门徒有斥杨、墨的功劳。孙复则谓"非孟子莫能救之",一个"非"字将其他人拒之门外。

再次,韩愈言孟子拒杨、墨的结果,是通过反面陈述的方式——"向无孟氏,则皆服左衽而言侏离矣"——暗示其完成了维护圣人之道的使命。但对于杨、墨之教以后的情况没做交代,也就是说孟子斥杨、墨的程度我们无法知晓。孙复则明言结果是"绝其(杨、墨)后",完全彻底地胜利了,即不仅维护了圣人之道,而且灭绝了异端思想。

最后,孙氏借用孔子四十五代孙孔道辅之口说"诸儒之有大功于圣门者,无先于孟子",孟子功劳直追孔夫子,虽然孙氏尚未直呼孟子为"亚圣",但这种意思已依稀可见。

孙复、石介谓"非孟子莫能救之",以为如果没有孟子,则中国"夷狄"也。理解这句话,有助于领会他们对孟子地位重要性的认识。"夷狄"是一个不断发展的概念,上古之世,它只是中原部族对周边一些部族的概称，部族之异是主要特点，同时又含有地域差别之意，但本身并无贬义。春秋时，经过三代的发展，中原地区无论是在经济还是文化上，对周边地区都取得了绝对优势，此时集文化之大成的孔子把"夷狄"概念发展为文化概念，"中国"与"夷狄"分别是文化先进与落后的象征。之后，这一基本看法成为儒者们的共识。唐中期以后，致力于复兴儒学的韩愈，为从人心上赢得儒家对佛、道斗争的胜利，把"夷狄"概念移植到宗教领域。孙复与石介继承了这种说法，并将之发挥到极致，认为凡是与儒家之道不合者均是夷狄之道，是落后的，与儒家背道而驰的杨墨、佛道就更不必说了。

认为佛教是夷狄之教还可以理解，但谓道、墨也是夷狄之教则有点儿难以讲通了。众所周知，道家、墨家与儒家都是中国土生土长的学说流派，三家互现短长，不能一概而论。无论是从地域还是文化角度出发，认为道、墨为"夷狄"之教都有失武断，但孙复和石介这样认为自有其良苦用心。从孙氏的角度出发，其目的是更好地突出孟子的功绩。孙复称孟子斥杨、墨是"拔天下之民于夷狄之中而复置之中国，俾我圣人之道炳焉不坠"，意思是说，孟子把被杨、墨之教掠夺过去的民众重新吸引回来，使他们浸润在儒家圣道之下。这正是以文化救国、救族的朴实表达，其意义比以政治、军事拯救生民更为巨大。又说"洚水横流，大禹不作，则天下之民鱼鳖矣；杨、墨暴行，孟子不作，则天下之民禽兽矣"，即孟子辟杨、墨与大禹平治水土、拯救生民之功并驾齐驱，再次发展了韩愈

"以为（孟子）功不在禹下"的思想。基于此，孙氏认为，扬雄谓孟子"辞而辟之，廓如也"远不如韩愈言孟子之功"不在禹下"来得"深且至也"，遂得出结论：扬雄"能述孟子之功而不能尽之"。这既强调了孟子卫道之功，又对韩愈凸显孟子大加赞誉。

（三）"道统"的扩展

孙复曾谓范仲淹居太学：

> 将俾我宋之学，为舜、禹、文、武之学也。既俾吾宋之学为舜、禹、文、武之学，是将俾吾宋公卿大夫之子弟，为舜、禹、文、武公卿大夫之子弟也。既教吾宋公卿大夫之子弟为舜、禹、文、武公卿大夫之子弟，然后以舜、禹、文、武之道上致吾君为舜、禹、文、武之君也。既致吾君为舜、禹、文、武之君，然后以舜、禹、文、武之道，下跻吾民为舜、禹、文、武之民也。[1]

这也是孙复和弟子石介的行道目标。对此，时人和后人都给予肯定。如欧阳修在为石介作墓志铭时，称赞石介说："所谓尧、舜、禹、汤、文、武、周公、孔子、孟轲、扬雄、韩愈氏者，未尝一日不诵于口。思与天下之士，皆为周、孔之徒，以致其君为尧、舜之君，民为尧、舜之民，亦未尝一日少忘于心。"[2] 孙复、石介师徒二

---

[1] ［宋］孙复：《孙明复小集·寄范天章书一》，第169—170页。
[2] ［宋］欧阳永叔：《欧阳修全集·居士集》卷三十四《徂徕石先生墓志铭》，第240页。

人的行道精神于此可见一斑。

今日所见收录于四库全书中的《孙明复小集》十九篇和石介的《徂徕集》二十卷，其内容不论是评价历史人物、历史事件，还是议论当朝时政、社会弊病，甚至是与友人、后生的书信，最终落脚点都是儒家之道。通观二人之书，几乎每篇都在讨论儒家纲常伦理，韩愈以来形成的"道统"思想更是贯穿整部文集。大谈特论儒家之道，尤其是孔孟之道，是宋学特别是理学的一个显著特征。宋初泰山学的缔造者孙复、石介等人已较早地在这方面进行了有益的探索。理学大家朱熹说："本朝孙（复）石（介）辈忽然出来，发明一个平正底道理自好，前代亦无此等人。如韩退之已自五分来，只是说文章。若非后来关洛诸公来，孙石便是第一等人。孙较弱；石健甚，硬做。"又说理学的兴起"亦有其渐。自范文正以来，已有好议论，如山东有孙明复，徂徕有石守道，湖州有胡安定，到后来遂有周子程子张子出。故程子平生，不敢忘此数公，依旧尊他"，"故此等人出，有'鲁一变'气象，其后遂有二先生（二程）"。[1] 由此可以理解孙、石二人何以同时名列"宋初三先生"之列，又何以被认为是宋学甚或是理学的开山了。

孙复、石介师徒二人在继承前辈尊孟学说的同时，又进行了创造性的发展，体现了以孙复、石介为代表的泰山学的思想特色。

韩愈的"道统"说，认为孟子是唯一得孔子真传的人，也是到

---

1 ［宋］黎靖德编：《朱子语类》卷一百二十九《自国初至熙宁人物》，第3089—3091页。

韩愈本人之前儒家"真道"的唯一代表。在韩愈看来，从孟子到自己，这是儒家"道统"的一个断层阶段，其间无人能够承担传"道"的使命，尽管他并不否认荀子、扬雄的大儒地位。在其学说里，韩氏毫不客气地认为自己直承孟子，接起了"道统"的大旗，这一学说也得到后儒的认可。皮日休要求把韩愈列入国子学配享的诸贤名单即是对其地位的首肯。[1]之后，倡导"道统"说的柳开等人也把韩愈纳入"道统"序列中。

孙复和石介也认为，孟子和韩愈在"道统"序列的地位毋庸置疑，但同时又排列诸儒，在从孟子到韩愈这段时期加入了几个显眼的人物。按时间先后，他们增加了荀子、扬雄、王通等人（石介的"道统"序列中，并不经常有荀子）。

> 自夫子殁，诸儒学其道、得其门而入者鲜矣，惟孟轲氏、荀卿氏、扬雄氏、王通氏、韩愈氏而已。[2]

> 吾之所为道者，尧、舜、禹、汤、文、武、周公、孔子之道也，孟轲、荀卿、扬雄、王通、韩愈之道也。[3]

石介也说：

> 俟杨亿道灭，乃发其盲、开其聋，使目惟见周公、孔子、孟轲、扬雄、文中子、韩吏部之道，耳惟闻周公、孔子、孟

---

1 [唐]皮日休：《皮子文薮》卷九《请韩文公配飨太学书》，第88页。
2 [宋]孙复：《孙明复小集·上孔给事书》，第172页。
3 [宋]孙复：《孙明复小集·信道堂记》，第175页。

轲、扬雄、文中子、韩吏部之道。[1]

若孟轲氏、扬雄氏、王通氏、韩愈氏，祖述孔子而师尊之，其智足以为贤。[2]

道大坏，由一人存之；天下国家大乱，由一人扶之。周室衰，诸侯畔，道大坏也，孔子存之。孔子殁，杨、墨作，道大坏也，孟子存之。战国盛，仪、秦起，道大坏也，荀况存之。汉祚微，王莽篡，道大坏也，扬雄存之。七国弊，王纲圮，道大坏也，文中子（王通）存之。齐、梁（以）来，佛、老炽，道大坏也，吏部存之。[3]

孟轲、扬雄、文中子、韩愈能得之于下，以之有其名于亿万世。[4]

对于为何增加扬雄，孙氏特作《辨扬子》一篇进行解释，认为扬雄作《太玄》为"疾莽而作也"：

昔者哀、平失道，贼莽乱常，包藏祸心，窃弄神器，违天拂人，莫甚于此……子云（扬雄）耻从莽命，以圣王之道自守……子云既能疾莽之篡逆，又惧来者蹈莽之迹，复肆恶于人上，乃上酌天时行运、盈缩、消长之数，下推人事进退、存

---

1 ［宋］石介：《徂徕石先生文集》卷五《怪说中》，第62页。
2 ［宋］石介：《徂徕石先生文集》卷七《尊韩》，第79页。
3 ［宋］石介：《徂徕石先生文集》卷八《救说》，第84页。
4 ［宋］石介：《徂徕石先生文集》卷十三《上孔中丞书》，第147页。

亡、成败之端，以作《太玄》。1

在孙氏看来，扬雄处淆乱之世，非但能以"王道"自守，更敢于为百代作则，作《太玄》防后世"肆恶于人上"。此种做法既是效仿孔子著《春秋》之意，又体现了扬雄对"乱我夫子之道"的"空阔、诞谩、奇崄、淫丽、谲怪之说"2的批判。石介也谓：

新莽篡汉，道斯替（潜）矣，扬雄作《准易》五万言、《法言》十三章而彰之。3

炎灵中歇，贼莽盗国，衣冠坠地，王道尽矣。扬雄以一枝木扶之，著《太玄》五万言，以明天、地、人之道，作《法言》十三篇，以阐扬正教。4

这样看来，扬雄理所当然地成为"道统"链条中的一环。

对于为何在"道统"序列中增加荀子、王通等人，孙复与石介都没有进行专篇探讨，但是从他们零星的论说中可以看出与对扬雄的看法小异而大同。如关于文中子王通：

自夫子殁，诸儒学其道、得其门而入者鲜矣，惟孟轲氏、荀卿氏、扬雄氏、王通氏、韩愈氏而已。5

---

1 ［宋］孙复：《孙明复小集·辨扬子》，第163页。
2 ［宋］孙复：《孙明复小集·上孔给事书》，第172页。
3 ［宋］石介：《徂徕石先生文集》卷十三《上蔡副枢书》，第142页。
4 ［宋］石介：《徂徕石先生文集》卷十四《与士建中秀才书》，第163页。
5 ［宋］孙复：《孙明复小集·上孔给事书》，第172页。

> 魏、晋迄陈、隋，帝王之道，扫地而无遗矣，生人之命遂绝而不救矣。文中子以太平之策十有二篇，干隋文帝，不遇，退居河、汾之间，续《诗》《书》，正《礼》《乐》，修《元经》，赞《易》道，九年而六经大就。[1]

> 孔子之道始剥于杨、墨，中剥于庄、韩，又剥于秦、莽，又剥于晋、宋、齐、梁、陈五代，终剥于佛、老，天授之孟轲、荀卿、扬雄、王通、韩愈，孔子之道复。[2]

如关于荀子：

> 孟轲、荀卿，圣人之徒也……孔子、孟子、荀卿之徒，旷几千百年而后有一人生。[3]

在孙复、石介看来，继承、弘扬儒家之道和辟邪说、息怪乱是孟轲、荀卿、扬雄、王通、韩愈等人能够进入"道统"之列的首要必备条件。

按此推论，孙复、石介二人也应该是韩愈之后"道"之所在和"道统"的承继者，应该被纳入"道统"之中，因为其二人弘扬儒家学说可谓尽力，辟空阔、奇崄邪说可谓尽心。事实上，孙、石二人在某种程度上正是以儒家正统传人的身份自居，以韩愈之后

---

[1] [宋]石介：《徂徕石先生文集》卷十四《与士建中秀才书》，第163页。"元经"，陈校本作"玄经"，有误，据四库本改为"元经"。

[2] [宋]石介：《徂徕集》卷十二《上张兵部书》，第265页。陈校本"授"字作"受"，意思恰好相反，第141页。

[3] [宋]石介：《徂徕石先生文集》卷十六《与汉州王都官鱼屯田书》，第193页。

"道"之所系自负,斥邪说、维护儒家伦理道德也是他们认为自己应尽的责任。石介说:

> 自周以上观之,圣人之穷者唯孔子。自周以下观之,贤人之穷者唯泰山孙明复先生。[1]

> 自周以下观之,贤人之穷者,孟子、扬子、文中子、吏部是也。然较其功业德行,穷不必易,达不必移。吏部后三百年,贤人之穷者,又有泰山先生。[2]

可见,至少在石氏看来,孙复是韩愈之后"道"的真正传人。在《怪说》中篇,石介这样说:

> 今天下有杨亿之道四十年矣。今人欲反盲天下人目,聋天下人耳,使天下人目盲,不见有杨亿之道;使天下人耳聋,不闻有杨亿之道。俟杨亿道灭,乃发其盲、开其聋,使目唯见周公、孔子、孟轲、扬雄、文中子、韩吏部之道,耳唯闻周公、孔子、孟轲、扬雄、文中子、韩吏部之道。

这里石介所谓的"今人",除了他推崇的志于匡复儒家之道的孙复、士建中及泰山诸门徒外,更大程度上是代指他本人。在《怪说》下篇,石介以盗入主家、奴为缉盗"反为盗所击而至于死且不

---

[1] [宋]石介《徂徕石先生文集》卷十五《与祖择之书》,第178页。
[2] [宋]石介《徂徕集》卷十九《泰山书院记》,第318页。陈校本作"穷不必易达"(第222页),以宋谢维新《古今合璧事类备要》别集卷十八《宫室门·书院》参校,概缺"不必移"三字,特为补上。

避"作喻，明与佛、道、杨亿做斗争乃是天赋己之责任。最后，他甚至豪壮地誓言道："吾亦有死而已，虽万亿千人之众，又安能惧我也！"足见其英勇不屈、执殳前驱的战斗精神。

这里有必要提一下另一重要的儒家人物——董仲舒。孙复虽然没有把他囊括到"道统"序列中，但却在《小集》中专列《董仲舒论》一篇，不惜花大量笔墨论说董仲舒在儒学发展中的重要性。

在《董仲舒论》中，孙氏首先指出从孔子以后到汉代，被世人称为大儒的只有孟子、荀子和扬雄三人而已，当然他们"立言、垂范、明道、救时，功丰德巨"，堪称大儒，但是也不应忽视董仲舒。孙氏从两个方面阐述了董仲舒在儒学发展中的重要地位。

第一，董仲舒有"推明孔氏，抑黜百家"之功。"暴秦之后，圣人之道晦矣"，至武帝朝虽有治世之誉，但"大教颇缺，学者疏阔"，董仲舒遂上疏武帝言"凡诸不在六艺之科、孔子之术者，皆绝其道，勿使并进"，从而有汉武帝"罢黜百家，独尊儒术"之举。孙氏认为，董子此举"息灭邪说，斯可谓尽心于圣人之道者也"。

第二，孙氏把董仲舒与孟轲、荀卿、扬雄三人所处的时代进行对比，认为董子"缉干纲之绝纽，辟王道之梗涂"的功劳并不亚于孟子、荀子和扬雄。

> 孟轲、荀卿当战国之际，虽则诸子纷乱，然去圣未远，先王之典经尽在。扬雄处新室之间，虽则大祸是惧，然汉有天下

> 滋久，讲求典礼抑亦云备，故其微言大法盛于闻见，揭而行之，张以为教易尔。

而董仲舒生活于秦火之后，那时"典经已坏，其微言大法希于闻见，探而索之，驾以为说，不其难哉！况乎暴秦之祸，甚于战国之乱与新室之惧耶！"孙氏又认为，退一步说，即使不认为董子之功过于孟氏、荀氏与扬氏，但"四子之道一也，使易地而处，则皆然矣"，即至少应该等而观之。

最后，孙复得出结论：

> 暴秦之后，圣人之道晦矣；晦而复明者，仲舒之力也。

足见董仲舒对孔门贡献之大。那么，为什么后世"鲜克知仲舒之懿"，原因在于"孟坚（班固）笔削之际，不能斥刘歆之浮论，惑而书之，失于断矣"[1]，所以孙氏认为班固应该承担主要罪责。

石介对董仲舒的看法则不以为然，近二十万字的《徂徕石先生文集》仅有七处提到董仲舒，而且往往是作为例子一笔带过。在石介看来，董仲舒虽有和孟轲、扬雄、王通、韩愈等人一样的雄才，但充其量只称得上治《春秋》的"大儒"，同时更由于其无法尽《春秋》"辞危""旨远""义微"的深蕴[2]和受"汉武孱弱"勿用其言[3]的双重限制，这一微薄的称呼几近过誉之词，最后在石介那

---

1 [宋]孙复：《孙明复小集·董仲舒论》，第162—163页。
2 [宋]石介：《徂徕石先生文集》卷十四《与张洞进士书》，第164页。
3 [宋]石介：《徂徕石先生文集》卷七《二大典》，第77页。

里剩下的只是对董仲舒的同情,"有才无其时,徒抱此诚悫"[1]。

(四)"尊孟"与"尊韩"

唐中期以后,自从韩愈倡言"尊孟"并从理论高度论证孟子地位的重要性后,"尊孟"遂成为唐宋之际许多儒者的共同倾向。韩愈死后,由于其在创立"道统"、古文运动和排斥佛道、复兴儒学实践上的特殊贡献,随着儒学复兴运动的深入,"尊韩"也在广大儒者之间发展起来,并与"尊孟"一起成为唐宋之际的社会潮流。

元人柳宗暨在《清湘书院记》中说:

> 昌黎倡为古文,期复古道,学者仰之若山斗。又越五季,极于宋初先生,始推尊韩子,以淑后进,力挽雕敝之风,而归诸大雅。[2]

柳氏的话有两点需要指出:其一,"宋初先生"并非仅指"宋初三先生",应包括柳开、王禹偁等人在内;其二,柳氏称"宋初先生,始推尊韩子"并不确切,即使纯粹从古文角度言"尊韩"始于宋初也不恰当,皮日休"尊韩"实有推崇韩文的成分在内。

"尊韩"始于唐末的皮日休是毫无疑问的事实。皮日休对韩愈赞誉甚高,说他"身行圣人之道,口吐圣人之言。行如颜(渊)、闵(子骞),文若(子)游、(子)夏",其"文蹴杨、墨于不毛之

---

[1] [宋]石介:《徂徕石先生文集》卷三《安道登茂材异等科》,第26页。
[2] [清]汪森:《粤西文载》卷二十九《书院记》,《景印文渊阁四库全书》(1466册),第156页。

地,蹂释、老于无人之境,故得孔道巍然而自正",遂上书朝廷请求把韩愈列入配享太学的诸贤名单中去。[1] 皮氏的请求虽未见应允,但"尊韩"在其提倡下蓬勃发展起来。

宋初的不少儒者有不同程度的"尊韩"倾向,其中柳开较为显著。柳开继承韩愈的"道统"说,仰慕韩(愈)、柳(宗元)之文,更名肩愈,取字绍先。柳开还是把韩愈列入其"道统"体系的第一人,"吾之道,孔子、孟轲、扬雄、韩愈之道;吾之文,孔子、孟轲、扬雄、韩愈之文也"[2]。

孙复、石介都十分推崇韩愈,尤以石介为著。孙复尊崇韩愈,把他看作隋代文中子王通以后儒家之"道"的承继者。这个"道"的传递顺序是:尧→舜→禹→汤→文、武、周公→孔子→孟子→荀子→扬雄→王通→韩愈。从孙复排列的"道统"链条可以看出,韩愈扮演的角色与韩愈本人"道统"(尧→舜→禹→汤→文、武、周公→孔子→孟子)系统中孟子所起的作用大致相同。在韩愈那里,孟子之"道"已失传一千多年,到韩愈本人时才重新扛起"道统"大旗,继承和传播"斯道";在孙复那里,由韩愈接起的"道"因韩氏的逝世再次中断近三个世纪之久,是孙复继承和传播"斯道"。韩愈接起孟子之"道",孙复又继承了韩氏之"道"。在他们三人之间,似乎还存在这样一个链条:孟子→韩愈→孙复。所以"尊孟",亦须"尊韩",这是倡明"道统"的必然选择。

---

[1]〔唐〕皮日休:《皮子文薮》卷九《请韩文公配飨太学书》,第88页。
[2]〔宋〕柳开:《河东集》卷一《应责》,第244页。

石介是有宋一代最推崇韩愈的儒者。明人张萱谓"宋石介独尊信昌黎，尝著《尊韩》论"[1]。张氏之意并非只有石介一人尊信韩愈，而是说明石介"尊韩"程度之最。石介"尊韩"除了有与其师孙复一样的"道统"原因外，更多的是出于对韩愈学说的仰慕，是对韩氏为排佛道、兴儒道，毫不吝惜个人身家性命的由衷敬仰。

石介对韩愈的古文及思想佩服之至，其大量作品模仿了韩文的风格、写作旨趣和意图。如最为政敌诋毁的《庆历圣德颂》是效仿韩愈的《元和圣德颂》所作，《怪说》《原乱》《复古制》等都不同程度地模仿了韩氏的《原毁》《原人》《原鬼》等文章。

《读〈原道〉》与《尊韩》是集中反映石介"尊韩"思想最重要的两篇文章。

在《读〈原道〉》中，石介对韩愈及其《原道》做了至高的评价。开篇石介就把韩愈的"《原道》千三百八十八言"与"《书》之《洪范》，《周礼》之六官，《春秋》之十二经，《孟子》之七篇"并举，给予"其言王道尽矣"的高度评价。石氏说韩愈之世"去孔子后千五百年间，历杨、墨、韩、庄、老、释之患，王道绝矣"，此时尽管《洪范》《周官》《春秋》《孟子》等承载"王道"的典籍仍然存在，却"千歧万径，逐逐竞出，诡邪淫僻、荒唐放诞之说，恣行于天地间"，大道散亡，学者唯杨墨是归、释老是从。韩吏部在如此艰难的条件下，依然能尽言"王道"，"推明《洪范》《周礼》

---

[1] ［明］张萱：《疑耀》卷一《韩昌黎未见道》，《景印文渊阁四库全书》（856册），第183页。

《春秋》《孟子》之书,深惟箕子、周公、孔子、孟轲之功"[1]。所以,石氏得出结论:"余不敢厕吏部于二大圣人(周公、孔子)之间,若箕子、孟轲,则余不敢后吏部。"意思是说,他虽不敢把韩愈与周公、孔子两大圣人比肩,却也不愿在箕子、孟轲两大贤者之后落下韩愈。可见在石介眼里,韩愈直追孟子,甚至在某种程度上已与孟子的地位不相上下。

在《尊韩》中,为了凸显韩愈的地位,石介甚至把韩愈与孔子相提并论,"道病非一日,善医惟孔韩"[2],认为"孔子为圣人之至","吏部为贤人之卓";孔子作《春秋》是"自圣人以来未有也",韩愈作《原道》《原仁》《原毁》《行难》《禹问》《佛骨表》《诤臣论》,则是"自诸子以来未有也",谓"不知更几千万亿年复有孔子,不知更几千数百年复有吏部"。很明显,石介已把韩愈的地位提到诸子之上。

在韩愈的"道统"体系中,孟子踵孔子之后,直追圣人;在石介的"道统"序列中,韩愈虽排在荀子、扬雄、王通等人之后,实已超逾他们,直逼孟子。前者"尊孟",后者"尊孟"与"尊韩"并举。在现实世界,石介与韩愈有着极大的相似性。韩愈排佛道、倡古文,著《原道》《原仁》;石介则拒释老、斥时文,作《怪说》《中国论》。韩愈忤逆宪宗,上《佛骨表》;石介则不避锋芒,上书

---

[1] [宋]石介:《徂徕集》卷七《读原道》,第226页。陈校本断为"推《洪范》《周礼》《春秋》《孟子》之书则深,惟箕子、周公、孔子、孟轲之功"(第78页),无"明"字,多"则"字,且排列顺序有差异。

[2] [宋]石介:《徂徕石先生文集》卷三《送李堂病归》,第33页。

直言仁宗好色[1]。与其说石介继承、模仿韩愈，倒不如把石介看作宋代的韩愈更为恰当些。

（五）孔道辅与孟子庙

前文已言，柳开知润州时，曾图绘孟子像配享孔子。这件事在当时的影响到底有多大，恐怕现在都很难说清楚，但其开先河之功自不待言。至仁宗时期，在孟子升格运动发展史上又发生了两件十分重要且很有意义的事情。先是孔子四十五代孙孔道辅，认为"诸子虽博，非五贤（即孟轲、荀卿、扬雄、王通和韩愈）之文，不能成正道"，以"五贤立言，排邪说，翊大道，非诸子所能跂及"，于其祖庙中构"五贤堂"，"收五贤所著事，图其仪，叙先儒之时荐"，祠祭孟轲、荀卿、扬雄、王通和韩愈五人。[2] 后来，他又在邹县（今山东邹城市）建孟子庙祭祀孟子。这两件事在《孙明复小集》中都有详细记载。

孔道辅，字原鲁，初名延鲁，真宗大中祥符五年（1012）中进士。其性格刚介，遇事不避锋芒，仁宗朝曾任谏议大夫、御史中丞，屡屡逆龙鳞、责大臣上书指陈时弊。出任地方官时，他兴学校、荐贤能，以复兴儒学、重建圣人之"斯道"为己任。知兖州时，道辅闻孙复大名，并得知其在泰山聚徒授学，便亲往拜访，从

---

1 [宋]李焘：《续资治通鉴长编》卷一百一十五《仁宗景祐元年八月》，第2694页。
2 [宋]孔道辅：《五贤堂记》。转引自[清]杜诏等：《山东通志》卷三十五之十九上《艺文志十九》，《景印文渊阁四库全书》（541册），第644—645页。

此与孙复、石介以及泰山书院诸生建立了深厚的友谊。与孙复、石介一样,孔道辅对唐末五代以来师道不存之现实深为痛心。为重树此道,他不顾长者和上司的身份,两次执弟子礼前往泰山拜见孙复。

自唐贞观二十一年(647),唐太宗封左丘明、卜子夏、郑玄、杜预等二十二人为"先师"陪祭孔庙以来,这一制度基本上沿袭了下来。此二十二人再加上孔门七十弟子陪祭孔庙,也基本上成了官方的定制。此时,孔道辅以孔子裔孙和赵宋官吏的双重身份违反定制,于其祖庙中替未被官方认可的五位儒者建祠、绘像,并祭祀之,其勇气足令人震撼,其"尊道""重道"之精神着实让人敬佩。如果说孙复、石介等人尊孟、倡言"道统"只是理论论证和口头上的大声疾呼,那么孔道辅则是将理论和疾呼付诸了实践,而这往往是最艰难的一步。怪不得石介对其师孙复讲完这件事后会说:"孔侯之心至矣,吾辈不是之而将何之也。"孙复听后更是不禁"跃然而起",大呼张洞、李蕴(应作缊)说"昔夫子之道得五贤而益尊,今五贤之烈由龙图而愈明",给予孔道辅以最为热烈的颂扬。[1]

仁宗景祐四年(1037)岁夕,知兖州的孔道辅在尊孟方面再次做出一个惊人的举动:在孟子故里邹县(今邹城市)建孟庙,祭祀孟子。[2] 这是孟子升格运动史上甚为关键的一步,也使得自宋初以来

---

[1] [宋]孙复:《孙明复小集·上孔给事书》,第172—173页。
[2] 《全宋文》(卷三五九《孔道辅》,上海辞书出版社2006年版,第291页)收录孔道辅《五贤堂记》,标注景祐五年(1038)七月,似在筹建孟子庙后建"五贤堂",与孙复记文所云有异。但孙复受孔道辅所托撰文,应不至于弄错两者的先后时间顺序。故从孙复之说。

孙复、石介的教育学术活动与宋代儒学复兴

的孟子地位提升运动达到一个高潮。

作为圣人之后，孔道辅常说：

> 诸儒之有大功于圣门者，无先于孟子。孟子力平二竖（杨、墨）之祸，而不得血食于后，兹其阙已甚矣！祭法曰：能御大菑则祀之，能捍大患则祀之。孟子可谓能御大菑、能捍大患者也。且邹昔以为孟子之里，今为所治之属也，吾当访其墓而表之，新其祠而祀之，以旌其烈。[1]

于是，为"恢张大教、兴复斯文"，在兖州任上，他以知州的身份令属县官僚四处查寻孟子墓遗迹，终于在邹邑东北三十里的四基山（《孙复明小集》作"四墓山"）之阳找到孟子墓。道辅又命人铲除荆棘，兴建堂宇，以公孙、万章等人从祀。第二年，即景祐五年（1038）三月，孟庙竣工，孔道辅邀请孙复作文记此事。孙复万分高兴地说：

> 复学孔而希（仰慕）孟者也，世有蹈邪怪、奇崄之迹者，常思嗣而攻之，况承公命而志其庙，又何敢让？嘻！子云能述孟子之功而不能尽之，退之能尽之而不能祀之，惟公既能尽之又能祀之，不其美哉！故直笔以书之。[2]

遂写下《兖州邹县建孟庙记》一文，既论说了孟子"卫道"和"传

---

[1] ［宋］孙复:《孙明复小集·兖州邹县建孟庙记》，第175页。
[2] ［宋］孙复:《孙明复小集·兖州邹县建孟庙记》，第175页。

道"之功,又表达了对孔道辅此举的赞赏。

孙复、石介一方面从理论上倡言"道统",尊崇孟子;另一方面,又不失时机地对"尊孟"者和各种"尊孟"行为进行颂扬,利用其担任"师"的职业优势积极宣传"道统"学说和"尊孟"主张,大力营造"师道"和"尊孟"的氛围,为接下来政府的"尊孟"行为做了舆论铺垫。再者,他们亲身加入"尊孟"的实践中,以各种方式表达"尊孟"主张。[1]当然,由于其身份和社会政治地位等的影响,与前两点相比,后者显得不够突出,但这不能成为责全古人的口实。

孙复、石介等人的"尊孟"思想和言论对当时及后来的学者产生巨大的影响是毫无疑问的。在他们去世后不久,在众多后生尤其是王安石等人的努力下,孟子升格运动取得了决定性的胜利。神宗熙宁四年(1071)二月,《孟子》一书首次进阶科举[2];元丰六年(1083)十月,孟子被封为"邹国公"[3];次年五月,从晋州州学教

---

[1] 徐洪兴认为,孙氏著《春秋尊王发微》,正是发扬孟子"孔子成《春秋》而乱臣贼子惧"的思想,有一定的道理。见徐洪兴《唐宋间的孟子升格运动》,《中国社会科学》1993年第5期。

[2] [元]脱脱等:《宋史》卷一百五十五《选举志一》:"于是改法,罢诗赋、帖经、墨义,士各占治《易》、《诗》、《书》、《周礼》、《礼记》一经,兼《论语》《孟子》。每试四场,初大经,次兼经,大义凡十道,次论一首,次策三道,礼部试即增二道。"(第3618页。)《续资治通鉴长编》也记载说:"知制诰王益柔兼判礼部贡院。试法分四场,除第三、第四场,策论如旧,其第一场试本经五道,第二场《论语》《孟子》各三道。"(卷二百三十四《神宗熙宁五年六月》,第5677页)

[3] [宋]李焘:《续资治通鉴长编》卷三百四十《神宗元丰六年冬十月》,第8186页。

授陆长愈之请,政府首次允许以孟子配享孔庙[1]。徽宗宣和(1119—1125)年间,《孟子》一书被刻成石经,成为"十三经"之一。[2]南宋孝宗(1162—1189)年间,理学集大成者朱熹将《论语》《孟子》与《礼记》中的《大学》《中庸》合编为"四书",由此《孟子》跻身"四书"而超越了"五经"。元至顺元年(1330),孟子正式被官方封为"亚圣"[3],孟子升格运动至此结束。

---

[1] [宋]李焘:《续资治通鉴长编》卷三百四十五《神宗元丰七年五月》:"诏:'自今春秋释奠,以邹国公孟轲配食文宣王,设位于兖国公(颜子)之次,荀况、扬雄、韩愈以世次从祀于二十一贤之间,并封伯爵。'"(第8291页)

[2] [明]曹学佺:《蜀中广记》卷九十一《石经孟子》。曹云:"晁氏曰:宣和中,知成都府席旦刊置于学宫。"但遍查晁公武《郡斋读书志》并未见此条。存疑。

[3] [明]宋濂:《元史》卷七十六《祭祀志五》:"至顺元年,以汉儒董仲舒从祀。齐国公叔梁纥加封启圣王,鲁国太夫人颜氏启圣王夫人;颜子,兖国复圣公;曾子,郕国宗圣公;子思,沂国述圣公;孟子,邹国亚圣公。"(中华书局1976年版,第1893页)

第四章

孙复、石介复兴儒学的实践

儒学的复兴，不仅需要有痛斥异端的大声疾呼和积极的理论研究，更要有儒者躬身践行儒学复兴的实践。同时，震耳欲聋的有力大声的呐喊和理论的构筑往往要有一定的实践活动相配合、为依托。孙复、石介二人复兴儒学的实践，既是巩固和发展理论学说之必需，又是宣传理论和扩大影响之有效途径。本部分将从孙复、石介创办书院讲学泰山、入讲国子监，以及参与"庆历新政"三个主要方面来论说他们在复兴儒学方面的举措及具体活动。

一、创办书院

书院是具有研究性质的民间私学。经过唐末五代的长期战乱，至北宋初年，文化凋敝，教育荒废，官学几近绝迹，唐中晚期才出现的书院处于初步发展阶段。五代末年，楚丘（今山东曹县东南）人戚同文在睢阳重建书院，广收学徒，首开重建书院、授徒教学之风。随后，范仲淹在应天府整顿府学，即是受到昔日睢阳书院的影响。宋初统治者实行"右文"国策，优待文人，极大地刺激了包括书院在内的私学的发展。孙复、石介等人便是在这样的条件下创建了泰山书院。

（一）早年活动及相遇

孙复、石介的早年遭遇及其活动与其后来建立书院、聚徒讲学有着很大的关联。在介绍书院前，先来看看他们二人的早年活动及相遇。

孙复本晋州平阳（今山西临汾）人，据石介后来的回忆推断，孙复幼年时家境甚为贫困，不然孙氏祖上不致几世未葬，孙复本人也不至于辗转游学谋生。大概在青年时期，孙复游学至京师汴梁附近的中原地区，此后至建立书院，他的大部分时间都是在这一地区度过的。

石介家居之地为兖州奉符县梁甫乡云亭里商王村，其地负泰山、挟徂徕，汶水注其后、经其西，负山面水，环境优雅。石氏家族原居住于沧州乐陵，六世祖于唐代始迁至奉符徂徕山下，后一直在这块土地上繁衍生息。高祖石逸有七子，家族日益繁茂，至其父辈时已有十六院。

石介祖父石路真，生四子，其父石丙排行老二。石丙，"专三家《春秋》学"，大中祥符五年（1012）真宗"御前擢第，仕至太子中舍"[1]。石丙前后娶了五位夫人，生有五子一女，石介为老二。

石介十岁丧母，父亲先后将其过继给两位夫人，抚养其长大。[2]石介少时所受的教育情况已不可考，但精通三家《春秋》学的父亲对其以后的治学方向产生了不小的影响。在石介六岁时，因父亲

---

1 ［宋］石介：《徂徕石先生文集》附录一《石氏墓表》，第253页。
2 ［宋］石介：《徂徕石先生文集》卷十六《上徐州张刑部书》，第194页。

"御前擢第"，家中环境有了很大的改善，小官僚的家庭背景对其成长有着积极的教育意义。但由于家族庞大，除了供给本家外，石丙还要接济本族其他院房，所以，家中生活只能达到温饱水平，没有多少节余。自幼生活在大家族中和仅够维持自给的环境，使石介养成了自立和体恤他人的优良品质。

《宋史·晏殊传》记载，五代以来，天下学校多废弃，天圣五年（1027），晏殊知南京应天府（今河南商丘），致力于整顿府学、发展教育，遂有"兴学自殊始"之誉。此时范仲淹母丧去官，寓居南京，"晏殊……闻仲淹名，召置府学"[1]。范仲淹不负所托，孜孜不倦，在府学时，"常宿学中，训督学者，皆有法度，勤劳恭谨，以身先之。夜课诸生，读书、寝食皆立时刻，往往潜至斋舍伺之，见有先寝者诘之，其人绐云适疲倦暂就枕耳，问未寝之时观何书，其人亦妄对，则取书问之，不能对乃罚之。出题使诸生作赋，必先自为之，欲知其难易及所当，用意亦使学者率以为法。由是四方从学者辐凑，其后宋人以文学有声名于场屋朝廷者，多其所教也"[2]。范氏在南都的教育活动时间不长，约一年，但其实践为五代以来废弛已久的教育复苏创造了条件，对整个宋代的教育产生深远的影响。

这时孙复已经三十多岁，可能参加过几次科举考试，但只是通

---

1 ［元］脱脱等：《宋史》卷三百一十四《范仲淹传》，第10267页。
2 ［宋］赵善璙：《自警编》卷四《教育》，《景印文渊阁四库全书》（875册），第272—273页。

过了解试中的乡试，在尚书省礼部主持的省试中却名落孙山。[1] 父亲去世，母亲年迈，贫困潦倒的孙复被迫到处游学谋食。在范仲淹执掌应天府学时，孙复流落到此地，得到了范仲淹的资助与赏识。对此，宋人魏泰在《东轩笔录》中做了详细的介绍：

> 范文正公在睢阳（南都应天府，今河南商丘）掌学，有孙秀才者索游上谒，文正赠钱一千。
>
> 明年，孙生复道睢阳谒文正，又赠一千，因问："何为汲汲于道路？"孙秀才戚然动色曰："老母（或作母老）无以养，若日得百钱，则甘旨足矣。"文正曰："吾观子辞气，非乞客也，二年仆仆，所得几何，而废学多矣。吾今补子为学职，月可得三千以供养，子能安于为学乎？"孙生再拜大喜。于是授以《春秋》，而孙生笃学不舍昼夜，行复修谨，文正甚爱之。
>
> 明年，文正去睢阳，孙亦辞归。后十年，闻泰山下有孙明复先生以《春秋》教授学者，道德高迈，朝廷召至太学，乃昔日索游孙秀才也。文正叹曰："贫之为累亦大矣，倘因循索米至老，则虽人有如孙明复者，犹将汩没而不见也。"[2]

魏泰，字道辅，襄阳（今湖北襄樊）人，曾布内弟，主要活动

---

[1] 石介《上杜副枢书》云："先生（孙复）道至大，尝随举子干科名，希朝廷进用，以行其志，三退于礼部，一黜于崇政殿，知其道不与时合，不敢复进。"（《徂徕石先生文集》卷十四，第158页）宋代科举考试分为解试、省试和殿试三级，其中解试由地方官主持，省试由尚书省的礼部主持。

[2] ［宋］魏泰：《东轩笔录》卷十四，中华书局1983年版，第159页。

第四章 孙复、石介复兴儒学的实践 | 161

于仁宗、哲宗朝。《东轩笔录》作于哲宗元祐（1086—1094）年间，记其少时所闻，故可信度较大。《范文正公尺牍》卷下《睢阳戚寺丞》书云："有孙复秀才者，一志于学，方之古人。不知岁寒，何以为褐？非吾长者，其能济乎！拟请伊三五日暂蹔谒门馆，惟明公与丁侯裁之。"[1] 南宋黄震《古今纪要》也称："范文正因其（孙复）来谒，补学职，授以《春秋》。"[2] 又《宋史·范纯仁传》记载："仲淹门下多贤士，如胡瑗、孙复、石介、李觏之徒，纯仁皆与从游。昼夜肄业，至夜分不寝，置灯帐中，帐顶如墨色。"[3] 范纯仁显贵后，其夫人时以墨帐示诸子孙说："尔父少时勤学灯烟迹也。"这件事在宋人朱熹、张镃和赵善璙等人的作品中均有记载。[4] 孙复与胡瑗、石介、李觏等人不可能同时从游于范仲淹，但孙复受到范仲淹的恩遇，一段时期就学于应天府府学的可能性很大。再者，马端临《文献通考》记载，孙复著有《睢阳子集》十卷。从《睢阳子集》这一书名来看，他应该在睢阳待过一段时间。清人黄宗羲在撰写《宋元学案》时，将《东轩笔录》的这段文字作为信史看待，收进《泰山学案》中。[5] 众多论据说明范仲淹推荐孙复补应天府学之职属实。

---

[1]［宋］范仲淹：《范仲淹全集·范文正公尺牍》卷下《睢阳戚寺丞》，第694页。

[2]［宋］黄震：《古今纪要》卷十八《宋朝》，《景印文渊阁四库全书》（384册），第359页。

[3]［元］脱脱等：《宋史》卷三百一十四《范纯仁传》，第10282页。

[4]［宋］朱熹：《宋名臣言行录》后集卷十一《范纯仁》，第253页。［宋］张镃：《仕学规范》卷一《为学》，《景印文渊阁四库全书》（875册），第11页。［宋］赵善璙《自警编》卷一《学问》，第207页。

[5] 全祖望在补修《宋元学案》时，认为此段可疑，但未能提出有力的论据。参见《宋元学案》卷二《泰山学案》，第101页。

数十年的寒窗苦读使孙复言行异于常人，范仲淹观其"辞气"即决定补其学职，这为他在南都府学落脚创造了条件，也成为其人生旅程中至为关键的一步。孙复在应天府寄居时间并不长。范仲淹离开后，他又走上了辗转谋食游学的道路。与范仲淹的因缘际会，对孙复以后的治学方向产生了重大影响，甚至可以认为对以后宋学的发展都有着重要的意义。

大概在晏殊知应天府聘请范仲淹整顿府学以后，离此不远的石介亦慕名求学至南京，刻苦治学，并以"固穷苦学"闻名。

> 石守道学士为举子时，寓学于南都，其固穷苦学，世无比者。王侍郎（一本有渎字）闻其勤约，因会客，以盘餐遗之。石谢曰："甘脆者，亦某之愿也，但日享之则可，若止修一餐，则明日何以继乎？朝享膏粱，暮厌粗粝，人之常情也。某所以不受（《墨客挥犀》作"敢当"）赐。"便以食还，王益（一本作咨）重之。[1]

此例与范仲淹在醴泉寺读书时"日作粥一器，分块为四，早暮取二块，断齑数茎，入少盐以啖之，盖三年"[2]的苦学十分类似，反映了宋初举子励志苦学的精神。

---

1 ［宋］江少虞：《事实类苑》卷十二《名臣事迹·石守道》征引《倦游杂录》，《景印文渊阁四库全书》（874册），第97页。另见宋人彭乘《墨客挥犀》卷三《固穷苦学》（中华书局2002年版，第307—308页）、张镃《仕学规范》卷一《为学》（第10页）。

2 ［清］徐乾学：《资治通鉴后编》卷三十一《宋纪三十一》，《景印文渊阁四库全书》（342册），第403页。

第四章　孙复、石介复兴儒学的实践

生活在如此穷苦的环境中，石介并未独善其身，初入圣贤墙藩的他对宋初武事荒废和"道"之不存的现状表现了极大的担忧，早期名作《过魏东郊》即创作于这样的背景下。

> 堂堂柳先生，生下如猛虎。十三断贼指，闻者皆震怖。十七著野史，才俊凌迁固。二十补亡书，辞深续尧禹。六经皆自晓，不看注与疏。述作慕仲淹，文章肩韩愈。……事业过皋夔，才能堪相辅。凤凰世不容，众鸟竞嘲诉。狱中饥不死，特地生爪距。……笑谈韬铃间，出入经纶务。匈奴恨未灭，献策言可虏。幽州恨未复，上书言可取。……先生文武具，命兮竟不遇。死来三十载，荒草盖坟墓。四海无英雄，斯文失宗主。竖子敢颠狂，黠戎敢慢侮。我思柳先生，涕泪落如雨。试过魏东郊，寒鸦啼老树。丈夫肝胆丧，真儒魂魄去。瓦石固无情，为我亦惨沮。[1]

柳开卒于真宗咸平三年（1000），"死来三十载"，概此诗作于天圣七年（1029）。从诗中可以看出，这时石介不但伤怀于"斯文失宗主""斯道"亦不复，也为"幽州恨未复""黠戎敢慢侮"的北宋侏儒政治充满忧虑。"涕泪落如雨"，已不仅仅是在悼哭柳开一人，而是在为赵宋的政治前途和圣贤之道流泪，这也暗示着其以后的奋斗方向。值得注意的是，此时石介对柳开不观"六经"注与疏

---

[1] ［宋］石介：《徂徕石先生文集》卷二《过魏东郊》，第20—21页。"生下如猛虎"的"生下"二字，景印文渊阁四库全书作"意气"。

尤为钦佩，表明其对经典注疏的态度倾向，这也是其后来怀疑注释的先兆。

天圣八年（1030）一月、三月，二十六岁的石介先后参加了礼部的省试和仁宗在崇政殿主持的殿试，与田况、欧阳修、蔡襄及后任奉符知县的马永伯等人同举进士及第。[1]

这件事对石介及其家族来讲，无疑是一个巨大的转折点。石氏家族自六世祖迁徙至此，一直世代为农，子弟虽有不少读书者，除三院曾祖和石丙外，没有几个中第的。正途出身为石介以后的发展和资助孙复在泰山讲学、建立书院创造了条件。

石介中举以后，被授予郓州观察推官、将仕郎、试秘书省校书郎，三年后，转任南京留守推官。[2] 推官是一种幕职官，从八品。"宋朝沿五代之制，两使（节度使、观察使）置判官、推官各一人，余州置推、判官各一人。"但是宋代的节度使、观察使名存实亡，

---

[1] 见欧阳修《徂徕石先生墓志铭》（第 239—240 页）和石介《徂徕集》卷四《予与元均、永叔、君谟同年登科，永叔寻人馆阁，元均今制策高第，君谟复磨励元均事业，独予驽下，因寄君谟》《元均首登贤良科因寄》（第 209 页），卷十七《与奉符知县书》（第 307 页）。《元均首登贤良科因寄》自注曰："予与元均同年登进士科，礼部、御前姓名皆相邻。"（第 209 页）

[2] 参见《徂徕集》卷十二《上范中丞书》（第 258 页）、卷十五《上范青州书》（第 290 页）之自称。《上范中丞书》作于明道二年（1033）五月。明道二年四月，范讽被由青州召回任御史中丞，其在青州"不逾岁"（《续资治通鉴长编》卷一百十二《仁宗明道二年四月》，第 2614 页），可以推断《上范青州书》应作于明道元年（1032）四月至二年四月之间，该文称三月十五日，应是明道二年三月十五日，此时距石介中举正好三年。景祐元年（1034）八月，石介上书丞相王曾，时其官衔已是南京留守推官（《续资治通鉴长编》卷一百十五《仁宗景祐元年八月》，第 2694 页）。所以，他任郓州观察推官大约从天圣九年（1031）至景祐元年，计三年的时间。

只是贵官的虚名，并不参与政事，"州牧之任则自有阃帅、漕、宪等官，而各台又自有掾属。若唐节度、观察之属官，则反为列郡之元僚。盖虽冒以节度推官、观察推官、判官、书记、支使等名，而实则郡僚耳"[1]。可见，观察推官仅是一种闲差。包括南京应天府在内的四京府（其他三府为东京开封府、西京河南府、北京大名府）地位虽高于其他诸府，但其留守推官与观察推官一样作为入官的初阶，也是闲职。

石介是一位充满忧患意识、志于复兴圣贤之学、有着远大抱负的青年。他在未中举之前，就对当时的各种社会问题有着深刻的认识，期望圣贤的降临，带领大家共同努力。所以，他很推崇以继绝学、开来世为己任的柳开，至誉其"述作慕仲淹，文章肩韩愈""事业过皋夔，才能堪相辅"。他对学校、教育的作用有着清醒的认识，认为欲从根本上改变五代以来学术不振的状况，必须从兴学育才开始。进士及第后，石介便利用自己身在官府的优势，兴学兴教。然而，当时师道不兴，从师为学之风甚为淡薄，他便以身作则，从拜师做起。

孙复离开南都学舍，可能是为了参加科举考试，但再次以失败告终。之后，孙复心灰意冷，再也无意科举，遂离开京都，专攻《春秋》，游学于今豫东鲁西一带。在此期间，孙复与石介建立了深厚的友谊，"宋初三先生"中的另一位胡瑗亦"往泰山与孙明

---

[1] ［元］马端临：《文献通考》卷六十二《职官考十六·总论州佐》，《景印文渊阁四库全书》（611册），第435页。

复、石守道同学"。三人在泰山奋发读书、研究经典，为日后重振儒学贡献了毕生精力。这时孙复较之应天府求学之前更为凄惨，身负先人遗骸，"贫无以具棺椁"，更无力下葬，"朝夕仰天而哭"。[1] 但君子忧道不忧食，虽然生活困顿到了极点，孙复仍对当时社会圣贤不再、教育不兴、儒道式微等忧心忡忡，时刻不忘兴复古圣人君子之道，这也是其欣然接受石介邀请、讲学泰山的重要原因。

石介为孙复在泰山筑室兴学，应在石介南京任职时，即景祐二年（1035）。

> 今春来南都，明复去京辇。未识心相通，所怀恨未展。明复无羁缚，我有守官限。南走三百里，访我殊不倦。剧谈露胸臆，胸臆无畔岸。高文见事业，事业盈编简。一一皇霸略，纵横小管晏。磊磊王相才，上下包周汉。[2]

石介郓州推官秩满，转任南京留守推官，刚一到任，就去拜会寓居在南京的老朋友孙复，不巧的是孙复已去了京都开封。石介心情惆怅，正在遗憾访友人不遇时，孙复闻石介移职于此便不辞劳顿重返南都，与其会合。二人一见面即敞开心扉，畅谈前程事业，惊奇地发现彼此居然有如此多的共同之处。石介对孙复的学识和道德人品佩服之至，然而如此胸怀大志之人却不被世人认可，若干次

---

[1] [宋]石介：《徂徕石先生文集》卷十六《与董秀才书》，第188页。
[2] [宋]石介：《徂徕石先生文集》卷三《寄明复熙道》，第27页。"盈""霸""相"，景印文渊阁四库全书分别作"著""伯""佐"，待考。

的科举都名落孙山，甚至是经常食不果腹、居无定所，对此甚为伤悲，作诗曰：

> 世无伯乐不识马，眼看骐骥如驽骀。
> 先生今年四十四，才似皋夔胡为哉？
> 泰山山下水照石，溪声潋潋白云堆。
> 我居其间构茅屋，先生先生归去来！[1]

在诗中，石介表达了邀请孙复泰山讲学的愿望。与孙复商量并征得其同意后，石介遂筑室泰山，为孙复讲学服务。石介此举既为兴复"斯道"，又出于替孙复生计打算。不久，为重建师道，石介又拜孙复为师，孙复也当仁不让地欣然接受。

孙复比石介年长十四岁，此时在学术造诣上也小有名气。石介不惜以进士之身师事孙复，为其在泰山建书院，除了有共同的志向和奋斗目标——兴复"斯道"外，还因孙复已在鲁地游学施教多年，有了一定的基础，当然更重要的是出于对孙复学说的敬仰。这时孙复的思想虽未成熟，但已初具规模。政治上，孙复强调大一统秩序，高唱"尊王攘夷"；文学上，提倡古文，致力于"文统"建设；思想上，排斥佛、道，强调"道统"和儒家伦理秩序。这些学说带有很强的现实针对性，具有很大的鼓动性。

---

[1]〔宋〕石介：《徂徕石先生文集》卷二《赠孙先生》，第18页。"先生先生归去来"，景印文渊阁四库本作"好与先生归去来"。

（二）泰山书院与徂徕书院

钱穆说与宋儒"相随并盛的，则有'书院制度与讲学风气'"[1]，认为书院是宋学精神之体现："宋学精神，厥有两端。一曰革新政令，二曰创通经义，而精神之所寄则在书院。"[2]实际上，宋代新儒家的产生、新儒学的兴起都与书院活动有着极为密切的关系，在某种程度上甚至可以认为宋初的书院讲学是孕育新儒学的温床。清初学者全祖望的一段话能够很好地说明这一论点。他说：

> 有宋真、仁二宗之际，儒林之草昧也。当时濂、洛之徒方萌芽而未出，而睢阳戚氏（同文）在宋，泰山孙氏（复）在齐，安定胡氏（瑗）在吴，相与讲明正学，自拔于尘俗之中。亦会值贤者在朝，安阳韩忠献公（琦）、高平范文正公（仲淹）、乐安欧阳文忠公（修）皆卓然有见于道之大概，左提右挈，于是学校遍于四方，师儒之道以立。而李挺之（之才）、邵古叟（邵雍父，古叟当为天叟）辈共以经术和之。说者以为濂、洛之前茅也。[3]

在全氏看来，戚、孙、胡的讲学活动及其后的天下兴学是濂、洛等理学之徒萌发的催化剂，很有道理。

仁宗景祐二年（1035），在石介积极奔走和筹划下，孙复终于

---

[1] 钱穆：《中国文化史导论》，商务印书馆1994年版，第181页。
[2] 钱穆：《中国近三百年学术史》，中华书局1986年版，第6页。
[3] ［清］黄宗羲、全祖望：《宋元学案》卷三《高平学案》，第134页。

再次来到泰山，从此开始了招生授徒、创办书院的活动。此时范仲淹在苏州创办郡学，聘胡瑗"为苏州教授，诸子从学焉"。于是，南北遥相呼应，共同致力于重建师道、营造奠定有宋一代学术风气的活动。

孙复一到泰山，即投入授徒教学的教育实践，求学者络绎不绝。为此，石介特赋长诗一首以记其胜：

> 凤凰飞来众鸟随，神龙游处群鱼嬉。
> 先生道德如韩孟，四方学者争奔驰。
> 济北张洞壮且勇，楚丘李缊少而奇。
> 二子磊落颇惊俗，泰山石介更过之。
> 三人堂堂负英气，胸中拳挛蟠蛟螭。
> 道可服兮身可屈，北面受业尊为师。
> 先生晨起坐堂上，口讽《大易》《春秋》辞。
> 洪音琅琅响齿牙，鼓簧孔子兴宓羲。
> 先生居前三子后，愃愃如在汾河湄。
> 续作六经岂必让，焉无房杜廊庙资。
> 吁嗟斯文敝已久，天生吾辈同扶持。
> 二子勉旃吾不惰，先生大用终有时。
> 当以斯文施天下，岂徒玩书心神疲。[1]

---

1 ［宋］石介：《徂徕石先生文集》卷二《乙亥冬，富春先生以老儒醇师，居我东齐，济北张洞明远、楚丘李缊仲渊，皆服道就义，与介同执弟子之礼，北面受其业。因作百八十二言相勉》，第19—20页。"琅琅"或作"朗朗"，"宓"或作"伏"。

书院成立之初，即定下了远大的目标：拯救"斯文"之弊，扶持圣人之道。这与其他书院"徒玩书心神疲"有着根本的区别。在诗中，石介特别点出两人，即济北张洞和楚丘李缊，张、李二人与石介一道日后成为孙复学说最为坚定的支持者与拥护者。

泰山书院初址位于泰山何处，金人党怀英追忆说："初，两先生筑室泰山下，以为学馆，属大辟岳祠，墉基甫迫，乃北徙山麓，而以旧馆为柏林地，岁分施钱，为养士之费。"[1]最初，学馆位于泰山脚下，后扩建东岳庙，并移馆于此。旧馆址废弃后用以耕种和栽植松柏，作为师生生活之资。

书院初期极为简陋，石介有诗曰："秋阴闭秋色，何处动悲凉。有叟傅岩隐，明时潘鬓苍。残书几箧蠹，寒菊半篱荒。惟学《春秋》者，时时到草堂。"[2]秋色、残书、寒菊、篱荒、草堂等道出泰山书院初时的荒凉。尽管如此，仍有不少从学者"时时到草堂"，于萧瑟中显露着生机。这时书院规模尚不算大，"草堂"也许正是其初始之名。

但是两三年间，随着四方求学弟子的不断增多，"草堂"已不能满足需要。景祐四年（1037）九月，在石介以及其他诸生弟子的支持下，书院再建新馆。第二年正月落成，孙复特别高兴，将其命名为"信道堂"，并作文以记之，铭曰：

---

1 ［金］党怀英：《鲁两先生祠记》。转引自［清］杜诏等《山东通志》卷三十五之十九上，《景印文渊阁四库全书》（541 册），第 663 页。
2 ［宋］石介：《徂徕石先生文集》卷四《和马寺丞秋日寄明复先生》，第 41 页。

第四章 孙复、石介复兴儒学的实践

> 吾学尧、舜、禹、汤、文、武、周公、孔子、孟轲、荀卿、扬雄、王通、韩愈之道三十年，处于今之世，故不知进之所以为进也，退之所以为退也，毁之所以为毁也，誉之所以为誉也。其进也，以吾尧、舜、禹、汤、文、武、周公、孔子、孟轲、荀卿、扬雄、王通、韩愈之道进也，于吾躬何所进哉？其退也，以吾尧、舜、禹、汤、文、武、周公、孔子、孟轲、荀卿、扬雄、王通、韩愈之道退也，于吾躬何所退哉？其见毁也，以吾尧、舜、禹、汤、文、武、周公、孔子、孟轲、荀卿、扬雄、王通、韩愈之道见毁也，于吾躬何所毁哉？其获誉也，以吾尧、舜、禹、汤、文、武、周公、孔子、孟轲、荀卿、扬雄、王通、韩愈之道获誉也，于吾躬何所誉哉？故曰：圣贤之迹，无进也，无退也，无毁也，无誉也，唯道所存而已。[1]

在文中，孙复明确表达了自己立身处世和传道授业的人生志向都是基于一个"道"字，再次暗示他对圣贤之道的膺服和实践此学说的坚定决心。这一年孙复四十七岁，由此可以推知早在十七岁时他就立志于圣人之"道"。"信道堂"位于"泰山之阳"，即泰山南麓。孙复的门生祖无择也赋诗一首以贺新居：

> 筑室新成日观前，乱云重叠称高眠。
> 人逢扪虱惊旁若，众望乘驹咏贲然。
> 名理静谈谁捉麈，古书闲校自磨铅。

---

[1] [宋]孙复：《孙明复小集·信道堂记》，第175—176页。

>行闻天子东巡狩，羽葆亲临此礼贤。[1]

透过祖诗，可以想见书院新址是一处令学者神往、风景优美的圣地。此后，孙复与众弟子在此静谈名理，研摩经典，名闻天下。

经过五六年的发展，泰山书院成为当时鲁地乃至全国最具影响力的教育机构。康定元年（1040）七月，石介作《泰山书院记》，对书院成立以来，孙复的学术研究、弟子和交游概况做了介绍。在该文中，石介指出孙复是继孟子、扬雄、王通、韩愈之后又一个"贤人之穷者"，他与孟、扬、王、韩等人一样以"道授弟子"，其弟子加上"游从之贵者"，"足以相望于千百年之间矣"：

> 今先生游从之贵者，故王沂公、蔡贰卿、李秦州、孔中丞，今李丞相、范经略、明子京、张安道、士熙道、祖择之；门人之高弟者，石介、刘牧、姜潜、张洞、李缊。

孙复既以其道"授弟子，复传之于书"：

> 作《易说》六十四篇，《春秋尊王发微》十七卷[2]。疑四凶之不去，十六相之不举，故作《尧权》。防后世之篡夺，诸侯之僭逼，故作《舜制》。辨注家之误，正世子之名，故作《正名解》。美出处之得，明传嗣之嫡，故作《四皓论》。

---

1 ［宋］祖无择：《龙学文集》卷二《留题泰山孙明复先生新居》，《景印文渊阁四库全书》（1098册），第796页。
2 陈校本改作"十二卷"，本书在"孙复与《春秋尊王发微》"中对此有专门辨证。

第四章　孙复、石介复兴儒学的实践

这些述作"上宗周、孔,下拟韩、孟",随着这些著作的"大行,其道大耀"。至此,孙复与孟子、扬雄、王通、韩愈等人相比已没有任何缺憾,"是亦为泰,先生孰少之哉!"[1]已完完全全有资格以韩愈之后的"道统"所在自负。从石介作文之名——"泰山书院记"来看,至迟在康定元年(1040),书院已更名为"泰山书院"。庆历二年(1042),孙复赴京任校书郎、国子监直讲,书院停办。

从景祐二年(1035)初建到庆历二年停办,泰山书院前后延续了八年。其间,孙复深入研究儒家经典,广收门徒,讲道授学,为宋代培养了不少人才。所以,这一时期不仅是孙复思想学说系统化和理论化的时期,也是其大规模招收门生传道授业的初始时期。当然,更重要的是营造了师道和学术研究的氛围。朱熹借用程颐"不敢忘'三先生'"之语,正是基于他们创书院、开学风的功绩。

石介徂徕讲学创办徂徕书院约在宝元元年(1038)。这年,推官秩满、迁任节度掌书记的石介[2],以父老体弱代父徙职赴蜀,任嘉州(今四川乐山)军事判官。是年秋,石介抵达嘉州。然而,

---

1 [宋]石介:《徂徕集》卷十九《泰山书院记》,第318—319页。陈校本作"是以为泰山先生,孰少之哉",结合上下文意思,参校景印文渊阁四库全书《徂徕集》、谢维新《古今合璧事类备要·别集》卷十八《徂徕集泰山书院记》[《景印文渊阁四库全书》(941册),第117页]、《宋文选》卷十七《泰山书院记》[《景印文渊阁四库全书》(1346册),第258页]、宋魏齐贤《五百家播芳大全文粹》卷八十六《泰山书院记》(宋刻本),改为"是亦为泰,先生孰少之哉"。

2 [宋]欧阳永叔:《欧阳修全集·居士集》卷三十四《徂徕石先生墓志铭》,第239页。又见《徂徕石先生文集》卷四《予自南京留守推官循资为掌书记,由将仕郎超阶至朝奉郎,得蜀嘉州友人相贺者,因答之》、卷十九《祭堂记》(第58、234页)。

到任后仅月余，继母去世，石介只得匆忙回家奔丧。康定元年（1040），父亲石丙亡故，石介母服未满，又守父丧。至孝的石介在两年内连丧考妣，内心十分痛苦。

从宝元元年（1038）至庆历二年（1042），石介一直在家守孝赋闲。其间，石介在徂徕山创立书院，开门聚徒讲学，以经术（主要是《周易》）教授乡里，鲁人号之曰"徂徕先生"。石介在徂徕讲学与孙复、胡瑗遥相呼应，故后来欧阳修有言曰："东方学生，皆自石守道诱倡，此人专以教学为己任，于东诸生有大功。"[1]又曰："师道废久矣，自景祐、明道以来，学者有师，惟先生（胡瑗）暨泰山孙明复、石守道三人。"[2]宋人刘一止也说：此前学子"狃于故学，士鲜知经。且师道之废，实自前世，未有杰然兴起之者。至明道、景祐间，海陵胡公先生与泰山孙明复、徂徕石守道，皆以所学教授弟子……自是天下之人，始知尊德而隆师，士皆知仁义、礼乐之说，为足以诚身而格物。其学问之成，为时显用，翊赞治道，见于嘉祐、治平之间者，不可概举"[3]。

石介徂徕讲学和徂徕书院的具体情况由于史籍阙如，今已完全不可考。其间从学者亦不少，门人高弟者有杜默、李常、张绩等人，笔者将在本书的"弟子承传"篇做详细论述。徂徕书院在当时有很大的影响，南宋著名诗人范成大称"始诸郡未命教时，天下有

---

[1] ［宋］欧阳永叔：《欧阳修全集·书简》卷三《答孔嗣宗》，第1300页。
[2] ［宋］欧阳永叔：《欧阳修全集·居士集》卷二十五《胡先生墓表》，第178页。
[3] ［宋］刘一止：《苕溪集》卷二十二《吴兴郡学重绘三礼图记》，《景印文渊阁四库全书》（1132册），第120—121页。

第四章　孙复、石介复兴儒学的实践　｜　175

书院四：徂徕、金山、岳麓、石鼓"[1]。徂徕书院位居当时各大书院之首，足见其规模、影响。

孙复、石介在泰山、徂徕两书院的讲学前后延续八年之久，在中国古代教育史和书院发展史上占据着极为重要的地位。笔者认为，他们讲学内容主要包括三个方面。一是儒家经典，特别是《春秋》《周易》，这是他们讲学的主体。他们在讲论儒家经典时已抛弃汉唐儒者所孜孜的章句训诂之学，而以阐发大义为主，并对经典传注的不合理成分展开批判和否定。二是抨击佛、道及时文。作为儒者和"道统"的继承人，他们认为排斥以佛、道、时文为代表的异端思想是自己与生俱来的神圣使命。三是激论时政。他们不仅以清议干时政，还对唐末、五代以来人心不古、纲常紊乱、政治混乱、社会失序等各类不合理的社会现象进行了猛烈的批判。除此之外，孙复、石介讲学内容还涉及日常生活的方方面面，如为人处事、道德修养等等。在教学形式上，他们以主讲为主，配以诸弟子的质疑问难，"早到茅庐慰孤淡，《易》爻重待共参微"[2]。他们还邀请与之交往的社会名流到书院讲学。

泰山书院与徂徕书院不仅是传道授业的教育机构，还是孙复、石介及其弟子从事学术研究活动的场所。它已成为宋初鲁地甚至是整个山东地区、京都东部地区的学术文化中心，在很大程度上弥补了官学颓废与匮乏的严重不足，给宋初教育界增添了无限的活力与

---

1 ［宋］范成大：《范成大笔记六种·骖鸾录》，中华书局2002年版，第55页。
2 ［宋］石介：《徂徕石先生文集》卷四《伯升病（归），君逢、遵道送归》，第50页。

动力。

孙复、石介创办书院、聚徒讲学的实践，是宋代早期儒者创办书院活动的有益探索，构成宋代新儒学兴起的活水源头。作为复兴儒学的直接实践，孙、石的书院讲学活动为改变唐末五代以来的颓废学风、倡明师道、复兴儒家的原始精神以及与佛、道做斗争等方面做出了巨大的贡献。一百八十多年后，即南宋理宗宝庆三年（1227），魏了翁在为嘉州石介祠堂记铭时对孙复、石介创办书院、兴复师道之功做了高度评价："天圣以前，师道久废，自先生（石介）从孙明复氏，执礼甚恭，东诸生始知有师弟子。自先生覃思六经，排抵二氏，东诸生始知有正学。"[1] 钱穆则在《中国文化史导论》中对包括孙复、石介在内的宋代新儒者书院讲学的功绩给予充分肯定："中国新儒家（即指宋代新儒家），以书院自由讲学为根据，一面代替宗教深入社会，一面主张清议上干政治"，"新的平民学者再起，这即是宋代的新儒家。他们到处讲学，书院林立，儒家思想恢复了他的平民精神，他遂重新掌握到人生大道的领导权，寺院僧侣自然要退出一隅"。[2]

（三）交游及书院影响的扩大

孙复、石介在鲁地讲学期间，一方面从事传道授业和研摩经典的教学、学术活动；另一方面又广泛地结交朝野儒官、文人，积极

---

[1] ［宋］魏了翁：《鹤山集》卷四十八《徂徕石先生祠堂记》，第540页。
[2] 钱穆：《中国文化史导论》，第190、181页。

地宣传自己的学说和扩大书院的影响。

石介在《上杜副枢书》一文中称：孙复在泰山，"与往来游好者，故王沂公（王曾）、蔡贰卿（蔡齐）、李秦州（李纮）、孔给事（孔道辅），今李丞相（李迪）、范经略（范仲淹）、张杂端（概指张安石）、明子京（明镐）、富彦国（富弼）、士建中、张方平、祖无择"[1]。康定元年（1040），石介在《泰山书院记》中又谓："今先生（孙复）游从之贵者，故王沂公、蔡贰卿、李秦州、孔中丞（孔道辅），今李丞相、范经略、明子京、张安道（张方平）、士熙道（士建中）、祖择之（祖无择）。"[2] 以上所列人物，都与孙复较为熟识，大部分与石介也有着密切的交往。下面择其重要者，做一简要介绍。

石介初入仕途，结识了一位对其以后治学和为政影响较大的人物，即三朝硕儒孙奭。孙奭以经术进，守道自处，即有所言，未尝阿附取悦。其性方重，事亲笃孝，父亡，舐其面以代颒。常掇《五经》切于治道者，为《经典微言》五十卷。撰有《崇祀录》《乐记图》《五经节解》《五服制度》等。又曾奉诏与邢昺、杜镐等人校定诸经正义，考订《尚书》《论语》《孝经》《尔雅》等谬误。

天圣九年（1031）七月，翰林侍讲学士兼龙图阁学士、兵部侍郎孙奭以年老知兖州[3]，第三年，即明道二年（1033）春，以太子

---

1 ［宋］石介：《徂徕石先生文集》卷十四《上杜副枢书》，第159页。
2 ［宋］石介：《徂徕石先生文集》卷十九《泰山书院记》，第223页。
3 ［宋］李焘：《续资治通鉴长编》卷一百十《仁宗天圣九年秋七月》，第2564页。

少傅致仕归故里郓州[1]。担任郓州推官的石介因工作之便得以结交这位硕儒，并陪他度过了人生的最后一站。孙奭对石介特别信任与器重，在兖州时即让石介代其作致仕奏折，归家宴请宾客、乡人也由石介作陪，临终前还交代子孙请石介草拟遗书。孙奭为侍讲时，"日以孔子之六经，尧、舜、禹、汤、文、武、周公之道说于上前，以辅圣德"[2]，其道德、学识，以及虽年老体弱仍不忘恤民，联合兖州、郓州、齐州等州诸县开新济河纾水患造福桑梓的义举，等等，都是石介学习的榜样和日后奋斗的方向。孙奭的致政还乡为踌躇满志、初入仕途的石介上了生动的一课。

王曾（978—1038），字孝先，青州益都（今山东青州市）人。少孤，由仲父王宗元抚养长大，从学于里人张震，善为文辞。咸平五年（1002），乡贡试、礼部廷对皆第一。累官至右仆射兼门下侍郎、平章事、集贤殿大学士，封沂国公。

由石介《上王沂公书》推断，石介结识王曾比孙复早，可能是在王曾罢相判青州之时。"顷年（往年），相公镇守青土，介尝一拜麾下，后一年，相公移镇大魏，道出于郓，介时为郓吏，复一谒

---

[1] 石介《释疑》："其年（天圣八年）冬，命门人郭稹草疏三通，引年告归，其辞激切。明年（天圣九年）春，以三疏连上，天子不许去，诏断来章。公既不得谢，亦不欲留，又上两封，求守故郡，遂迁工部尚书知兖州。……至鲁之明年（明道元年）夏，复命郡人石介作奏两本。……秋，将奏上，会国有大灾，不果上。明年（明道二年）春，遂（四库本多'请'字）奏入，天子察公之诚，度不可夺，乃以太子少傅致仕。"（《徂徕石先生文集》卷九，第100页）

[2] ［宋］石介：《徂徕石先生文集》卷十九《新济记》，第227页。

路左……在青与郓,相公俱赐燕坐,教以仕宦为政之大方。"[1]王曾罢相守青州,发生在仁宗天圣七年(1029)六月。"甲寅,门下侍郎、兼吏部尚书、平章事王曾罢为吏部尚书,知兖州。……会玉清昭应宫灾,曾以使领不严,累表待罪,乃罢相出守。寻改青州。"[2]此时,石介尚未中举,但已初露头角,在乡里小有名气,加上石介善于交结,王曾又能提携后进,二人遂相熟。石介一拜王曾麾下,而王曾亦授介为官之道。在青州,王曾"沿三代明王之作,取古者家有塾、党有庠、术有序、国有学之制"[3],兴学立本,并上书仁宗乞赐学名、公田和九经书[4]。十年后,州学大兴,石介特作《青州州学公用记》,以记此盛事。[5]天圣八年(1030),石介中举被授予郓州观察推官,不久王曾改判天雄,途经郓州,石介躬往迎送。正是因为和王曾的熟识,才会有后来石介遇难,王曾极力相救一事。[6]

---

[1] [宋]石介:《徂徕石先生文集》卷十四《上王沂公书》,第165页。
[2] [宋]李焘:《续资治通鉴长编》卷一百八《仁宗天圣七年六月》,第2517—2518页。
[3] [宋]石介:《徂徕石先生文集》卷十九《青州州学公用记》,第224—225页。"沿三代明王之作",景印文渊阁四库全书作"法三代明王之制"。
[4] 《徂徕集·青州州学公用记》:"故仆射相国沂公,初作青州州学成,奏天子,天子赐学名,且颁公田三十顷。"又《续资治通鉴长编》:"赐青州州学《九经》书,从王曾之请也。"(卷一百十《仁宗天圣九年三月》,第2555页)
[5] 《青州州学公用记》:"公患田少不足,又傍学作屋百二十间。岁入于学钱三十一万。逮今十稔,学益兴而士倍多。"(《徂徕石先生文集》卷十九,第224页)
[6] 欧阳修《上杜中丞论举官书》:"今闻其罢,皆谓赦乃天子已行之令,非疏贱当有说,以此罪介,曰当罢。修独以为不然。然不知介果指何事而言也?传者皆云:'介之所论,谓朱梁、刘汉不当求其后裔尔。'若止此一事,则介不为过也。"又《上王沂公书》:"介又尝上疏天子,妄议赦书,帝赫斯怒,祸在不测,相公从容救解,不置于法。"(《徂徕石先生文集》卷十四,第165页)

景祐四年（1037）四月，王曾再罢相，判郓州。[1]到任后，王曾以老迈之躯（时年六十岁），不废政事，积极为郓州立学[2]，投身地方教育事业，不可避免地会对鲁地出名的教育家产生浓厚的兴趣。这时，孙复已在泰山兴学授徒，四方学者辐辏，声名远扬。很可能是在这一时期，孙复与王曾开始交往，并且建立了十分亲密的关系。石介将其列入孙复"往来游好者"之首位，除了资历的原因外，还在于交往程度之深。虽罢相，但仍打算以自身的知名度和作为当朝元老的身份向朝廷荐举孙复。不幸的是，在第二年冬天，即宝元元年（1038）十一月，王曾去世，这件事情遂不了了之。[3]

蔡齐（988—1039），字子思，祖籍洛阳，曾祖蔡绾任莱州胶水（今山东平度）令时，举家迁徙至此。蔡齐少孤，由母家抚养长大。大中祥符八年（1015），蔡齐举进士第一，真宗见后，对宰相寇准说："得人矣。"特给七驺，出两节传呼。蔡齐仪状俊伟，举止端重，有风采，不妄言，自初仕未尝至权门，历官龙图阁学士、权三司使、枢密副使、礼部侍郎、参知政事。

蔡齐考中状元后，即被授予将作监丞、通判兖州，后徙潍州，至天禧二年（1018）十二月始被召回京。[4]蔡齐本山东人，入仕后，

---

1 [宋]李焘：《续资治通鉴长编》卷一百二十《仁宗景祐四年夏四月》，第2826页。
2 《题郓州学壁》："沂公之贤，人不可及。初罢相，知青州，为青立学。移魏，为魏立学。再罢相知郓州，为郓立学。两罢相为三郡，建三学，沂公之贤，人不可及。"（《徂徕石先生文集》卷九，第99页）
3 《上杜副枢书》："沂公、蔡（齐）、孔（道辅）意尤厚，未及言而没。"（《徂徕石先生文集》卷十四，第159页）
4 [宋]李焘：《续资治通鉴长编》卷九十二《真宗天禧二年十二月》，第2131页。

齐鲁又是其为官的第一站，在此任官几近四年，对这里有着深厚的感情。此时，孙复正辗转求学，忙于仕途，可能尚未来到鲁地，而石介仅十三四岁，尚年少不更事。

仁宗天圣六年（1028）七月丙辰，因得罪太后，蔡齐被黜知河南府，寻以亲老改知密州[1]，再徙应天府，明道（1032—1033）初被召归任右谏议大夫、御史中丞。这时孙复、石介先后游学于应天府府学，可能于此时孙、石二人得以结识蔡齐。

《徂徕集》中，有两封石介给蔡齐的上书。第一道是《上蔡副枢书》，时蔡齐担任枢密副使，大概在明道二年（1033）至景祐二年（1035）间。石介作此书，乃是请求蔡齐能够向朝廷推荐士建中。在该文中，石介对士建中的为学方向和述作做了介绍，并阐发了自己的"道统"思想和斥时文、倡古文的主张。

第二封信为《上颍州蔡侍郎书》，作于蔡齐被贬至颍州时。景祐四年（1037）四月，王曾罢相，时为资政殿学士、礼部侍郎、参知政事的蔡齐因与王曾素善，罢为户部侍郎，归班，[2]寻出知颍州。写这封信时，石介正在代父赴蜀任职的途中，"今西走蜀四千里，不敢以跋涉为劳，以平生未得一登阁下之门为恨！"但宝元二年（1039）四月，蔡齐去世，石介最终未能实现登门造访的愿望。石

---

[1] ［宋］李焘：《续资治通鉴长编》卷一百六《仁宗天圣六年秋七月》，第2477页。
[2] 《续资治通鉴长编》卷一百二十《仁宗景祐四年夏四月》作"罢为吏部侍郎，归班"（第2826页），结合卷一百二十三《仁宗宝元二年夏四月》"辛巳，颍州言户部侍郎蔡齐卒"（第2903页）和《宋史》卷二百八十六《蔡齐传》"王曾与齐善，曾与夷简不相能，曾罢相，齐亦以户部侍郎归班"（第9637页），可知言吏部侍郎为误。

介作此书，是为了答谢蔡齐对自己的关心和告诫。"冬集至阙下，有人密道阁下之语于介者，箴规训诫，丁宁切至，如听箕子《皇极》之义，若闻子思《中庸》之篇，释然大觉前日之非。"[1] "前日之非"不知为何事，但结合石介此书上下文对自己刚烈性格的论述，可能是不久前石介又出"直言"，蔡齐遂谆谆告诫他取中庸之道，并借他人之口代传于石介。

《徂徕集》载，蔡齐和王曾一样，也有向朝廷推荐孙复之意，"沂公、蔡（齐）、孔（道辅）意尤厚，未及言而没"，但是王曾去世后尚不到半年，蔡齐也去世了，都未来得及言于朝廷。

孔道辅（986—1039），字原鲁，初名延鲁，孔子四十五代孙。石介赞誉他"知道蹈仁义，能说言极谏，有王臣謇謇之风。由正言至大夫，历三谏官，又待制龙图阁，又为龙图直学士，再为御史中丞，其操守甚坚，始终不渝"[2]。《宋史》也谓："道辅性鲠挺特达，遇事弹劾无所避，出入风采肃然。"[3]

明道二年（1033），时为右谏议大夫、御史中丞的孔道辅与谏官孙祖德、范仲淹、宋郊、刘涣，御史蒋堂、郭劝、杨偕、马绛、段少连等十人，联名上书反对仁宗废郭皇后，结果遭贬泰州，不久又徙徐州。从景祐二年（1035）孔道辅由徐州徙知兖州，到宝元元年（1038）十二月，由兖州入朝为御史中丞，他在家乡兖州待了近

---

1 ［宋］石介：《徂徕石先生文集》卷十七《上颍州蔡侍郎书》，第206—207页。
2 ［宋］石介：《徂徕石先生文集》卷九《明孔》，第99页。
3 ［元］脱脱等：《宋史》卷二百九十七《孔道辅传》，第9885页。

四年的时间。[1]因仰慕孙复的道德人品和学识，其间孔道辅两次亲到泰山下拜见孙复，"公两就见于山下"。

孔道辅拜见孙复时的场面，后来由欧阳修在《孙明复先生墓志铭》中记录了下来，只见"（石）介执杖屦侍左右，先生坐则立，升降拜则扶之。及其往谢也，亦然。鲁人既素高此两人，由是始识师弟子之礼，莫不叹嗟之"。寥寥数笔，却传神地刻画出一个尊师重道的形象。孔道辅被孙、石二人尤其是石介重建师道的实践所感动，所以其"每见先生（孙复），夔夔以谨，恂恂以怿，如执弟子礼"。不但如此，他还特"作诗亲书刻石，留于屋壁"，以扩大泰山书院的声誉。作为龙图阁直学士和圣人的后代，孔道辅没有因自己的身份而小觑屡次科举不第的孙复和位卑于己的石介，不但以君子之礼甚至是师生之礼相待，在生活上还给予他们无微不至的帮助，"岁时送衣服、肴醴、薪刍、麦稻不阙"。孙复、石介对孔道辅也很敬重和推崇。石介作有《明孔》和《上孔中丞书》，以赞扬孔氏礼贤士人和耿介直道的高尚品格。"人言公（孔道辅）事君、事父、事先生尽礼，其以师尊先生乎？在三之义，惟公备焉。"[2]又曰："阁下（孔道辅）圣人之后，又能得圣人之道，以方重刚正、

---

1 《宋史》孔道辅本传作"三年"，但按照《续资治通鉴长编》的记载不止三年。《长编》卷一百十七《仁宗景祐二年》谓："（八月）已卯，右谏议大夫、知兖州孔道辅为龙图阁直学士。"（第2754页）所以，至迟在本年八月孔道辅已开始判兖州。又《长编》卷一百二十二《仁宗宝元元年》："（十二月）甲戌，龙图阁直学士、给事中、知兖州孔道辅入为御史中丞。"（第2887页）据此可知，孔道辅至少知兖州三年零四个月。

2 ［宋］石介：《徂徕石先生文集》卷九《明孔》，第98—99页。

公忠清直,烈烈在于朝,为天子献可替否,赞谋猷,持纲纪……忠鲠谠直,謇謇敢言,触龙逆鳞,不避诛死。"[1]

前文已言,作为孔子后代,孔道辅是一位以行圣人之道为己任的儒官。他在祖庙中构五贤(孟子、荀子、扬雄、王通、韩愈)堂,绘五贤像而祠之;又在邹县建孟庙,以实际行动肯定孟子对孔门的贡献,并请孙复作文以记之。这为以后政府层面的祠孟祭孟做了舆论和实践铺垫。所以,孙复兴奋地说:"吾辈得不奔走于墙藩之下,一拜龙图公之贤哉!"[2]

孔道辅与孙复、石介每次会面时,"终日谈惟尧、舜、周、孔之道,不敢及它"[3],因此他们之间的关系已不能简单地用"朋友"二字来概括,而是在倡"斯道"、行"斯道"和建立师道上精诚合作、并肩前驱的挚友。宝元二年(1039)十二月,入朝为御史中丞不久的孔道辅被贬知郓州,赴任途中"尽瘁感病",带着无限的愤慨和遗憾离开了人世。[4]闻此,石介怀着悲恸的心情写下《祭孔中丞文》:

大冬残腊,风号云咽。

节物惨淡,心肝摧折。

炉烟氤氲,樽酒冷烈。

---

1 [宋]石介:《徂徕石先生文集》卷十三《上孔中丞书》,第148—149页。
2 [宋]孙复:《孙明复小集·上孔给事书》,第173页。
3 [宋]石介:《徂徕石先生文集》卷九《明孔》,第98页。
4 [宋]张宗益:《宋守御史中丞赠太尉孔公后碑》,见《全宋文》卷三五九《张宗益》,第300页。

> 享诚不享味，公来降兹。[1]

孔氏的逝世，对于孙、石来说是个很大的打击，使他们失去了一位在朝奋勇向前、大声呐喊呼应的行"道"战友。

李迪（971—1047），字复古，濮州鄄城（今山东鄄城）人，少从柳开学古文。柳开称赞他说："公辅材也。"真宗景德二年（1005），举进士第一。其一生为官四十三年，先后四次被贬判兖州。

孙复、石介何时与李迪开始交往，从现有的资料中已很难考证。《徂徕集》中的《上范中丞书》是现存最早的一封石介提到李迪的书信。这封书信是写给御史中丞范讽的，写作年代应是仁宗明道二年（1033）五月九日。

明道二年四月，皇太后崩驾，仁宗亲政。仁宗亲政后，第一件事就是铲除亲附于皇太后的官僚系统，建立新的行政班子，并颁布了一系列革新吏治的举措，任命资政殿大学士、工部尚书、判尚书都省李迪为丞相，天章阁待制、青州牧范讽为御史中丞。时任郓州观察推官的石介，听到这个消息后十分兴奋，又听说刚被任命的御史中丞范讽自青州回京将要途经郓州，特作《上范中丞书》。

范讽，字补之，齐州人，其父范正辞以治《公羊传》《穀梁传》登第。范讽先以荫补将作监主簿，后举进士第，历尚书礼部员外

---

[1] [宋]吕祖谦：《宋文鉴》卷一百三十三《祭孔中丞文》，《景印文渊阁四库全书》（1351册），第520页。

郎兼侍御史知杂事、天章阁待制、龙图阁直学士权三司使、御史中丞。范讽本山东人,与李迪友善,又曾判淄州、郓州、青州、兖州,基于此,其与孙复、石介尤其是姜潜均有一定的交往。[1]石介的《上范中丞书》《上范青州书》,以及《上郭殿院书》《上李杂端书》等,或直接呈给范讽,或间接提到范讽。

在《上范中丞书》中,石介对仁宗亲政、任贤、除弊和将来的形势发展充满希望,他形容自己当时的心情犹如"耳目如豁聋瞽,心意祛积滞,踊跃奋悚,不能制其喜",天下大势若久旱逢甘雨,"士走诸朝,吏走诸府,商走诸市,农夫走诸野,皓白之老,三尺之童,鼓舞欢欣,腾跃道路",完全是一派升腾兴旺的景象。在信中,他对丞相李迪和范讽给出高度的评价:"惟相国耆德宿望,忠诚正气,能耐久不变,终升大辅。惟中丞大节直道,危言敢谏,能守正不挠,自结明主,简在帝心,符于物望。人神上下,胥相协庆,穷天之垠,合亿万口,并亿万心,如一心,如一口,无(一)人异辞者"[2],"河阳旧相李公,先朝元老,四海具瞻,乃召归中书执政事","青州牧、天章阁范公忠亮骨鲠,本朝名臣,乃引入御史府为中丞"[3],并将二人比作"太宗之房、魏,明皇之姚、宋",认为

---

1 [宋]李焘:《续资治通鉴长编》卷一百二十《仁宗景祐四年秋七月》:"始范讽责授武昌行军司马,会乙未赦书,落责授,徙保信,听居舒州,既遭母丧,于是许归齐州持服。讽日饮酒自纵,所与游者,辄慕其所为,时号'东州逸党',颜太初作《逸党诗》以刺之,而姜潜亦尝贻书以疏其过。潜,奉符人也。"(第2834页)
2 [宋]石介:《徂徕石先生文集》卷十二《上范中丞书》,第130—132页。
3 [宋]石介:《徂徕石先生文集》卷十二《上郭殿院书》,第133页。

第四章 孙复、石介复兴儒学的实践

在他们的辅佐下，"淫靡蠹人文，佛、老害政教，兴作夺农时，土木耗民财……刺史多轻授，县令多非人，良直多泥埋，奸赃多旌擢……中贵人党盛千余年，口含天宪，手握王爵，出入内外，权倾四海。天子之命，不出于轩墀之上，而出于房闼；天下之政，不出于廊庙之间，而在于阉寺。……岁旱久不雨，螟虫久为灾，天下民阻饥而且将死"[1]等各种混乱无序的现象行将结束，贞观、开元的治世即要来临："太平之政，赫然以新；三王之风，延颈可待。"[2]

此前李迪已三次被贬职兖州，他在兖州的政绩已具明其贤愚与否，如今仁宗起用他和一系列革新举措更加强化了石介对他的认识，不然石氏也不会在给第三者的信件中直言盛赞他。

石介亲呈李迪的信札写于宝元二年（1039）十月，这是李迪第四次也是最后一次被贬判兖州。这年五月，石介曾到丞相府中，受到了和过去一样的款待。有感于李迪在兖州的德政，石介特写了这封名为《谢兖州李相公启》的信函："介五月中过府中，得获恭觐，伏蒙相公恩遇如常，介不胜感铭之至。恭以相公之德，兖州之人衣食之矣。"[3]

孙复和李迪的交往见于记载的仅有一次，即李迪最后一次判兖州，亲至泰山拜见孙氏并把侄女嫁给他。

古人有云，大丈夫先立业后立家，这一点在孙复身上表现得可

---

1 ［宋］石介：《徂徕石先生文集》卷十二《上范中丞书》，第130—132页。
2 ［宋］石介：《徂徕石先生文集》卷十二《上郭殿院书》，第134页。
3 ［宋］石介：《徂徕石先生文集》卷二十《谢兖州李相公启》，第240页。

谓淋漓尽致。入讲泰山书院之前，由于经济条件不允许，孙复到处漂泊流浪，一直过着无"羁缚"的单身生活。但到泰山后，已年逾四十岁的他，仍然不愿谈论此事，这使学生们甚为着急。

围绕老师的娶妻立家，书院的门生弟子倾注了最大的热情。在孙复娶妻前，门人书信往来涉及最多的除"道"外，就是他的室嗣问题。张洞与石介谈论此事时，甚至不禁"相对泣下"，足见关心程度之深。在此问题上，石介表现得最为积极，言辞也最为激烈。他认为先生不娶、不立家，已不仅仅是先生个人的事情，而是"朋友门人之罪"，所以其时时都在思考"得与数君子同力成先生一日事"，"为先生择善良以侍巾栉，然后为先生筑室于泰山、徂徕间"。[1] 在石介看来，这是作为学生对老师所能尽到的一点微薄关怀。石介之所以非常关心此事，不仅因为孙复是他的老师，还在于婚姻立家乃是"人道"之大事。

> 人道之大，莫大于继嗣，故圣人重之。父以继祖，子以继父，孙以继子，相继而万世不绝。故宗庙常血食，而四时无废飨。古之圣人，莫如伏羲，莫如神农，莫如黄帝，莫如尧，莫如舜，莫如禹、汤、文、武、周公、孔子，兹十一圣人皆娶，所以重继嗣。且圣人之道非它，人道也。人道非它，君臣也，父子也，夫妇也。不娶则是灭父子也。灭父子，则是灭君臣也。夫妇、父子、君臣灭，则人道灭矣。先生娶，所谓

---

[1]〔宋〕石介：《徂徕石先生文集》卷十五《上孙先生书》，第183页。

道也。……吁！先生学周（公）、孔（子之道者）也，苟周公、孔子皆不娶，先生不娶可矣。而周公、孔子娶，先生何得而不娶也？先生不娶，则是灭人道也。舜为大孝，告父则不得娶，不告父而娶。孟子是之。舜，大圣人也。孟子，大贤人也。舜娶，孟子言是。是一圣一贤，必非有差谬矣。[1]

以儒家的观念来看，娶妻、继嗣乃是人伦之本，先生不娶，正是灭人伦，如此何以为人师，更不用说行圣人之道了。这是宋初致力于重建纲常伦理的儒者基本上认同的。石介把这样一个嫁娶问题提升到道的高度论述，鞭辟入里，论证充分。

宝元（1038—1040）、康定（1040—1041）之际，知兖州的李迪闻孙复在泰山聚徒讲学，四方学子奔走不暇，遂亲往泰山拜会。孙复孑然一身，"寒饿山谷，鬓发皆白，干枯憔悴，藜藿不充"，如此困苦的情况下仍矢志于"斯道"不渝，李相国深为感动，决定助孙复谋一家室，就对孙复说："'五十始衰'，又'五十异粻'，明其衰则养要厚也。先生五十矣[2]，一室独居，不幸风寒疾病，饮食医

---

[1] ［宋］石介：《徂徕石先生文集》卷九《明隐》，第95—96页。
[2] 孙复此时尚不足五十岁。李迪最后一次知兖州的具体时间不可考，李焘《续资治通鉴长编》卷一百二十三《仁宗宝元二年》有"夏四月辛酉朔，新知兖州李迪加资政殿大学士"（第2901页）之语，知宝元二年（1039）李迪刚到兖州不久；又《长编》卷一百二十七《仁宗康定元年》谓：五月，"资政殿大学士、户部尚书李迪为彰信节度使，知天雄军"（第3010页），所以至迟在康定元年（1040）年四月，李迪应已不在兖州。以此推断，孙复的婚事应该在1039年二月至1040年四月之间，这时孙复的实际年龄是四十八九岁，欧阳修《孙明复先生墓志铭》"先生年逾四十，家贫不娶，李丞相迪将以其弟之女妻之"，亦可佐证。

药,谁事左右?吾观吾女可以奉先生箕帚,主先生医药。"孙复听后受宠若惊,连声谢绝。李迪甚为诚恳,接着说道:

> 吾女舍先生不过为一官人妻,先生盛德,为李氏荣矣!先生固辞,是先生以德自贵,陋吾族也。吾不以两为宰相高先生,吾虽德劣,有能知,先生亦庶几(贤者)矣。先生毋固辞。[1]

孙复仍迟疑不定。李迪走后,石介等弟子劝说道:"公卿不下士,久矣。今丞相不以先生贫贱而欲托以子,是高先生之行义也,先生宜因以成丞相之贤名。"[2] 孙复再三思索,最后自我解嘲说:

> 宰相之女,不以妻王家戚里、贵卿少侯,予寒饿山谷,鬓发皆白,干枯憔悴,藜藿不充,相国于予何取?而固壻(婿)予。况予道未至于古人,直(即)如予之道过于古人,它(他)人谁予顾?相国不爱一女以妻予,古之贤者无有(也),予不可不成相国之贤。[3]

遂答应了这门婚事。

李相国不嫌弃孙复是"寒饿山谷、鬓发皆白、干枯憔悴、藜藿不充"的落魄书生,而认为其道德高迈,非达官贵人可比,将自己

---

[1] [宋]石介:《徂徕石先生文集》卷九《贤李》,第97—98页。
[2] [宋]欧阳永叔:《欧阳修全集·居士集》卷二十七《孙明复先生墓志铭》,第193—194页。
[3] [宋]石介:《徂徕石先生文集》卷九《贤李》,第97—98页。

的侄女嫁于他，充分说明他是一位实实在在的贤者。大概在康定元年（1040），石介特作《贤李》一文，盛誉李相国之贤德：

> 予尝谓相国李公，贤于孟尝、平津。孟尝养客三千人；平津开东阁，自食脱粟饭，推以养士。然皆不闻有贤者。相国养士，固不若孟尝之多、平津之厚。至道、咸平以来，山东文人之杰贾公疏（同）、高公仪（弁）、刘子望（颜）、孙明复。在公疏，则相国师友之；公仪，则相国姻睦之；子望，则相国宾客之；明复，则相国以其弟之子妻之。公疏著书本《孟子》，有《山东野录》数万言。公仪、子望、明复，皆宗周公、孔子。公仪有《帝刑（则）》三篇，子望有《辅弼名对》四十卷，明复有《春秋尊王发微》十七卷，皆荀卿之述作也。四人可谓魁贤大儒，相国俱收之，则相国之贤，视孟尝、平津远矣。

从内容上看，石介作此文的主旨除了感谢李迪成恩师孙复之美，赞扬其道德高尚外，还在于言明孙复接受此婚并非贪图富贵："先生非荣相国之姻，成相国之贤也。噫！相国贤也，受一爱女，岂为泰？相国不贤也，一箪食，一豆羹，先生不受矣！"[1]

王辟之《渑水燕谈录》记载，李相国侄女李氏妻孙复后，"亦甘淡薄，事先生以尽妇道，当时士大夫莫不贤之"[2]。《山西通志》也谓："李归后甘淡薄，事夫尽礼，有荆钗裙布（荆枝作钗，粗布为

---

1 [宋]石介：《徂徕石先生文集》卷九《贤李》，第98页。
2 [宋]王辟之：《渑水燕谈录》卷二《名臣》，第22页。

裙。指妇女贫寒朴素的服饰）风。"[1] 孙复和李迪的姻亲关系加强了泰山书院尤其是孙复、石介与丞相的联系。

范仲淹（989—1052），字希文，苏州吴县（今江苏苏州）人。两岁时，父亲逝世，母亲改嫁长山（今山东邹平境内）朱氏。仲淹少有志操，初在醴泉寺读书，稍长得知身世后，泣别母亲，至应天府师从戚同文。其为学"昼夜不息，冬月惫甚，以水沃面；食不给，至以糜粥继之，人不能堪，仲淹不苦也"。学成出仕，后因母丧去职守制，在此期间，应晏殊之请主持南京（今河南商丘）府学，一时四方学子辐辏。史载范仲淹"泛通六经，长于《易》，学者多从质问，为执经讲解，无所倦。尝推其俸以食四方游士，诸子至易衣而出，仲淹晏如也。每感激论天下事，奋不顾身，一时士大夫矫厉尚风节，自仲淹倡之"[2]。在范仲淹主持应天府学期间或稍后，孙复、石介、胡瑗、李觏等人也先后游学于此，无论是在学识上，还是在人格上，范仲淹对孙复、石介等都产生过一定的影响。

孙复的《孙明复小集》和石介的《徂徕集》中，均保存有他们与范仲淹交往的书信。孙复给范仲淹写过两封信，分别命名为《寄范天章书一》和《寄范天章书二》。第一封信大概作于景祐三年

---

[1] ［清］褚大文等：《山西通志》卷一百五十《列女二·平阳府》，《景印文渊阁四库全书》（547册），第238页。
[2] ［元］脱脱等：《宋史》卷三百一十四《范仲淹传》，第10267—10268页。

（1036）[1]，其目的在于向当时负责国子监的范仲淹推荐士建中和石介。第二封信可能写于庆历新政时期[2]，此时孙复已被范仲淹等人荐举为国子监直讲[3]，"复不佞，游于执事之墙藩者有年矣"。其在国子学一面以经术授生徒，一面为庆历新政制造舆论。凭借多年的教学经验，孙复感到国家教育生徒和科考取士以汉唐注疏为圭臬，根本培养不出有用的人才。"国家以王弼、韩康伯之《易》，左氏、公羊、穀梁、杜预、何休、范宁之《春秋》，毛苌、郑康成之《诗》，孔安国之《尚书》，镂板藏于太学，颁于天下；又每岁礼闱设科取士，执为准的，多士较艺之际，一有违戾于注说者，即皆驳放而斥逐之。……复至愚至暗之人，不知国家以王、韩、左氏、公羊、穀梁、杜、何、范、毛、郑、孔数子之说，咸能尽于圣人之经耶？又不知国家以古今诸儒服道穷经者，皆不能出于数子之说耶？……

---

1 《寄范天章书一》谓"今主上聪明睿哲，绍隆三圣之绪，十有四年"（第169页），这一年正好是仁宗继位14年，即景祐三年。又据李焘《续资治通鉴长编》卷一百十六《仁宗景祐二年》三月，范仲淹自苏州入朝为礼部员外郎、天章阁待制，也与称呼一致。（第2724页）范仲淹此次迁任，缘由不详，李焘自注谓"仲淹自外骤居侍从，必有故，史无其说，或缘富弼上疏也"。孙复《寄范天章书一》则曰："以执事顷居谏职署，多箴规药石之益，亟自苏台召入，将大用之。而执事拜章恳求莅于太学者，斯盖执事不汲汲于富贵，而孜孜于圣贤之教化也。"（第169页）《寄范天章书二》又曰："今执事以内阁之崇，居太学教化之地，是开圣阐幽、芟芜夷乱、兴起斯文之秋也。"（第171—172页）孙复之言或可补史籍之阙。

2 《寄范天章书二》"宋有天下八十余祀"可以为证，又言"主上（仁宗）思复虞、夏、商、周之治道于圣世也，考四代之学，崇桥门辟水之制"（第171页），也与庆历（1041—1048）年间仁宗兴学举措一致。但从文章的思路脉络及行文结构来看，两封书信又似作于同一时期。这里暂取前一种说法，待考。

3 关于范仲淹等人推荐孙复任国子监直讲的详细过程见本书"入讲国子学"。

彼数子之说既不能尽于圣人之经，而可藏于太学、行于天下哉？"所以，他大胆地上书身居显位的范仲淹"亟宜上言天子，广诏天下鸿儒硕老置于太学，俾之讲求微义，殚精极神，参之古今，覆其归趣，取诸卓识绝见，大出王、韩、左、穀、公、杜、何、毛、范、郑、孔之右者，重为批注"。范仲淹亦"病注说之乱六经，六经之未明"[1]，对汉唐注疏的弊病也有一定的认识。再加上孙复等人的影响，遂有范氏上书仁宗谏言变革当前教育模式和取士制度之举。

石介对范仲淹的治术、武功和忧道精神都很推崇，在不少诗作以及与他人的信函中，数次提及范氏，如《上范经略书》《庆历圣德颂》《上郭殿院书》《上李杂端书》等，称其是谏诤之臣、国家栋梁。"阁下智施之四海有余，况一隅哉！……介又观兵兴以来，人多辞劳就逸，惮险苟安，独阁下不爱其身，不顾其家，不惜其禄位，极诚尽节，以必得贼昊后归为心。"[2]但范仲淹并不欣赏石介的性格。庆历新政时，石介作《庆历圣德颂》，颂贤斥奸，泾渭分明，不避锋芒。范仲淹得知后不满地对韩琦说："为此怪鬼辈坏了也。"韩琦也谓："天下事不可如此，如此必坏。"[3]庆历中，欧阳修等人力引石介为谏官，时范仲淹为参知政事，反对说：

> 石介刚正，天下所闻，然性亦好为奇异，若使为谏官，必以难行之事，责人君以必行。少怫其意，则引裾折槛，叩头流

---

1 [宋]孙复：《孙明复小集·寄范天章书二》，第171—172页。
2 [宋]石介：《徂徕集》卷十七《上范经略书》，第198页。
3 [宋]赵善璙：《自警编》卷七《事君类下》，第359—360页。

血，无所不为矣。主上虽富有春秋，然无失德，朝廷政事亦自修举，安用如此谏官也。[1]

石介亲作于范仲淹的信札仅见一封，即《上范经略书》，其目的在于向时任陕西经略使抗击西夏的范仲淹推荐姜潜、张洞、李缊等人。

石介与士建中的友谊也建立在这一时期。士建中，字熙道，郓州须城人[2]，《宋史》无传，曾任尚书郎（尚书兵部员外郎）、屯田员外郎、太常博士、殿中丞等官，六十岁致仕[3]。石介担任郓州推官时，三十六岁的士建中在郓州解试中中第，石介特代郓州通判李若蒙[4]作表举荐士建中，此后又多次上书权臣引荐士建中，如《上蔡副枢书》《上范思远书》《与范十三奉礼书》等。据统计，《徂徕集》中有六十多处十八篇之多直接或间接地提到士建中，足见二人

---

1 [宋]魏泰：《东轩笔录》卷十三，第150页。
2 [宋]刘攽：《学易集》卷八《士补之墓志铭》，《景印文渊阁四库全书》（1121册），第615页。
3 [宋]余靖：《武溪集》卷十《殿中丞士建中可依前官》，《景印文渊阁四库全书》（1089册），第97页。[宋]蔡襄：《端明集》卷十三《追官勒停人屯田员外郎士建中特授太常博士制》，《景印文渊阁四库全书》（1090册），第447页。[宋]刘敞：《公是集》卷四《过士建中屯田居，此君年六十请致仕，所居蔽风雨而已》，《景印文渊阁四库全书》（1095册），第435页。[宋]刘攽：《学易集》卷八《士补之墓志铭》，第615页。[明]陈耀文：《正杨》卷一《士会当作士会》，《景印文渊阁四库全书》（856册），第68页。[明]凌迪知：《万姓统谱》卷七十四《士姓》，《景印文渊阁四库全书》（957册），第101页。
4 石介《上蔡副枢书》谓"昨本州李屯田若蒙曾状其实闻上"（《徂徕石先生文集》卷十三，第146页），知李屯田为李若蒙。李若蒙，行实无考，遍查史籍，除《徂徕集》外，并未发现他书提及此人。

关系之密切。后士建中被授予大名府魏县知县，得与时在魏地做客的孙复结识[1]。士建中"以儒学名家，自守师说"[2]，孙复也很推崇他，称其"能知舜、禹、文、武、周公、孔子之道者也，非止知之，又能揭而行之者也"，并向范仲淹举荐他。天圣、庆历中，孙复、石介、士建中三人相互引誉，孜孜于"道"几十载，共同致力于变革学风、重建复兴"斯道"和培养人才。

孙复、石介交游的对象还有富弼、李纮、明子京、欧阳修等人，因在其他篇目中已经涉及，这里不再做具体介绍。

宋初三帝——太祖、太宗、真宗不谓不注重发展教育，然而到仁宗初期六十多年的时间，国家教育所取得的成就却十分令人沮丧：中央只有一个国子学，地方政府教育也如白纸一张。"宋初有四书院：庐山白鹿洞，嵩阳书院，岳麓书院，应天府书院。未建州学也。"[3] "国朝自景祐以来，天下建学。庆历以后，数立规程，自是诸儒知所宗尚。"[4] 景祐（1034—1038）、宝元（1038—1040）、康定（1040—1041）时期，以孙复、胡瑗、石介三先生为代表的私人授学相继兴起，加以辅臣外任，在地方兴学崇教，地方教育遂如星火

---

1 [宋]石介：《徂徕石先生文集》卷三《密直杜公作镇于魏，天章李公领使于魏，明复先生客于魏，熙道宰于魏，因作诗寄之》，第28页。[宋]孙复：《孙明复小集·寄范天章书一》，第170页。

2 [宋]蔡襄：《端明集》卷十三《追官勒停人屯田员外郎士建中特授太常博士制》，第447页。

3 [元]马端临：《文献通考》卷六十三《职官考十七·教授》，《景印文渊阁四库全书》（611册），第447—448页。

4 [宋]苏颂：《苏魏公文集》卷十五《议学校法》，中华书局1988年版，第210页。

燎原般地发展起来。

> 国朝庠序之设,遍于宇内,自庆历始。由建隆以来迄于康定,独有所谓书院者,若白鹿洞、岳麓、嵩阳、茅山之类是也。其卓然为后学师表者,若南都之戚氏、泰山之孙氏、海陵之胡氏、徂徕之石氏,集一时俊秀,相与讲学,涵养作成之功,亦既深矣。而问其乡校,惟兖、颍二州有之,余无闻焉。及庆历兴学之后,虽陋邦小邑,亦弦诵相闻。[1]

庆历（1041—1048）间,仁宗采纳贤臣建议,起用石介、孙复、胡瑗等人讲学京师,又诏地方大兴学校,全国教育遂蓬勃发展起来。这是接下来孙复、石介讲学国子监将要探讨的内容。

二、讲学国子监

宋儒最大的特点就是干政议政,虽不在朝或欲入朝而未遂,也不甘做隐者,总是等待时机的到来。范仲淹的名言"处江湖之远则忧其君"除了我们常说的忧患意识外,还是这种心态的写照。它反映了经过唐末五代战乱之后,宋代新儒者积极向上的人生态度。就这一层意义上说,它也是儒学得以在宋代复兴的重要因素。

---

[1] ［宋］袁燮:《絜斋集》卷十《四明教授厅续壁记》,《景印文渊阁四库全书》(1157册),第121页。

自赵宋立国以来，到"宋初三先生"尤其是孙复、石介时这种心态表现得最为明显，整日思索着"致其君为尧、舜之君，民为尧、舜之民"。此种心态是他们在挖掘先秦孔、孟经典后得到的最大启示，更是他们复苏孔、孟精神的完美体现：

> 孙明复先生，学周公、孔子之道而明之者也。周、孔之道，非独一身而兼利天下者也。先生畜周、孔之道于其身，苟畜而不施，徒自膏润肥硕而已。万物则悴枯瘠病，而自膏润肥硕，岂周公、孔子之道也欤？是以先生凡四举进士，则是先生非苟畜其道以膏润肥硕于其身，将以利天下也，润万物也。[1]

非"膏润肥硕"自身，将以"利天下，润万物"，这正是儒家"兼济天下"高尚胸襟在新的历史条件下的发展。当然，他们之所以汲汲于仕途，还出于这样一种文化关怀心态。在他们看来，入仕做官是实现其复兴儒家之道最便捷的途径，也是实践儒家学说最有效的方式。

（一）推倒杨朱墨翟，扶起仲尼周公

从天圣八年（1030）石介中举，到庆历二年（1042）入朝任国子监直讲，十多年的时间内，石介几乎一直担任着与自己抱负相差甚远的幕职官僚。如果没有后来的入讲国子学，那么他就会与历史上众多的幕僚一样鲜为人知。所以，讲学国子监是石介一生中最重

---

[1] ［宋］石介：《徂徕石先生文集》卷九《明隐》，第95页。

要的一个转折点。然而，对于石介来说，这个转折点来得有点儿漫长。当然，不可否定此前石介的经历，若是没有之前的交往和守孝期间徂徕山的讲学活动，也不会有他日后的入讲国子学。

石介守孝期满后，鉴于其在徂徕山的讲学实践，朝廷特授予他国子监直讲的学职。石介赴国子学时，门人杜默特作《六字歌》为其送行：

> 仁义途中驰骋，诗书府里从容。
> 头角惊杀虾蟹，学海波中老龙。
> 爪距遂出狐兔，圣人门前大虫。
> 推倒杨朱墨翟，扶起仲尼周公。
> 一条路出瓮口，几程身寄云中。
> 水浸山影倒碧，春看花稍半红。[1]

石介带着"推倒杨朱墨翟，扶起仲尼周公"的抱负奔赴京城，开始了新的征途。

石介进入国子学后，徂徕书院即停办。不久，在石介的帮助下，孙复也进入国子学任直讲。在国子学这所全国最高学府里，孙复、石介二人如鱼得水。毫无疑问，他俩是国子学中最出众和最受欢迎的教师："孙殿丞复说《春秋》，初讲旬日间，来者莫知其数，

---

[1] ［宋］曾慥：《类说》卷四十六《青琐高议》，《景印文渊阁四库全书》（873册），第802页。

堂上不容，然后谢之，立听户外者甚众"[1]，"庆历中，石介在太学，四方诸生来学者数千人"[2]。听者之众与其二人的治学旨趣和治学方法密不可分。

孙、石二人治经均能抛开传注、独发新意，与此前孜孜于章句训诂的汉唐式的儒生有着显著的不同。不但如此，二人还能很好地把经术和现实政治结合起来，说经中贯穿他们对现实政治的基本看法。尤其是石介性格直率，对时势政策的赞誉或不满会毫无隐讳地和盘托出，"闻朝廷美政则歌诵之，否则刺讥之"[3]。对于学识浅显的太学生来说，这些比枯燥乏味的章句训诂之学要有趣得多。所以，这种新的治经和讲学方式在太学生徒中大受欢迎。"先生（石介）自闲居徂徕，后官于南京，常以经术教授。及在太学，益以师道自居，门人弟子从之者甚众，太学之兴，自先生始。"[4] "生徒咨问经义，日数十人，（石介）皆怡颜和气，一一为讲解，殊无倦色。"[5] 孙、石讲学国子监，听课者甚众，甚至出现监舍容纳不下而学生立于门窗外的空前盛况。

石介性格刚直，从不因势低人，对于品阶高于自己的大官，若

---

1 [宋]程颢、程颐：《二程集·伊川先生文三》卷七《回礼部取问状》，中华书局1981年版，第568页。
2 [宋]李焘：《续资治通鉴长编》卷一百九十《仁宗嘉祐四年十一月》，第4599页。
3 [宋]曾巩：《隆平集》卷十五《儒学行义》，《景印文渊阁四库全书》（371册），第150页。
4 [宋]欧阳永叔：《欧阳修全集·居士集》卷三十四《徂徕石先生墓志铭》，第240页。
5 [宋]江少虞：《事实类苑》卷七十《诈妄谬误（一）》征引《倦游录》，上海古籍出版社1981年版，第940页。

道不合者，也不屈卑于他。在学问上，石介亦不党同伐异，尽管有高居学官的荣职，其对在野的学者仍甚为敬重，如此前的拜孙复为师、兴学泰山。入讲国子学后，石介仍继续发扬这种高尚的品质。黄晞，德性纯朴，深通《易》学，"客游京师，数十年不归。家贫，谒索以为生，衣不蔽体，得钱辄买书，所费殆数百缗，自号聱隅子"，石介闻其名，"使诸生如古礼，执羔雁束帛，就里中聘之，以补学职"。[1] 这就是著名的石介"执羔雁束帛聘黄晞"的尊师事例。后石介没，欧阳修哭之作诗曰："羔雁聘黄晞，晞惊走邻家。"[2]

此例和石介拜孙复为师的意图是一致的，是石介既善于为人师，也能够师事他人的至高境界的体现，更是石氏高尚道德修养的明证。先秦学者极力倡导的"道尊于势"和"师道"学说，在石介身上得到了很好的体现。

石介不但以此言传身教，还诱掖后进、敦奖风教，指导学生致力于尊师重道的实践。《宋史》中记载着这样一例：

> 何群，字通夫，果州西充人。嗜古学，喜激扬论议，虽业进士，非其好也。庆历中，石介在太学，四方诸生来学者数千人，群亦自蜀至。方讲官会诸生讲，介曰："生等知何群乎？群日思为仁义而已，不知饥寒之切己也。"众皆注仰之。介因馆群于其家，使弟子推以为学长。群愈自克厉，著书数十篇，

---

[1] [宋] 司马光：《涑水记闻》卷十，第183页。
[2] [宋] 欧阳永叔：《欧阳修全集·居士集》卷三《读〈徂徕集〉》，第18页。

与人言未尝下意曲从，同舍目群为"白衣御史"。[1]

作为师者，石介的这一举措对何群性格的养成和以后的言行产生了不小的影响。当然，更重要的是，诸生心里初步形成"道尊于势"思维模式。不可否认，后来道学和众多学派的崛起都是在重振了的"师道"的基础上发展起来的。

石介治经，在《易》学上用功尤深[2]，所以其在太学讲经以《易》为主。"庆历中，仁宗皇帝锐意图治，以庠序为教化之本，于是兴崇太学，首善天下，乃起石守道于徂徕，召孙明复于泰山之阳，皆主讲席。明复以《春秋》，守道以《易》学，士大夫翕然向风，先经术而后华藻。"[3]众所周知，《易》学是一门极为抽象的学问，以枯燥乏味著称，石介讲之能使生徒"翕然向风"，足见其治《易》的功底和修为。

石介在国子学教授生徒可以认为是对其早期学说的全面实践和宣传。如在斥时文方面，《湘山野录》中十分生动地记载道："康定（应作庆历）中（石介）主盟上庠，酷愤时文之弊，力振古道。时庠序号为全盛之际，仁宗孟夏銮舆有玉津锲麦之幸，道由上庠。守道前数日于首善堂出题曰《诸生请皇帝幸国学赋》，糊名定优劣。中有一赋云'今国家始建十亲之宅，新封八大之王'。盖是年

---

1 ［元］脱脱等：《宋史》卷四百五十七《隐逸上·何群传》，第13435—13436页。
2 关于石介的《易》学著作和思想参见本书"孙复、石介与《易》学"。
3 ［宋］朱长文：《乐圃余稿》卷七《春秋通志序》，《景印文渊阁四库全书》（1119册），第36页。

造十王宫,封八大王元俨为荆王之事也。守道晨兴鸣鼓于堂,集诸王(生之误)谓之曰:'此辈鼓箧游上庠,提笔场屋,稍或出(黜)落,尚腾谤有司,悲哉!吾道之衰也。如此是物宜遽去,不尔,则鼓其姓名,挞以惩其谬。'时引退者数十人。"[1]"于是新进后学不敢为杨(杨亿)、刘(刘筠)体。"[2]以严厉惩罚的方式迫使后生放弃雕饰文辞的时文,这在时文肆虐横行的情况下,不失为一条良策。

对于石介的做法,朝中有些人十分不赞同。如张方平上书说,"直讲石介课诸生、试所业,因其所好尚,而遂成风,以怪诞诋讪为高,以流荡猥烦为赡,逾越规矩,或误后学",甚至要求朝廷用行政手段干预"新体"文的发展。[3]作为庆历新政的反对者,张方平与包括石介在内的新政倡导者因政治立场不同而积怨较深,曾指责石氏"狂谲盗名""目以奸邪"[4],故对于其评价,我们要具体分析。石介倡导的文体是以先秦诸子为楷模的"古文"体,与当时包括骈体在内的诸多"循常道"的"时文"有着根本的不同,也与欧阳修批判的"太学体"异趣[5]。张方平反对变革,将一切与礼部程式文体不一致者统称为"变体"而加以贬斥。石介"逾越规矩"的做法遭到守旧者的反对、攻击,无疑也在张方平的批判之列。但是,历史的滚滚潮流并不以某个人的意志为转移,"新体"文以其迅猛之

---

1 [宋]文莹:《湘山野录》卷中,第24页。
2 [宋]朱熹:《宋名臣言行录》前集卷十《石介》,第122页。
3 [宋]张方平:《乐全集》卷二十《贡院请诫励天下举人文章》,第184页。
4 [宋]朱熹:《宋名臣言行录》前集卷十《石介》,第122页。
5 朱刚:《"太学体"及其周边诸问题》,《文学遗产》2007年第5期,第47—48页。

势不可阻挡，后来苏轼都不无惊叹地说："近世士大夫文章华靡者，莫如杨亿，使杨亿尚在，则忠清鲠亮之士也，岂得以华靡少之。通经学古者，莫如孙复、石介，使孙复、石介尚在，则迂阔矫诞之士也，又可施之于政事之间乎？"[1]新文体后来的发展可能有点过火，但不能将问题全推到石介身上。再看石介的文章，并非如张方平所说的那样，明人杨士奇就说石介是"古之君子，正直自持，是是非非，无所顾忌"，读其文章，"懦夫可以有立志矣"。[2]

石介担任国子监直讲一年后，约庆历三年（1043），杜衍推荐石介于仁宗，拜太子中允，兼国子监直讲。太子中允是可以朝见皇帝和参加宴坐的文官"升朝官"中的最低一级。"官制未改之前（元丰改制），初升朝官，有出身人为太子中允，无出身人为太子中舍，皆今通直郎也。"[3]正是这一年三月，仁宗即位后第二次采取重大的人事变动举措：吕夷简罢相，以杜衍代夏竦为枢密使，章得象、晏殊、贾昌朝、范仲淹、富弼及韩琦同时执政，欧阳修、余靖、王素、蔡襄为谏官，并颁布了范仲淹、富弼等人提出的变法主张，这就是著名的"庆历新政"。这时石介虽官阶低微，却担任着国子监直讲的至高学职，其闻言后跃然喜曰："此盛事也，雅颂吾职，其可已乎！"[4]遂作了一篇轰动朝野的《庆历圣德颂》，"褒贬大

1　[宋]苏轼：《苏轼文集》卷二十五《议学校贡举状》，第724页。
2　[明]杨士奇：《东里文集》卷十，《景印文渊阁四库全书》（1238册），第113页。
3　[宋]洪迈：《容斋随笔·三笔》卷十六《中舍》，上海古籍出版社1978年版，第601页。
4　[元]脱脱等：《宋史》卷四百三十二《儒林二·石介传》，第12834页。

第四章　孙复、石介复兴儒学的实践

臣，分别邪正，累数百言"[1]，为变法运动制造舆论。

可能正是在这期间，余靖、欧阳修、蔡襄、王素四谏官欲力引石介，却遭到参知政事范仲淹的反对。范氏认为："石介刚正，天下所闻，然性亦好为奇异，若使为谏官，必以难行之事，责人君以必行。少怫其意，则引裾折槛，叩头流血，无所不为矣。主上虽富有春秋，然无失德，朝廷政事亦自修举，安用如此谏官也。"[2]遂作罢。不久，又有人向仁宗推荐石介为谏官，仁宗却说："此人若为谏官，恐其碎首玉阶。"[3]也没有同意。

庆历四年（1044）三月，时任枢密副使的韩琦又荐举石介，特召试除直集贤院兼国子监直讲。集贤院与史馆、昭文馆合称三馆，其官吏又称馆臣，是名士荣誉的象征。如洪迈所言："国朝馆阁之选，皆天下英俊，然必试而后命。一经此职，遂为名流。其高者，曰集贤殿修撰、史馆修撰、直龙图阁、直昭文馆、史馆、集贤院、秘阁。次曰集贤、秘阁校理。官卑者，曰馆阁校勘、史馆检讨，均谓之馆职。"[4]直集贤院对石介来说是个至高荣誉官职，是朝廷对其任国子监直讲培养人才、敦教社会风气的肯定。

但是，没过多久，庆历新政失败，范仲淹、富弼、韩琦、杜衍等人先后外任。石介因作《庆历圣德颂》而成为众矢之的，不少新

1　［宋］欧阳永叔：《欧阳修全集·居士集》卷三十四《徂徕石先生墓志铭》，第240页。
2　［宋］魏泰：《东轩笔录》卷十三，第150页。
3　［宋］田况：《儒林公议》，《景印文渊阁四库全书》（1036册），第310页。
4　［宋］洪迈：《容斋随笔》卷十六《馆职名存》，第206页。

政的支持者和反对者把矛头指向了他，流言蜚语、毁谤打击接连不断，使得石介在京的日子日益困蹙。庆历五年（1045）初[1]，他再也无法忍受京中紧张、混沌的政治氛围，请求外任，出判濮州。赴任途中，路经徂徕，卒于家。

从庆历二年（1042）到五年（1045），石介担任了整整三年的国子监直讲。三年虽为短暂，但对整个北宋的教育来讲却是极为重要的一段时期。宋承唐末、五代之弊，教育废弛，师道几绝。宋初到仁宗初期六十多年的时间，教育并未取得多大成就。景祐（1034—1038）至康定（1040—1041）时期，以孙复、胡瑗、石介等人为代表的私人授学的兴起带动了地方教育的发展。庆历（1041—1048）初，石介、孙复首居太学，以师道自居，学者从之甚众，"太学之兴自此"[2]，于是以太学之兴为契机的宋代教育遂蓬勃发展起来。对此，神宗、哲宗时期的教育家朱长文概括说：

> 神宋受命，遏乱兴治，乘舆尝幸国庠，亲临讲席。是时勋臣宿将并列藩镇，庠序虽未兴，而鸿儒硕生闻风以起，有若咸

---

1 《续资治通鉴长编》将石介要求通判濮州条系于庆历四年十月，李焘自注曰："介去太学，《实录》不记其暗。今据尹洙《与田况书》云蔡、石相次补外（尹洙之文全名为《答镇州田元均龙图书一首》，文曰："蔡君谟、石守道相次外补。"此处"与田况书"不该加书名号，特为标出），因附见十月末，更考之。"（卷一百五十二《仁宗庆历四年冬十月》，第3710—3711页）但是欧阳修《徂徕石先生墓志铭》却说石介"直讲岁余，杜祁公荐之天子，拜太子中允。今丞相韩公又荐之，乃直集贤院。又岁余，始去太学，通判濮州"，即认为石介通判濮州和被授予直集贤院相距一年多时间。因欧阳修与石介同时，且李焘之谓亦是推测之辞，故从欧阳氏之说。

2 ［宋］黄震：《古今纪要》卷十八《宋朝》，第359页。

第四章 孙复、石介复兴儒学的实践

坚素在睢水，种明逸在终南，皆聚徒讲授，髦俊归之。其后陪京方面之守臣，稍请兴学。自景祐中，范文正公作学于吴，又创于润，滕子京建于湖。庆历之盛，文正公参豫机政，而石守道、孙明复首居太学。是时仁宗开天章阁，召辅臣八人问以治要，文正公复以学校为对，于是诏天下皆立学。[1]

石介在国子学期间与孙复一道首居太学、倡明师道、以道德人格砥砺后生等等，为整个宋代的太学教育翻开了新的一页。

（二）流福泽于四海，树功名于无穷

孙复年轻时，虽贫穷之至，也不愿碌碌无为、埋没一生，在生活最艰难的时候，也未曾放弃入仕。石介回忆说："先生（孙复）道至大，尝随举子干科名，希朝廷进用，以行其志，三退于礼部，一黜于崇政殿。知其道不与时合，不敢复进，乃筑室泰山之阳，聚徒著书，闲以取适。"[2] 从原始儒家的立场来看，"道至大"之人，更应该践履行"道"。孙复胸怀利天下、润万物之志，至于一时"道不与时合"，无奈之下，"退而筑居于泰山之阳，聚徒著书，种竹树果"但也并非要做那种"毁面污身，杜门绝迹，与鸟兽麋鹿为群，裂衣冠，屏饮食，弃人事，去妻子，寒则衣葛，饥则茹草"的隐者，而是等待时机到来，用石介的话说就是"盖有所待也""君子

---

[1] ［宋］朱长文：《乐圃余稿》卷六《苏州学记》，第29页。
[2] ［宋］石介：《徂徕石先生文集》卷十四《上杜副枢书》，第158页。

居易以俟命""盘桓山谷以待时也"。[1]

孙复"有尼父之志,遭尧、舜之盛,未得进用"[2],石介深为其鸣不平。在《上杜副枢书》中,石介把孙复不得志与"万物不得其宜"并举,认为他们都是"不获",即才未能尽其用。

> 夫万物不得其宜,皆为不获。责工以商之事,强农于士之业,负阴者使之在阳,就湿者使之仰高,山者使之居泽,翼者使之反角,此不得其宜也。如先生,宜左右天子,发舒其事业,流福泽于四海,树功名于无穷,年四十七而发尽白,栖迟于山阿,岂其宜也?故曰此为不获也。[3]

鉴于此,石介屡次向握有权柄的谋臣辅相上书,请求朝廷不拘一格进用孙复,如《上杜副枢书》《上韩密学经略使书》等。

孙复在泰山讲学、广泛交游,再加上以石介为代表的众弟子的大力宣传,声名不断远播。庆历二年(1042),石介丁忧期满,任国子监直讲。于是,他常对其他朝官说:"先生(孙复)非隐者也,欲仕而未得其方也。"并作《明隐》篇以释众疑。枢密副使范仲淹、资政殿学士富弼也极力保荐孙复,"言其道德经术,宜在朝廷"[4]。十一月,仁宗下诏:"以泰山处士孙复为试校书郎、国子监直讲。"[5]

---

[1] [宋]石介:《徂徕石先生文集》卷九《明隐》,第95—96页。
[2] [宋]石介:《徂徕石先生文集》卷九《明隐》,第96页。
[3] [宋]石介:《徂徕石先生文集》卷十四《上杜副枢书》,第158—160页。
[4] [宋]欧阳永叔:《欧阳修全集·居士集》卷二十七《孙明复先生墓志铭》,第194页。
[5] [宋]李焘:《续资治通鉴长编》卷一百三十八《仁宗庆历二年十一月》,第3325页。

第四章 孙复、石介复兴儒学的实践

五十一岁的孙复终于被朝廷授以官职，实现了其三十多年的夙愿。

范仲淹荐举孙复的奏议有两篇，分别收录在《范文正集》和《范文正奏议》中。《范文正集》中的一篇题为《举张问孙复状》，节文如下：

> 臣又见兖州仙源县寄居孙复，元是开封府进士，曾到御前，素负词业，深明经术。今退隐泰山，著书不仕。心通圣奥，迹在穷谷。……孙复乞赐召试，特加甄奖，庶几圣朝涣汗，被于幽滞。[1]

范氏所言孙复事迹或可补史籍之阙。仙源县置于真宗大中祥符五年（1012），由原曲阜县改置，治所在今山东曲阜市东旧县址。泰山属仙源县，故范仲淹谓孙复寄居于此。由"元是开封府进士，曾到御前，素负词业"可推知，孙复在开封府参加过省试，并中省试进士，但其后在皇帝主持的殿试中落第。[2] 至于说孙复"素负词业"则几近荒诞，宋人还没有谁谈到过孙复的词，流传下来的宋词中也没有一首是孙复的，至于四库全书本《孙明复小集》中更是只句未见。如果认为孙复已失传的十卷《睢阳子集》中有不少词作，但也不至于"素负词业"者的词作竟无人称引过。不过以为"词"或通"辞"，"素负词业"解释为擅长文辞，或可讲得通。"深明经

---

1 ［宋］范仲淹：《范仲淹全集·范文正公文集》卷十九《举张问孙复状》，第438页。
2 《宋元学案》卷二《泰山学案》谓孙复"四举开封府籍进士"，概据此，但四次均谓开封府籍不知所据（第72页）；"曾到御前"句可与石介谓孙复"三退于礼部，一黜于崇政殿"之言互校（《徂徕石先生文集》卷十四，第158页）。

术""心通圣奥"是对孙复经学成就的肯定和赞许。

另一篇收录在《范文正奏议》中,题名《奏杜杞等充馆职》,目的是推荐杜杞、孙复等人充任馆职,此时孙复在国子监任职估计已两年。其间,孙复"经术精通,能发圣蕴",多次受到仁宗的嘉奖,故范氏"乞不限资任……补馆职"[1]。张方平也有专篇荐举孙复充馆职的折子,篇幅较短,全文如下:

> 伏见诸王宫侍讲孙复,节行高介,经术精深。居退泰山,朝多称荐。恩旨特召,处之学官。不游贵势之门,不言朝廷之事。讲劝王邸,诚须纯儒。名世未光,终慊清论。若蒙擢备馆殿,有足敦励风俗。臣今保举,堪充馆阁职任。若复后渝素守,则臣罪甘罔上。[2]

张方平,字安道,自号乐全,与孙复关系密切,以性命担保孙复堪当馆阁职任足证。此折与范仲淹后一折相呼应,但此事见允与否未见下文。

遍查史籍,未见富弼荐举孙复的奏折,但其曾举荐孙复不容置疑,苏轼所作的《富郑公神道碑》言富弼"平生所荐甚众,尤知名者十余人,如王质与其弟素、余靖、张瑰、石介、孙复、吴奎、韩维、陈襄、王鼎、张昷之、杜杞、陈希亮之流,皆有闻于世,世以

---

1 [宋]范仲淹:《范仲淹全集·范文正公政府奏议》卷下《奏杜杞等充馆职》,第624页。
2 [宋]张方平:《乐全集》卷三十《荐举孙复》第330页。

第四章 孙复、石介复兴儒学的实践 | 211

为知人"[1]。

仁宗征召孙复任国子监直讲的诏书是由欧阳修起草的,全称是《孙复可秘书省校书郎国子监直讲制》。内容如下:

> 以尔孙复深经术,荏(一作茂)德行,躬耕田亩,以给岁时,东州士人,皆师尊(一作隶)之。吾命汝校文于书省,讲艺于胄序(国子学),不由乡举,不俟科选。汝姑直屏杂说,纯道粹经,使搢绅子弟闻仁义忠孝之乐。[2]

秘书省校书郎是加官(附加性官衔,为虚职)中试衔(或称试秩)的一种,一般授予初选之人。国子监又称国子学,为仁宗庆历四年(1044)以前中央最高和唯一的学府,其学生为七品官员以上子弟。直讲是国子监中的代课老师,负责以经术教授学生,由朝廷委派京官或选人充任。宋代史籍记载,此前直讲都是由有功名的京官担任,孙复是第一位因"深经术、荏德行"而被直接从平民中征召上来的"不由乡举,不俟科选"的直讲。

孙复讲学国子监,听众并非仅限于太学生,许多学者慕名而来,甚至连仁宗也曾亲临国子监或者召孙复至御前讲经。李焘《续资治通鉴长编》记载,庆历四年五月,仁宗"幸国子监,谒至圣文宣王。有司言旧仪止肃揖,而上特再拜。赐直讲、大理评事孙复

---

1 [宋]苏轼:《苏轼文集》卷十八《富郑公神道碑》,第536页。
2 [宋]欧阳永叔:《欧阳修全集·外制集》拾遗《孙复可秘书省校书郎国子监直讲制》,第601页。

五品服。又幸昭烈武成王庙"[1]。这是历史上关于仁宗听孙复讲经的唯一一次记录，且仁宗大为满意，赐孙复五品服。[2]可能是受孙复讲《春秋》"尊王攘夷"思想的启发，仁宗大感有必要振兴武事，才有显示国家政策导向"幸昭烈武成王庙"的举措。

据李焘的称呼，孙复此时已兼着大理评事的加官。《宋史·职官十》称，大理评事为试衔中仅次于大理司直（试秩中的最高阶）的一阶，级别甚高。在不到两年的时间内，孙复得到如此大的殊荣，反映了其说经之功。孙氏是何时被加到这一阶的，史籍并无记载，但欧阳修《文忠集》中却有孙复加大理评事的制书，此书也是欧阳修起草的。诏书名为《国子监直讲青州千乘县主簿孙复可大理评事制》，文曰：

> 敕具官孙复：昔圣人之作《春秋》也，患乎空文之不足为（一作信），故著之于行事，以为万世之法。然学而执其经者，岂可徒诵其言哉？惟尔复，行足以为人师，学足以明人性，不徒诵其说，而必欲施于事，吾将见吾国子蔚然而有成。宜有嘉褒，以为学者之宠。可。[3]

---

1 [宋]李焘：《续资治通鉴长编》卷一百四十九《仁宗庆历四年五月》，第3609页。
2 《续资治通鉴长编》此处记载与《孙明复先生墓志铭》"先生在太学时为大理评事，天子临幸，赐以绯衣银鱼"互证。宋朝前期三品以上官员（元丰新制四品以上）服紫、佩金鱼袋，四品、五品的官员服绯、佩银鱼袋，作为出入朝廷或赴仕、出使的徽章，称章服。仅有七品（宋制，直讲为从七品）的学官——孙复获此殊荣，甚为不易。
3 [宋]欧阳永叔：《欧阳修全集·外制集》卷三《国子监直讲青州千乘县主簿孙复可大理评事制》，第597页。

第四章 孙复、石介复兴儒学的实践 | 213

诏书对孙复不徒诵经文、阐发大义、"施于事"的新治经方法大为肯定，并认为在他的影响下，国子学将蔚然而有成。

随着孙复在国子学讲经影响的扩大，仁宗打算召孙复到"迩英阁说《诗》，将以为侍讲，而嫉之者言其讲说多异先儒，遂止"[1]。侍讲是专门给皇帝讲经，以备顾问的经筵官。孙复解经不拘于传注，多结合现实阐发大义，有时甚至删改传注和经文，当然与墨守成规的汉唐先儒大相径庭。正因为此，其不免要受到汲汲于传注和嫉妒者的攻击。

皇帝侍讲虽未做成，但孙复可能被授予过诸王官（或作宫）侍讲之职，前引张方平《荐举孙复》状中孙复之称谓可以为证。诸王官侍讲主要是为皇族贵戚讲经，《续资治通鉴长编》"太子中舍、知长水县孙复签书南京留守判官事、兼南京国子监说书"句注曰："《实录》云由诸王府（一本作官）侍讲谪降。"[2] 可见，《仁宗实录》中也有孙复担任诸王官侍讲的记载。且不说相比较而言《仁宗实录》具有更大的可信度，翻阅宋代史籍我们可以发现，孙复在朝为官的这一段时间，不少皇子或皇族成员曾师从于他，这也是其担任过诸王官侍讲的另一条有力证据。

孙复担任直讲和侍讲的时间有多长，按照欧阳修《孙明复先生墓志铭》的说法大约五年之久。庆历七年（1047），因孔直温事

---

1 ［宋］欧阳永叔：《欧阳修全集·居士集》卷二十七《孙明复先生墓志铭》，第194页。曾巩谓反对者乃杨安国（《隆平集》卷十五《儒学行义》，第149页）。

2 ［宋］李焘：《续资治通鉴长编》卷一百七十《仁宗皇祐三年五月》，第4092页。

件，孙复受谪降。[1]

孔直温，徐州人[2]，"挟妖法，诱军士为变"，被提点刑狱屯田郎中吕居简与转运使合谋捕获[3]。孔直温伏诛后，朝廷抄没其家，发现附有孙复名字的诗作，孙复因此受到牵连。

孙复与孔直温到底有没有关系，已很难说清楚。这时宋廷中央内部已是危机四伏，奸臣当道，贤者外放，再联系到其最为得意的弟子石介在去世后不久即遭奸人诬陷几被发棺之难，孙复内心充满愤懑与无奈。大半辈子汲汲于"道"，到头来居然落得个如此下场，孙复内心深处除了昔日早已布满的忧愁外，更多了一层迷茫和失望。对此，孙复没有辩解，他明白即使辩解也于事无补。在他看来，与其待在这个凶险万分、危机重重的权力中心，还不如被远放他方更安全清静些。此时孙复的内心反而愈加平静，可以用一首其赠予范仲淹的诗来表达：

同范秘阁赋八月十四夜月
银汉无声露暗垂，玉蟾初上欲圆时。

---

[1] 李焘《续资治通鉴长编》将此事系于仁宗庆历五年（1045）十一月后，并注曰："孔直温反，《实录》不记。按体量石介存亡，据《石介传》为直温家有介书也。然则直温反必在此年，今附见复贬官事。欧阳修墓志云复贬在七年，恐误。"（卷一百五十七《庆历五年十一月》，第3806页）因史籍错乱，难以考证，暂从欧阳修之说。

[2] 欧阳修《孙明复先生墓志铭》、李焘《续资治通鉴长编》等大多数史籍均称孔直温是徐州人，唯独宋人魏泰《东轩笔录》和赵善璙《自警编》称孔直温为"山东举子"，盖其曾在山东参加科举。

[3] ［宋］李焘：《续资治通鉴长编》卷一百五十七《仁宗庆历五年十一月》，第3806页。

清樽素瑟宜先赏，明夜阴晴未可知。[1]

一切都变得捉摸不定，明天又会怎样呢？且莫问它，只管尽情地欣赏今夜的月色吧。经过几十年的摸爬滚打，孙复高大的志向已被磨平了些许。

孙复受牵连后先是被贬监虔州商税，徙泗州，又徙知河南府长水县。知谏院吴奎等人上书为孙复辩白说："复坐狂人孔直温赠诗，由国子监直讲谪降，再更大赦，未复旧资。况复素不与直温相识，若遂沉弃，恐知名士为奸徒所诬，则善良难以自立。"皇祐三年（1051）五月，孙复迁签书南京留守判官事兼南京国子监说书。[2] 至和二年（1055），又徙孙复通判陵州，未及行[3]，翰林学士赵概等十余人一起上奏说："孙某行为世法，经为人师，不宜弃之远方。"[4] 朝廷遂再次任命孙复为国子监直讲。

嘉祐二年（1057）七月二十四日，孙复因病卒于家，享年六十六岁，十月二十七日葬于郓州须城县（今山东东平）卢（一作灵）泉乡之北扈原。

孙复死时官至殿中丞。仁宗听说后，为之恻然，赐其家钱

---

1 在《孙明复小集》里，此诗题为"八月十四夜"，参考《御选宋诗》改为"同范秘阁赋八月十四夜月"。见《御选宋诗》卷六十四《七言绝句一》，《景印文渊阁四库全书》（1438册），第605页。

2 ［宋］李焘：《续资治通鉴长编》卷一百七十《仁宗皇祐三年五月》，第4092页。

3 ［清］褚大文等：《山西通志》卷一百三十六《人物三十六·文苑一·平阳府》，《景印文渊阁四库全书》（546册），第642页。

4 ［宋］欧阳永叔：《欧阳修全集·居士集》卷二十七《孙明复先生墓志铭》，第194页。

十万，公卿大夫、朋友、太学之诸生相与吊哭，赙治其丧。欧阳修特为其写墓志铭，并作了一首七律叙事赞诗，高度概括了孙复一生的功绩：

圣既殁经更遭焚，逃藏脱乱仅传存。
众说乘之汨其原，怪怪百出杂伪真。
后生牵卑习前闻，有欲患之寡攻群。
往往止燎以膏薪，有勇夫子辟浮云。
刮磨蔽蚀相吐吞，日月卒复光破昏。
博哉功利无穷垠，有考其不在斯文！

孙复去世后，围绕国子监的阙职，朝臣们展开了激烈的争论。先是屯田员外郎充直讲楚泰等奏"大理寺丞篆石经张次立，素有学术，深通经义，俾居讲席，足厚素风"，乞补张次立"充直讲，填殿中丞孙复阙"，国子监也"已保举张次立充直讲，填孙复阙"，只等皇帝御批。不久，又有人举荐"试秘书省校书郎文勋刘棐素有履行，通经术，堪充国子监直讲，填孙复阙"，也等着仁宗批复。此时，太学助教李觏已奉旨赴太学供职。最后，仁宗裁决，李觏充太学说书，"孙复名阙，更不差人，所举张次立等不行"。争论的结果是李觏担任太学说书，张次立、刘棐等补孙复阙也未获允。[1]

之所以会围绕国子监直讲之职发生争论，关键在于太学系国家教化之所在，是培养贤士的最高学府，直讲作为师儒之官更是非道

---

1 [宋]李觏：《李觏集》外集卷一《札子》，第467页。

德高尚、通达经术之人难堪此任。同时，孙复在国子监任直讲的出色表现，一时无人能够替代，这也是孙复没后他的位子一直空缺的重要原因。

孙复、石介"首居太学"，任国子监直讲的几年里以重建师道，复兴周公、孔子之学为己任，致力于国家教育和"斯道"建设，终以其经学修养和道德人格为宋初教育的兴盛谱写了辉煌的篇章，赢得了时人及后学的广泛赞誉。对此，北宋的田况在《儒林公议》中概述说：

> 国朝以来，京都虽有国子监为讲学之地，然生徒不上三十人，率蒙稚未能成业者。……自景祐以来，天下州郡渐皆建学，规模立矣。庆历初，令（或作今）贾相国昌朝判领国庠，予贰其职。时山东人石介、孙复，皆好古醇儒，为直讲，力相赞和，期兴庠序。……由是听徒日众，未几，遂盈数千……奏假庠东锡庆院以广学舍为太学。诏从之。介、复辈益喜，以为教道之可兴也。[1]

国子学从不到三十人发展到后来的几千人，孙复、石介的兴学育才之功可见一斑。

---

[1] ［宋］田况：《儒林公议》，第283—284页。

三、庆历新政

干政议政是先秦儒者的典型特征。秦皇"坑儒"之后，儒者与政治宛若隔了一层纱，成了若即若离、不远不近的旁观者。汉唐训诂之儒则完全把自己掩埋在经学的象牙塔下，成了彻头彻尾的学究，抱守残缺，与世隔离。宋代兴起的新儒家力图改变这一面貌，他们希冀全面恢复先秦儒家的原始精神，干政议政也成为其中最不可少的内容。事实上，干政议政和书院讲学是宋儒的最大特征，他们共同缔造了一类以先秦儒者为模板的全新的儒者形象。正如钱穆所说："中国新儒家，以书院自由讲学为根据，一面代替宗教深入社会，一面主张清议上干政治。"[1]

"清议上干政治"在宋学的早期创始人——孙复、石介尤其是石介那里就表现得十分明显。孙、石以"虽在畎亩，不忘天下之忧"和"不在其位，则行其言"砥砺自身，反对以"不得其位，不翦其类"为借口，置身事外，甚至漠视一切。他们把干政议政看作复兴儒学、匡复圣人之道的有效途径。正是在这种思维模式的指导下，他们干科举、考功名，积极上书言事，入主国子学，并参与了北宋前中期之际最大的一场政治革新运动。

（一）庆历革新

赵宋王朝自太祖至仁宗朝半个多世纪，社会发展整体上呈上升

---

[1] 钱穆：《中国文化史导论》，第190页。

趋势。仁宗时期为北宋发展的高峰期，然而此时各类社会矛盾也愈益明显。

宋初，统治者为加强中央权力，采取了扩充人员、分散各级官吏权力和削弱地方兵力、加强中央禁军的措施。这些措施对于结束地方割据混战、维护中央统一起到积极的作用。然而，这些政策的长期实施也让北宋政府付出了惨痛的代价。至仁宗朝，官僚机构叠床架屋，冗员人数剧增。不但如此，官僚机构还腐败不堪，朝廷政令"有信宿辄改，适行遽止"[1]。军事上，禁军和厢军总数到庆历（1041—1048）年间已达一百二十多万，相当于北宋初年的六倍，每年军费开支要耗去政府财政收入的六分之五。这且不说，"兵不足威于外而敢骄于内"，百余万大军居然阻挡不了辽、西夏的侵扰，士卒终日饱食嬉戏，扰民滋事不断。为了应付巨额的冗官俸禄、赏赐、庞大的军费开支、统治者的大肆挥霍以及大量的输辽岁币，北宋统治者实行"量国用而取之民"[2]的政策，大量增加赋税名目和税额。加以灾荒连年，下层民众被迫在死亡线上挣扎反抗，小规模的农民起义持续不断。这一切正如欧阳修在《本论》中指出的那样：

> 今宋之为宋，八十年矣。外平僭乱，无抗敌之国；内削方镇，无强叛之臣。天下为一，海内晏然。为国不为不久，天下

---

1 [清]徐乾学：《资治通鉴后编》卷三十七《仁宗天圣五年》，第484—485页。
2 [宋]欧阳永叔：《欧阳修全集·居士外集》卷九《原弊》，第422页。

不为不广也。……尽大禹贡赋之地，莫不内输，惟上之所取，不可谓乏财。六尺之卒，荷戈胜甲，力彀五石之弩、弯二石之弓者数百万，惟上制而令之，不可谓乏兵。中外之官，居职者数千员，官三班吏部常积者又数百，三岁一诏，布衣而应诏者万余人，试礼部者七八千，惟上之择，不可谓乏贤。民不见兵革者，几四十年矣，外振兵武攘夷狄，内修法度兴德化，惟上之所为，不可谓无暇。……然而财不足用于上而下已弊，兵不足威于外而敢骄于内，制度不可为万世法而日益丛杂，一切苟且，不异五代之时，此甚可叹也！[1]

欧阳修的议论基本上指出了宋代中期存在的主要矛盾：财用不足，军队无能，官僚机构庞杂。然而，政府与大部分官员又不思进取，因循守旧，极端保守，"一切苟且，不异五代之时"，以"先朝旧规，不可轻议改革"[2]为由的辅臣将守成无事看成最大的功劳。对此，钱穆也指出："那时（宋初）的政治，最高不过养尊持重，无动为大，敷衍场面捱日子。"[3]

宝元元年（1038），西夏统治者元昊正式称帝后，不断派兵向宋进攻，并且接连打败驻守陕西各路的宋兵。"兵讨元昊久无功，海内重困。"[4]宋、夏战事尚未结束，辽又乘机讹诈，于庆历二年

---

1 ［宋］欧阳永叔：《欧阳修全集·居士外集》卷九《本论》，第413页。
2 ［宋］李焘：《续资治通鉴长编》卷一百四《仁宗天圣四年八月》，第2420页。
3 钱穆：《国史大纲》，第557页。
4 ［宋］王称：《东都事略》卷一百十三《儒学传九十六》，《景印文渊阁四库全书》（382册），第740页。

第四章　孙复、石介复兴儒学的实践

(1042)陈兵幽燕,进行威胁,要求宋朝交出周世宗收复的瓦桥关以南十县之地,宋廷只好用增加岁币的办法换取辽放弃对土地的要求。"官壅于下,民困于外,夷狄骄盛,寇盗横炽。"[1]内部各种矛盾顿时激化。北宋政府面临着严重的内忧外患窘状,对此宋廷统治集团中的一些有志之士看得十分清楚,富弼的见解较有代表性:

> 今则西戎已叛,屡丧边兵,契丹愈强,且增岁币。国用殚竭,民力空虚,徭役日繁,率(科)敛日重。官吏猥滥,不思澄汰;人民疾苦,未尝省察。百姓无告,朝廷不与为主,不使叛而为寇,复何为哉?[2]

富弼告诫仁宗"若犹因循苟且,尚务偷安,不练人谋,只求天幸","恐五代之祸,不旋踵而至矣"。欧阳修也说,"量国用而取之民"已使百姓不堪重负,"今盗贼一年多如一年,一火强如一火,天下祸患,岂可不忧!"[3]朝廷若不及时改弦易辙,后果难以预料。其他名臣,如范仲淹、韩琦等人也要求朝廷赶快采取办法解决内忧外患,要求变法的呼声不断升温。

庆历三年(1043),在要求变法呼声的推动下,为了扭转宋廷的颓势,宋仁宗决心改弦易辙,励精图治。

三月,吕夷简罢相,夏竦为枢密使旋罢,章得象、晏殊为相,

---

1 [宋]范仲淹:《欧阳修全集·范文正公政府奏议》卷上《答手诏条陈十事》,第524页。
2 [宋]李焘:《续资治通鉴长编》卷一百四十三《仁宗庆历三年九月》,第3453页。
3 [宋]欧阳永叔:《欧阳修全集·奏议集》卷四《再论置兵御贼札子》,第799页。

贾昌朝参知政事，杜衍为枢密使，韩琦、范仲淹、富弼为枢密副使，欧阳修、余靖、蔡襄、王素等同为谏官。

七月，仁宗又任命范仲淹为参知政事，让他同富弼等人就当世急务提出书面建议。范仲淹遂上《答手诏条陈十事》札子，提出了明黜陟、抑侥幸、精贡举、择官长、均公田、厚农桑、修武备、减徭役、覃恩信、重命令十条革新举措。仁宗接受了范仲淹的大部分建议。从庆历三年（1043）九月到庆历四年（1044）上半年，朝廷先后发布一系列诏令，开始了变法。主要内容如下：一是宣布对官僚选拔、升迁的磨勘法进行改革，严格官员考核程序，按照勋德、政绩予以升迁："两地臣僚，非有勋德善状，不得非时进秩"，"凡有善政异绩，或劝农桑获美利，鞠刑狱雪冤枉，典物务能革大弊，省钱谷数多，准事大小迁官升任"；奖励那些有"经国济民"之才的官员，淘汰"非才、贪浊、老懦"[1]的官吏，进一步限制"恩荫"特权。二是重视对地方州县官吏的选拔，举以"爱惜百姓，均其徭役，宽其赋敛，各使安宁，不召祸乱"的廉吏，使朝廷政令得以畅通。三是完善科举制度，改传统以辞赋、墨义取士为重策论和操行，"教以经济之业，取以经济之才"。四是改进职田法，"两地同议外官职田，有不均者均之，有未给者给之，使其衣食得足，婚嫁丧葬之礼不废，然后可以责其廉节，督其善政"，防止官吏贪赃枉法。仁宗还接受富弼的建议，"选官置局"，把太祖、太宗、真宗三

---

[1] ［宋］李焘：《续资治通鉴长编》卷一百四十四《仁宗庆历三年冬十月》，第3485、3481页。

朝典故和法令编纂成书，作为参考标准，希图达到"颓纲稍振，敝法渐除"[1]的目的。这就是"庆历新政"。

（二）《庆历圣德颂》

庆历新政与明道二年（1033）仁宗的革弊任贤举措相似，且规模、步伐更大。新政是孙复、石介一生中遇到的最大的政治变动，革新举措正是他们向往和努力着的，所以他们对此给予热烈的歌颂。石介的表现最为积极，他在其间的所作所为对他及家人产生了深远的影响。

庆历新政开始时，石介任太子中允兼国子监直讲，闻讯后，欢欣鼓舞，认为自己"官于太学，领博士职，歌诗赞颂，乃其职业"，更何况"此盛事也……其可已乎！"遂模仿韩愈《元和圣德颂》作了一篇轰动朝野的《庆历圣德颂》。

《庆历圣德颂》又称《庆历圣德诗》。石介自称，《庆历圣德颂》四言，凡960字。但今之所见正文仅有768字，加序言585字，共1353字。可能后来石介做过删节，或史籍佚失所致。

在《庆历圣德颂》中，石介形容仁宗黜愚进贤后天下的反应："天地人神，昆虫草木，无不欢喜。"他把本次革新举措与明道二年仁宗亲政时的人事变动并举，认为二者皆是盛事，"同明道初，天地嘉吉"，并说"上视汉、魏、隋、唐、五代，凡千五百年，其间

---

[1] [宋]李焘：《续资治通鉴长编》卷一百四十三《仁宗庆历三年九月》，第3438、3435、3439、3456页。

非无圣神之主、盛明之时，未有如此选人之精，得人之多，进人之速，用人之尽，实为希阔殊尤，旷绝盛事"。

此诗作于庆历四年（1044）四月，时仁宗仅实施了一系列的人事任免举措，革新政令的种种关键措施尚未出台，庆历新政只能算开了个头。但是政兴与否，关键在于得人，贤进则政举，所以在石介看来，这个好的开端已预示着将来所能取得的成效："群下踧踖，重足屏息，交相告语：曰惟正直，毋作侧僻，皇帝汝殛！诸侯危栗，堕玉失舄，交相告语：皇帝神明，四时朝觐，谨修臣职。四夷走马，坠镫遗策，交相告语：皇帝神武，解兵修贡，永为属国。皇帝一举，群臣慑焉，诸侯畏焉，四夷服焉。"这正是石介朝思暮想的天下太平盛世。

《庆历圣德颂》并未涉及庆历新政的全过程，更没有对庆历新政本身做过多的评价，而是集中笔墨对几个主要人物进行颂扬，这是本诗的重点和中心，也是最精彩的部分。此次运动的主角毫无疑问是仁宗。在诗中，石介高度颂扬了仁宗的退奸进贤之举："发于至聪，动于至诚，奋于睿断，见于刚克，陟黜之明，赏罚之公也"，盛赞其"之德之功，为卓荦瑰伟，神明魁大"。接着，石氏以仁宗的视角先后对章得象、晏殊、贾昌朝、范仲淹、富弼、杜衍、韩琦、欧阳修、余靖、蔡襄等人逐一进行歌颂，如称誉范仲淹、富弼说：

惟汝仲淹，汝诚予察。太后乘势，汤沸火热。汝时小臣，危言業業。为予司谏，正予门阃。为予京兆，圣予谗说。贼叛予夏，往予式遏。六月酷日，大冬积雪，汝暑汝寒，同于士卒。予闻辛（或作心）酸，汝不告乏。予晚得弼，予心弼悦。弼每见予，无有私谒。以道辅予，弼言深切。予不尧舜，弼自答罚。谏官一年，奏疏满箧。侍从周岁，忠力尽竭。契丹亡义，梼杌饕餮。敢侮大国，其辞慢悖。弼将予命，不畏不慑。卒复旧好，民得食褐。沙碛万里，死生一节。视弼之肤，霜剥风裂。观弼之心，炼金锻铁。宠名大官，以酬劳渴。弼辞不受，其志莫夺。惟仲淹弼，一夔一契，天实赉予，予岂敢忽？并来弼予，民无瘥札。

如称誉韩琦说："琦器魁礧，岂视昌楔"，"可属大事，敦厚如勃"。称誉欧阳修、余靖说："尝诋大臣，亟遭贬黜。万里归来，刚气不折。"

《庆历圣德颂》最大的特点就是"褒贬大臣，分别邪正"，无所顾忌，这也是此诗当时影响甚大和后来石介遭人构陷的主要原因。鼓励褒扬，人所乐听，然而被指责则很多人难以接受，更何况石介性格直率、语言犀利，指切时政，无所讳忌。诗中虽没有对所谓的大奸指名道姓，然而"手锄奸桧""扫除妖魅""众贤之进，如茅斯拔。大奸之去，如距斯脱""昆虫蠕蠋，妖怪藏灭"等词句已足以使遭罢免之人和新政中不得势之辈咬牙切齿，怪不得夏竦会"衔介甚"。

石介作《庆历圣德颂》本意是为庆历革新制造舆论，然而此颂诗本身"忠佞大分，善恶太察，不知有包荒之义，则小人权幸者将无所容而交结党羽，何惮而不为也"[1]，"语激讦而气不平，无宽裕优游之风，卒之身罹谗毁，而几成朋党之祸"[2]，给变法本身和石介本人带来了一系列不利的影响。

据说范仲淹、韩琦自陕西回京，途中闻此颂很不满意，范仲淹甚至谓"为此鬼怪辈坏了也！"韩琦也说："天下事不可如此，如此必不成。"范、韩的看法是以政治家的眼光对整个政治事态做理性判断的结果。此颂一出，孙复也告诫他说："子祸始于此矣。"后来，石介在京中无法安身，小人"相与出力必挤之死"，及其死后，夏竦等辈仍不肯放过他，极力煽谤，几致斫棺之祸都与此有着直接的关联。但是石介并不后悔，"吾言不用，虽获祸咎，至死而不悔"，安然不惑不变，并说："吾道固如是，吾勇过孟轲矣。"

《庆历圣德颂》影响甚大，在某种程度上达到石介为"庆历新政"造势的初衷。后来苏轼回忆说，庆历三年（1043），八岁的他正是据此诗知道了庆历新政和范仲淹、富弼、韩琦、欧阳修等风云人物。[3]

颂诗"以二十年间否泰消长之形，与当时用舍进退之迹，尽于

---

1 ［宋］罗从彦：《豫章文集》卷七《遵尧录六·范仲淹》，《景印文渊阁四库全书》（1135册），第708页。

2 ［宋］王之望：《汉滨集》卷九《上宰相书》，《景印文渊阁四库全书》（1139册），第777页。

3 ［宋］苏轼：《苏轼文集》卷十《范文正公文集叙》，第311页。

一颂,明发机键以示小人",使"后世莫能定其是非"[1],后人对此褒贬不一。如欧阳修、王十朋、王质、王之望等人都对此持肯定态度。[2]明人张诩对其推崇备至,谓:

> 文章以救时为贵,中古来文若韩退之之《佛骨表》、欧阳永叔之《朋党论》、胡澹庵之《乞斩秦桧疏》,诗若杜少陵之《八哀》、石守道之《庆历圣德》之作之类,排异端,崇正道,斥奸谀,百世之下读之,犹使人毛发森悚,恨不生并时,而愿为之执鞭也。[3]

赞扬者主要出于两方面的考虑:一是《庆历圣德颂》的古文笔风,如王之望言"词工意直,真一代名笔";二是《庆历圣德颂》的道

---

[1] 〔宋〕叶适:《习学记言序目》卷四十九《皇朝文鉴三·颂》,第732页。
[2] 欧阳修对此持肯定态度更多的是出于对石介一生行事道义上的认同(参见《徂徕石先生墓志铭》),叶适也谓"介死最为欧阳氏所哀,序《外制》,视颂语不少异。然则修所见亦与介同者耶"(《习学记言序目》卷四十九《皇朝文鉴三·颂》,第732页)。宋人王十朋在《蔡端明文集序》云:"国朝四叶文章尤盛,欧阳文忠公、徂徕先生石守道、河南尹公师鲁、莆阳蔡公君谟,皆所谓杰然者。文忠之文追配韩子,其刚气所激尤见于《责高司谏书》(即《与高司谏书》),徂徕之气则见于《庆历圣德颂》,师鲁则见于《愿与范文正同贬之书》(即《乞坐范天章贬状》),君谟则见于《四贤一不肖诗》。呜呼,使四君子者生于吾夫子时,则必无未见刚之叹,而乃同出于吾仁祖治平醇厚之世,何其盛欤!"〔《梅溪后集》卷二十七,《景印文渊阁四库全书》(1151册),第595页〕宋人王质《与周枢密益公书》曰:"王子渊《贤臣》之妙、陆士衡《功臣》之妙、吕化光《勋臣》之妙,至于韩退之《元和》一表妙之又妙,石守道《庆历》一范一富之颂妙之更妙。"〔《雪山集》卷八,《景印文渊阁四库全书》(1149册),第429页〕王之望《上宰相书》:"本朝石守道作《圣德颂》于庆历间,词工意直,真一代名笔。"(《汉滨集》卷九,第777页)
[3] 〔明〕张诩:《见素集原序》,见〔明〕林俊:《见素集》,《景印文渊阁四库全书》(1257册),第2页。

德功能，有益于教化，若张诩"排异端，崇正道，斥奸谀"之赞。张方平、罗从彦等人则持激烈的批评态度，罗从彦甚至认为"此仲淹等之所以见忌，而太平之功不成，抑有由矣"[1]。把庆历新政失败的责任推给石介，这是没有任何道理的，当时处于变法中心的范仲淹、富弼、欧阳修等人都没有这样偏激的看法。这类论断是对变法本身和当时大形势毫无了解的主观臆断。

石介不仅作《庆历圣德颂》，为变法运动制造舆论，还亲自参与了这场政治运动。《宋史》本传谓："介不畜马，借马而乘，出入大臣之门，颇招宾客，预政事，人多指目。"石介参与政事，游说奔走于大臣之门，更加遭到守旧官僚的指责，谣言四出。

孙复对庆历新政的态度虽不像石介那样外露，但毫无疑问也很积极。这可以从多方面去理解。其一，孙复也是一位要求积极进取的有志之士，年轻时多次参加科举，以及后来石介所言"先生非隐者"都可以证明。孙复求入仕并非如庸者一般视之为获取利禄、功勋的手段，其目的更在于复兴儒家先圣之道，以其所学服务于天下。在这点上，孙复的雄心壮志与石介相比有过之而无不及，不然石介也不会屈尊拜其为师。庆历新政的初衷正是致赵宋强大，战胜四夷，与孙复所努力的方向和提倡的"尊王攘夷"是完全一致的。其二，孙复与提倡变法的范仲淹、富弼以及欧阳修、蔡襄等人有着深厚的交情，孙复得以入讲国子监与他们的推荐是密不可分的。所

---

[1] [宋]罗从彦：《豫章文集》卷七《遵尧录六·范仲淹》，第708页。

以从这点上看，孙复也会支持他们的变法运动，更何况变法者此举并非为个人谋私利。史籍上没有明确记载孙复支持变法的举动，很大程度上与孙复的性格有关。孙复经学修为极高，遇事不形诸颜面，其长期以来一直不停地谆谆告诫石介性情不可过分张扬。《庆历圣德颂》一出，孙复立刻意识到石介很可能致祸，再次告诫他"子祸始于此矣"。师徒在性格上的差别，是二人在变法态度上产生小小差异的重要因素，但二者的为学志趣和奋斗目标又决定了他们在大是大非面前的基本态度是一致的。所以，反应程度的强弱差别并未影响二者基本态度的一致。

庆历四年（1044），由于守旧官僚权贵的抵制，新政的推行愈益困难。再加上以夏竦为首的奸臣恶意攻击范仲淹等人结成"朋党"，制造变法派阴谋废掉宋仁宗的谣言，范仲淹和富弼等人被迫相继离开京师。

庆历新政实行仅一年，就以失败告终，已经颁布的改革法令，也被相继取消。这对满心希望朝廷振作强大的孙复、石介来说，无疑是个巨大的打击。新政的实施者和支持者相继贬官地方，京中的政治气氛异常紧张，谗谤石介的谣言益甚，石介不自安，求出通判濮州（州治在今山东省鄄城境内）。庆历五年（1045）七月二十二日，赴任途中，路经徂徕的石介卒于家，年仅四十一岁。

石介过早的辞世及其死后的悲剧、后代的不平等待遇，与其直接参与庆历变法运动都有着很大的关联。

(三)毁誉丛至

石介怀着悲愤、冤屈离开了人世。然而,谣言、毁谤并未随着石介的辞世而熄灭,反而愈燃愈烈。暗中操纵、煽动这一切的正是石介在《庆历圣德颂》中极为诋斥、目之不肖的大奸臣夏竦。

早在庆历新政期间,夏竦即已策划了陷害石介和变法者的阴谋:

> 石介奏记于弼,责以行伊、周之事,夏竦怨介斥己,又欲因是倾弼等,乃使女奴阴习介书,久之习成,遂改伊、周曰伊、霍,而伪作介为弼撰废立诏草,飞语上闻。帝虽不信,而仲淹、弼始恐惧,不敢自安于朝,皆请出按西北边。[1]

此次陷害直接导致范仲淹、富弼等人的外任,但并未能达到夏竦置范、富以及石介等人于死地的初衷,所以其一直未放弃策划更大阴谋的企图。

石介死后不久,徐州人孔直温谋反失败,朝廷抄其家,发现了石介的书信,遂有传言说孔直温曾从学于石介,"事连石介守道之子,一旦捕去,且四出捕人不已"[2]。于是,夏竦紧紧抓住这次机会,煽动谣言,向仁宗进谏说石介根本没有死,受富弼指使北走契丹谋

---

[1] [宋]李焘:《续资治通鉴长编》卷一百五十《仁宗庆历四年六月》,第3637页。欧阳修《辨蔡襄异议》亦云:"夏竦欲陷富弼,乃先令婢子学石介书字,岁余学成,乃伪作介与弼书,谋废立事。书未及上,为言者廉知而发之。"(《欧阳修全集·奏议录》,第969页)

[2] [清]卞永誉:《式古堂书画汇考》卷十《东坡泛舟诗并简》,《景印文渊阁四库全书》(827册),第495页。

第四章 孙复、石介复兴儒学的实践

起兵，富弼为内应。庆历五年（1045）十一月，仁宗下诏将石介妻儿发配江淮编管，罢去富弼京西路安抚使之职[1]，并发书兖州，严令详查此事。是时杜衍守兖州，会僚属商议，众人皆不敢言，唯恐祸殃及己。泰宁节度掌书记龚鼎臣挺身而出，抗言说："介平生遒谅，有是耶？愿以阖族保其必死。"杜衍听后，探手入怀拿出早已准备好的奏折，说："老夫既保介矣，君年少见义必为，岂可量哉？"对此，东平人董弅赞叹龚、杜二人说："今世居下位而能执义抗言如辅之（龚鼎臣）者，固难其人；而为郡守奖人之言以成就其美名如祁公（杜衍）者，未之见也。"[2]于是，兖州府僚数百人奏保石介已死。加之北方边防并无异样，富弼自郓州徙青州，仍领京东路安抚使，夏竦的第二次诬陷再告失败。

不久，夏竦重归枢府，又上言称石介游说契丹不奏效，潜往登州、莱州纠集匪徒数万人打算与富弼联合作乱，要求仁宗开棺验尸。庆历七年（1047）六月，朝廷复下诏监司，并派中使发石介棺椁以验虚实。中使持诏至奉符，时任京东转运使的吕居简对中使说："若发棺空，而介果北走，则虽孥戮不足以为酷。万一介尸在，未尝叛去，即是朝廷无故剖人冢墓，何以示后世耶？"中使问："诚如金部言，然则若之何以应中旨？"居简回答说："介之死必有棺敛之人，又内外亲族及会葬门生无虑数百，至于举枢窆棺，必用

---

1 ［宋］李焘：《续资治通鉴长编》卷一百五十七《仁宗庆历五年十一月》、卷一百六十《仁宗庆历七年六月》，第3805—3806、3876—3877页。

2 ［元］陶宗仪：《说郛》卷三十七《闲燕常谈》，《景印文渊阁四库全书》（878册），第75页。

凶肆之人，今皆檄召至此，劾问之，苟无异说，即皆令具军令状，以保任之，亦足以应诏也。"中使以为言之有理，令石介亲属、门人姜潜等以及凶肆、棺敛舁柩之人，合数百状结罪具保石介已死，才免除了斫棺之祸。中使回京持状入奏，仁宗也意识到此事乃夏竦故意中伤陷害，遂下旨将石介妻儿送回家乡。[1]

关于石介死生一节，前后延续了近两年的时间，其中谣言不断，朝廷莫衷一是，在当时影响甚大。庆历七年（1047）十一月，侍御史知杂事张昇、御史何郯上书仁宗，明辨此事的前因后果及带来的恶劣影响，这件公案才算告一段落。现把何郯的奏疏摘录于下，有助于更好地了解此事。

> 伏闻朝廷近降指挥，为疑石介，遍根问旧来曾涉往还臣僚，以审存没。中外传闻，颇甚骇异。缘石介平生，颇笃学问，所病者，道未周而好为人师，致后生从学者多流荡狂妄之士。又在太学日，不量职分，专以时事为任。此数端是可深责，其于他事，计亦不为。况介前年物故，众已明知，万一使介尚存，一眇小丈夫，亦何所图？臣闻此事造端全是夏竦，始初阴令人摹拟石介书迹，作与前来两府臣僚简尺，妄言事端，欲传播入内，上惑聪明。夏竦岂不知石介已死，然其如此者，其意本不在石介。盖以范仲淹、富弼在两府日，夏竦曾有枢密使之命，当时亦以群议不容，即行罢退，疑仲淹等同力排摈，

---

[1] [宋]魏泰：《东轩笔录》卷九，第104页。

以石介曾被仲淹等荐引，故欲深成石介之恶，以污忠义之臣。皆畴昔之憾，未尝获逞。昨以方居要位，乃假朝廷之势有所报尔，其于损国家事体，则皆不顾焉。

伏望圣慈照夏竦之深心，素来险诈，亮仲淹、弼之大节，终是忠纯，特排奸谋，以示恩遇。其石介存没，亦乞更不根问，庶存大体。自夏竦力行此事，中外物议，皆知不可，然而未尝有敢言者，盖虑时论指为朋比尔。臣若更不陈始末明辨，即是深负言责，伏惟圣明矜其愚而图之，则天下幸甚！[1]

夏竦前后不断造谣生非，当然是为了泄私恨、报复石介。除此之外，夏竦还有更加险恶的用心，诚如御史何郯在奏折中所言，"其意本不在石介……欲深成石介之恶"，以陷害忠良。所以，这件事本身已不仅是夏竦和石介的私人恩怨问题，而是变法派和守旧派的较量，更掺杂着宋代异为复杂的"朋党"政治。以夏竦为首的守旧派把人身攻击比附政治斗争，在宋代党争史上开了一个恶劣的先例。何郯的论说对于夏竦诬陷石介一事认识甚为明了，然而对石介"好为人师"和"不量职分，专以时事为任"的评价则有失公允。十七八年后，石介好友欧阳修在为其作墓志铭时有力地回应了这一说法。他说：

先生貌厚而气完，学笃而志大，虽在畎亩，不忘天下之忧。以为时无不可为，为之无不至，不在其位，则行其言。吾

---

[1] ［宋］李焘：《续资治通鉴长编》卷一百六十《仁宗庆历七年六月》，第3877—3878页。

言用，功利施于天下，不必出乎己；吾言不用，虽获祸咎，至死而不悔。

虽然关于石介死生与否一节朝廷已不再追查，但是朝野对于石氏的谤言仍然不断，"今毁介之人满朝，使某箝口固不为少，虽开口明介，介岂遂明"[1]。石介性格耿直，是是非非，无所顾忌，喜怒哀乐，形诸颜面，心中不平，即书之以文，得罪了不少人，"故众毁丛至"，而"小人尤嫉恶之，相与出力必挤之死"。石介已死仍不得安宁，不少人不肯放过他，说他是沽名钓誉之徒，故作高言以哗众取宠。对于这些指责性的评论，石介好友蔡襄甚为愤怒，以为他们根本不理解石介的良苦用心：

原其所以为心，欲君侧无奸邪，人人为忠孝，百姓无疾苦，教化明白，信周公、孔子之言，谓太平可立致，而不度世务行之难易，此介之所以修诚立节之大略也。

接着，蔡氏又对构陷石介之辈和谓其"诈善"的言论进行驳斥：

所抵牾者，夏竦党辈耳。一旦介去朝，奸人巧伪百端，构造谤毁，必欲赤其族然后快意。赖天子圣明辨是非，故介久而自白。嗟乎，谓介诈善何也？夫诈善者，将图富贵取名誉也。介生不免寒饿，而死几斫棺，子孙流离，诈善者固如是耶！守已见信道而不顾世俗者，伯夷、叔齐是也。死且数百年，孔子

---

[1] [宋]蔡襄：《端明集》卷二十七《答赵内翰书》，第562页。

称之,其论遂定。若介信道而守死者也,其亦有待于后世乎? 昔介之存,某(蔡襄)以同年进士兄事而友之;自介之亡,未见有如介之自信者。[1]

作为石介的友人和同道,蔡襄把石介所行之事与伯夷、叔齐二人之高行并列,对石介以致太平为己任的高尚胸襟给予了最大限度的肯定与颂扬,并认为其道久能自白于天下,得到世人的理解与认同。

石介以其所行之事无愧于天地良心,无愧于圣人之道,故能"安然,不惑不变"。然而,其死后并未得到公平、公正的待遇,所遭受的诬陷和毁谤更是对宋初文化界的极大讽刺。生不得志死亦悲,漫长的二十一年后,谤焰始熄,先生之光芒始炳照无遗,其友人欧阳修特作铭文一篇,以寄哀思:

徂徕之岩岩,与子之德兮,鲁人之所瞻;汶水之汤汤,与子之道兮,逾远而弥长。道之难行兮,孔孟遑遑。一世之屯兮,万世之光。曰:吾不有命兮,安在夫桓魋与臧仓?自古圣贤皆然兮,噫,子虽毁其何伤![2]

在仁宗后期和英宗、神宗、哲宗朝以至整个北宋中后期,石介都有着一定的影响;南宋、元、明、清时期,关于石介的议论仍不断。自谤言熄灭后,朝臣对石介的评价愈益公正。哲宗元祐元年(1086)十月,姜潜门人、御史中丞刘挚从学校、师长、国家教化

---

[1] [宋]蔡襄:《端明集》卷二十七《答赵内翰书》,第562页。
[2] [宋]欧阳永叔:《欧阳修全集·居士集》卷三十四《徂徕石先生墓志铭》,第240页。

三者之间的关系出发,指出学官"苟非博通经术而有德行者,则不能使学士诚服而心悦之",并对石介的育才之功进行颂扬。"仁宗庆历中最号得人,如胡瑗、孙复、石介实为之首,育材之效,后世有考焉。"[1]

石介本家贫,妻儿依靠其俸禄生活,在其为官时,家中仍时时不能自给。[2]在石介去世后的四五年时间里,其后代在恩荫高度发展的宋代并未受到任何赏赐,家中愈贫,妻儿整日饱尝冻馁之苦,后在富弼、韩琦的帮助下仅得维持生存。[3]

元祐四年(1089)十二月,知枢密院事孙固、门下侍郎刘挚、尚书左丞韩忠彦等人上书,对石介在构筑"庆历学风"中发挥的作用进行了全面的阐释:

> 故太子中允、直集贤院石介在仁宗朝,文学行义,名重一时,经术博深,议论坚正,以扶持名教为己任。尝以(当作与)孙复、胡瑗为国子监直讲,教养人材,士风丕变,故至今论学校者,称庆历之风。

---

[1] [宋]李焘:《续资治通鉴长编》卷三百九十《哲宗元祐元年十月》,第9496页。

[2] 如石介《三子以食贫,困于藜藿,为诗以勉之》诗曰:"吾世本寒贱,吾身守贫约。家徒立四壁,无田负城郭。终岁服一衣,无装贮囊橐。吾虽得一官,官微月俸薄。况属岁凶荒,饥民填沟壑。吾幸有寸禄,不至苦殒获。随分且饱暖,不然亦流落。尔等勤初学,无耻衣食恶。仁义足饱饫,道德堪咀嚼。二者肥尔躯,不同乳与酪。尔勿嫌粗粝,尔勿厌藜藿。富贵自努力,青云路非邈。"(《徂徕石先生文集》卷三,第33页)

[3] [元]脱脱等:《宋史》卷四百三十二《儒林二·石介传》,第12836页。

第四章　孙复、石介复兴儒学的实践

但是如此有功之人，其后代却未曾受朝廷恩禄，沦落在民间。"其子编于民籍，略无生业，日有饥寒之苦，士议叹惜，以为圣朝尚贤，不应使名臣之后零落至于此极也"，乞请诏有司录石介之后，"为天下守忠义者之劝"。[1] 第二年正月，特录石介子石师中为郊社斋郎，再次肯定了石介在宋代学术发展上的贡献。

  作为学者，孙复、石介特别是石介以巨大的热情，投入北宋前中期之际这场有着较大影响的政治变革运动的旋涡中，积极为变法运动制造舆论甚至是直接奔走。这是儒者入世和对现世政治、文化终极关怀最直接的体现，是先秦儒家积极人生态度和精神在新的历史条件下的复苏。新儒学正是在儒者积极干政议政中逐步复兴和发展起来的。因有包括孙复、石介在内的不少学者的参与，这场政治运动遂在某种程度上呈现了一些新的特点，有待我们进一步研究和挖掘。受孙复、石介等学者积极干政议政的影响，其后，宋代儒者几乎都在不同程度上卷入政治当中，使宋代政治在某种程度上蒙了一层文人学者的气息。

---

1 ［宋］李焘：《续资治通鉴长编》卷四百三十六《哲宗元祐四年十二月》，第10505页。

第五章

孙复、石介的经学贡献

孙复、石介对儒学复兴的贡献是多层次的，除了前几章讲到的疑传疑经、提倡古文，排斥佛老、倡明"道统"，以及聚徒讲学、促成学风转变等外，还致力于经学研究，革新经学研究方法。"宋初尚沿五季陋习，经学久晦，两先生实倡明之"[1]，既实践其怀疑传注、直探经义之学说，又为儒学的全面复兴鸣锣开道。

一、孙复与《春秋尊王发微》[2]

孙复早年四举进士不第，遂退居泰山，至庆历二年（1042）出仕执教太学，前后数十年间，专攻《春秋》《易经》，尤以《春秋》用力最深，完成《春秋尊王发微》这一《春秋》学研究的变革性著作。

《春秋尊王发微》不仅是孙复研究《春秋》的力作，也是他在泰山书院和国子学授课的讲义。该书虽以阐发义理见长，但在体例上仍沿用汉唐注疏的模式，前为《春秋》原文，后是作者训释和阐发的义理，一句一释，即使没有义理可发，仍照书原文。

---

1 ［清］徐宗干：《拟请宋孙石两先生从祀议》。转引自《徂徕石先生文集》附录三，第296页。
2 本篇曾发表在《管子学刊》2016年第1期。本书收录时作了较大改动。

（一）卷数辨疑

关于《春秋尊王发微》的卷数，众口不一，较为普遍的说法有三种：十七卷、十五卷和十二卷。十七卷说源于其弟子石介，其在《贤李》《泰山书院记》中均谓《春秋尊王发微》有十七卷。[1] 同时期的欧阳修作《孙明复先生墓志铭》则云："方其病时，枢密使韩琦言之天子，选书吏，给纸笔，命其门人祖无择就其家，得其书十有五篇，录之，藏于秘阁。"[2] 欧阳氏的"十有五篇"和十五卷能否画等号，有待商榷。王辟之沿用欧阳修十五篇之说[3]，但江少虞《事实类苑》（成书于高宗绍兴十五年，即1145年）转引王辟之原文时，改称十五卷。[4] 两宋之际的史学家郑樵在《通志·艺文略》中给出了有别于前两种的说法——十二卷，但紧跟着又称孙复另有《春秋总论》三卷。此后的史籍基本上沿用十二卷说和十五卷说，如晁公武的《郡斋读书志》和元代成书的《宋史》认为有十二卷[5]，陈振

---

1 ［宋］石介：《徂徕集》卷九及卷十九，第238、319页。陈校本《徂徕石先生文集》改为十二卷，其注释称据《续资治通鉴长编》和《宋史·艺文志》而改，但后两本书的作者分别为南宋的李焘和元代的脱脱，生活年代较孙复、石介远，史籍可信度无法与石介的相比。若石介误写，不会两处皆误。
2 ［宋］欧阳永叔：《欧阳修全集·居士集》卷二十七《孙明复先生墓志铭》，第194页。
3 ［宋］王辟之：《渑水燕谈录》卷二《名臣》，第21页。王辟之，英宗治平四年（1067）进士。
4 ［宋］江少虞：《事实类苑》卷四十四《旷达隐逸·孙明复先生》，《景印文渊阁四库全书》（874册），第364页。
5 ［宋］晁公武：《郡斋读书志》卷一下，第175页。［元］脱脱等：《宋史》卷二百二《艺文志》，第5058页。

孙的《直斋书录解题》和马端临的《文献通考》作十五卷[1]。明清之时，十二卷说渐居主流。

众说纷纭，让人困惑，但梳理史籍，仔细分析，可以发现各种说法又不是空穴来风，皆有一定的根据。石介与孙复关系密切，故其说法最为可靠，而欧阳修言天子"命其门人祖无择就其家得其书十有五篇"也应是当时公认的事实。那么，石介与欧阳修的不同记录又做何解释呢？笔者认为，至少有两种可能。一是卷与篇不能画等号，十七卷即是十五篇，若此，石介所言十七卷和欧阳修所谓"十有五篇"均无误。二是卷与篇通用，十五卷就是十五篇，至于从十七卷到十五篇（卷），可能有两种情况：第一，石介先孙复而亡，石介死后，孙复对书稿又做过修改，删去了两节；第二，孙复门人祖无择所录的遗稿并不完整，佚失了两节。十二卷说源于郑樵，乃是将已有的十五卷说拆开：《春秋尊王发微》十二卷、《春秋总论》三卷，两者合起来正好十五卷。宋元时期，《春秋总论》尚存，故十五卷说是将其涵盖在内而言，至于言十二卷者，可能不包括《春秋总论》三卷在内。宋元以后，《春秋总论》佚失，只剩下十二卷，所以这一时期各书称引都沿用十二卷说。此种推论，可以以《玉海》和《四库全书》作为旁证。王应麟《玉海》谓："庆历中，国子监直讲孙复著《尊王发微》十二篇，大约本于陆淳而增新

---

[1] ［宋］陈振孙：《直斋书录解题》卷三《春秋类·春秋尊王发微十五卷》，《景印文渊阁四库全书》（674册），第564页。［元］马端临：《文献通考》卷一百八十三《经籍考十》，《景印文渊阁四库全书》（614册），第154页。

意。"接着，作者又注释说："《书目》十二卷，又《总论》三卷，总类例而为之断。"¹ 四库馆臣也认为："然此书实十二卷。考《中兴书目》，别有复《春秋总论》三卷，盖合之共为十五卷尔。今《总论》已佚，惟此书尚存。"²

古籍在流传过程中佚失、阙讹在所难免。南宋的魏安行曾对《春秋尊王发微》的阙讹情况进行过统计。他说《春秋尊王发微》"其辞简，其义明，惜流传既久，讹舛益多……与同僚参校，厘正谬误凡一百一十九，释文二百一十四"³。从孙复到魏安行，仅一百多年的时间，错漏竟达如此之多，上千年后，此书的佚失、阙讹就更可想而知了。

今日所见四库全书本《春秋尊王发微》共十二卷，春秋"十二公"，每公一卷。正文前有四库馆臣所作《提要》一篇，正文后附有范仲淹《举张问孙复状》和欧阳修《孙明复先生墓志铭》各一篇。

（二）主题鲜明的"尊王"思想

与汉唐枯燥的经学著作相比，《春秋尊王发微》还具有很强的

---

1 [宋]王应麟：《玉海》卷四十《庆历春秋尊王发微》，《景印文渊阁四库全书》（944册），第126页。文渊阁四库全书本《玉海》作"十一篇"，清人朱彝尊《经义考》卷一百七十九改十一篇为十二篇，从朱氏之说。广陵书社影印本亦作十二篇。

2 [清]永瑢等：《四库全书总目》卷二六《春秋尊王发微》，第214页。

3 [清]朱彝尊：《经义考》卷一百七十九《孙氏复春秋尊王发微》，《景印文渊阁四库全书》（679册），第419页。

可读性，其言简意赅、语言流畅、朗朗上口，很多史书给予了这样的评价："言简而义详，著诸大夫功罪，以考时之盛衰，而推见治乱之迹，故得经之意为多"[1]，"其辞简，其义明"[2]。《春秋尊王发微》具有这样的优点，与其鲜明的主题——"尊王"是分不开的，这也是《春秋尊王发微》与以往的《春秋》学著作以及汉唐以来的经学家解经不注重阐发主题思想相比的独到之处。

孙复《春秋尊王发微》的主旨"尊王"是统摄全书的核心思想，体现了作者的用世意图。单看"春秋尊王发微"这一书名，"尊王"的主题已跃然在目。之所以"尊王"是因无王，无王则"号令之无所束，赏罚之无所加"，社会失序，纲常伦理荡然，"弑君戕父者有之，攘国窃号者有之"，"中国之事，皆诸侯分裂之"。[3]要改变这种几近"混沌"的状态，首要的任务就是强调"尊王"，但孙氏所尊之王并非现实世界中实然的王，而是有王之后形成的一种秩序，一种社会有序并良性运转的秩序，即"车同轨，书同文"的大一统秩序。所以，"尊王"的目的，最后导向于强调大一统秩序的必要性和合理性。在该书的开头，解释经文首句"元年春王正月"时，作者就开宗明义地指出了这一点。

> 孔子之作《春秋》也，以天下无王而作也，非为隐公而作也。然则《春秋》之始于隐公者，非他，以平王之所终也。何

---

1 [元]马端临：《文献通考》卷一百八十三《经籍考十》，第154—155页。
2 [清]朱彝尊：《经义考》卷一百七十九《孙氏复春秋尊王发微》，第419页。
3 [宋]孙复：《春秋尊王发微》卷一，第3页。

者？昔者幽王遇祸，平王东迁，平既不王，周道绝矣。观夫东迁之后，周室微弱，诸侯强大，朝觐之礼不修，贡赋之职不奉，号令之无所束，赏罚之无所加，坏法易纪者有之，变礼乱乐者有之，弑君戕父者有之，擅国窃号者有之。征伐四出，荡然莫禁。天下之政，中国之事，皆诸侯分裂之。平王庸暗，历孝逾惠，莫能中兴，播荡陵迟，逮隐而死。夫生犹有可待也，死则何所为哉？故《诗》自《黍离》而降，《书》自《文侯之命》而绝，《春秋》自隐公而始也。《诗》自《黍离》而降者，天下无复有雅也。《书》自《文侯之命》而绝者，天下无复有诰命也。《春秋》自隐公而始者，天下无复有王也。夫欲治其末者，必先端其本；严其终者，必先正其始。元年书王，所以端本也，正月所以正始也。其本既端，其始既正，然后以大中之法从而诛赏之，故曰元年春王正月也。隐公曷为不书即位，正也。五等之制，虽曰继世而皆请于天子，隐公承惠天子命也，故不书即位，以见正焉。[1]

对于"元年春王正月"，"三传"解释不一。《左传》断为：元年春，王周正月，不书即位，摄也。[2] 其主旨有二：一是正月为周历，二是隐公摄位。此种解释基本上是在说明史实，其弦外之音则十分含蓄，不同的人从不同的角度、出自不同的目的会得出不同的

---

1 ［宋］孙复：《春秋尊王发微》卷一，第3页。
2 杨伯峻：《春秋左传注》，中华书局1990年版，第9页。

结果，如此则不利于思想的统一。思想不统一，则政治上的大一统又何从谈起？《公羊传》《穀梁传》对此解释较长，主旨也是在揭示经文的微言大义，但大义中羼杂着史实，语言啰唆，看后给人大义不明、史实未确的感觉，淡化了主题思想。孙氏《春秋尊王发微》的解释主旨鲜明，《春秋》为"天下无王而作也，非为隐公而作也"，之所以始于隐公，是因为平王庸暗，周室衰微，诸侯攘国窃号，实然之王已形同虚设，王道从此绝，"天下无复有王也"。一切的混乱无序皆是由于"无王"，"无王"是乱末的本因，是无序的始源，所以元年书"王正月"有"端本""正始"之目的，同时也说出了"尊王"的必要性和紧迫性。

《春秋》蕴含的"尊王"大义，汉唐诸儒中早有人揭示过，但他们并未将其提到主旨的高度，孙复的高明正在于此。

"夫尊王之道不著，仁义之说不明，故汉以后僭窃篡弑，祸乱相寻。"[1]既然要"尊王"，强调建立合理、有序的社会，就要对一切僭主和越权行为进行有力的谴责与鞭挞。对此，孙氏真可谓不遗余力，不论是诸侯，还是大夫，只要他们侵犯天子的权威，或者有专国、擅权行为，或者不符合仁义道德的标准，孙复都会给予抨击和贬斥，这样的文字在全书中处处可见。在孙氏看来，二百四十二年中，几乎无时无刻都有乱臣贼子，真可谓字字见贬、句句见斥，怪不得有人评其著作"犹商鞅之法，弃灰于道者有刑，步过六尺者有

---

[1] ［清］刘谦吉：《重修孙两先生祠堂记》。转引自《徂徕石先生文集》附录三，第293页。

诛"[1]，言其过于苛刻，不是毫无道理。略举几例以明。

《春秋·隐公二年》云：

无骇帅师入极。

《公羊传》谓：

无骇者何？展无骇也。何以不氏？贬。曷为贬？疾始灭也。始灭昉于此乎？前此矣。前此则曷为始乎此？托始焉尔。曷为托始焉尔？《春秋》之始也。此灭也，其言入何？内大恶，讳也。[2]

《穀梁传》谓：

入者，内弗受也。极，国也。苟焉以入人为志者，人亦入之矣。不称氏者，灭同姓贬也。[3]

《公羊传》《穀梁传》对经文解释的重点放在"展无骇"和"入"上，通过对展无骇"不氏"和"入"的解说来贬斥展无骇和鲁隐公——尤其是鲁隐公始灭人之国但仍力图掩饰的不光彩行为。

---

[1] ［宋］晁公武撰，孙猛校证：《郡斋读书志校证》，上海古籍出版社1990年版，第112页。［元］马端临：《文献通考》卷一百八十三《经籍考十》，第155页。［清］朱彝尊：《经义考》卷一百七十九《孙氏复春秋尊王发微》，第418页。《直斋书录解题》（卷三，第564页）大意与此同。
[2] 王维堤、唐书文：《春秋公羊传译注》，上海古籍出版社1997年版，第11页。
[3] ［晋］范宁注，［唐］杨士勋疏，黄侃句读：《春秋穀梁传注疏》卷一，上海古籍出版社1990年版，第13页。

可见《公羊传》和《榖梁传》均注重对《春秋》经一字褒贬的"大义"的揭示。孙复不仅仅局限于此,《春秋尊王发微》说：

> 无骇，公子展孙，不氏，未命也。极，附庸国。外莒人入向，内无骇帅师入极，天子不能诛，此周室陵迟可知也。[1]

孙氏的解释强调的是"王命"，无骇"不氏"是因无骇未尊"王命"而擅自灭人之国。无骇又何以不尊"王命"，是因为"周室陵迟"，王道衰微，诸侯混乱而天子不能制止。孙氏认为，《春秋》经之贬无骇不只是因其灭人之国，更是因为其不尊"王命"，破坏了大一统的有序状态。同时，天子的无为，也导致了以后的恶性循环。"四年春王二月，莒人伐杞，取牟娄"，正是由此时"莒人入向""天子不能诛"所致，这里也顺带着对周天子的无能进行了批评。

再如《春秋·襄公二十七年》云：

> 夏，叔孙豹会晋赵武、楚屈建、蔡公孙归生、卫石恶、陈孔奂、郑良霄、许人、曹人于宋。

对于此句，《公羊传》和《榖梁传》均未做解说。孙氏解说道：

> 隐、威之际，天子失道，诸侯擅权；宣、成之间，诸侯僭命，大夫专国。至宋之会则又甚矣。何哉？自宋之会，诸侯日微，天下之政、中国之事，皆大夫专持之也。故二十九年城

---

[1] ［宋］孙复：《春秋尊王发微》卷一，第5页。

杞，三十年会澶渊，昭元年会虢，诸侯莫有见者，此天下之政、中国之事，皆大夫专持之可知也。[1]

从"天子失道"到"诸侯擅权"，再到"大夫专国"，其"无王"的混乱无秩序状态日甚一日，对于这样的事，怎可不特别点出？孙氏的解说正是要揭露并批判大夫专持国政的事实。

同年秋七月辛巳，叔孙豹再次与诸侯大夫结盟。《公羊传》与《穀梁传》的解释相同："曷为再言豹？殆诸侯也。曷为殆诸侯？为卫石恶在是也，曰：恶人之徒在是也。"[2]二者都刻意指出因卫石恶的参与，诸侯处于危险的境地。难道大夫专国、诸侯失权仅仅是因为一个卫石恶吗？这一解说不能令人满意。再看孙复的评说：

十六年，公会晋侯、宋公、卫侯、郑伯、曹伯、莒子、邾子、薛伯、杞伯、小邾子于溴梁；戊寅，大夫盟。溴梁之会，诸侯会也，而曰"戊寅大夫盟"者，大夫无诸侯也。此年，叔孙豹会晋赵武、楚屈建、蔡公孙归生、卫石恶、陈孔奂、郑良霄、许人、曹人于宋。秋七月辛巳，豹及诸侯之大夫盟于宋。宋之会，大夫会也，大夫会而言"辛巳豹及诸侯之大夫盟于宋"者，不与大夫，无诸侯也。噫！天下之政，中国之事，诸侯专之犹曰不可，况大夫乎？故宋之盟不与大夫，无诸侯也。

---

[1] ［宋］孙复：《春秋尊王发微》卷九，第97页。
[2] 王维堤、唐书文：《春秋公羊传译注》，第428—429页。

宋之盟不与大夫、无诸侯者，孔子伤天下之乱，疾之之甚也。[1]

孙氏没有孤立地解说此段经文，而是与前几次大夫之盟相联系考察评说，将政治权力的递嬗和糟糕事态的演变一步步地揭露出来。天子失权后至今日，"天下之政，中国之事"的掌控权已完全由诸侯转移到大夫手中，天下之事已无任何秩序和标准可言。此次诸侯之大夫开会结盟，是大夫公开掌权的开始。《春秋》再言叔孙豹之盟，是"孔子伤天下之乱，疾之之甚也"的缘故。通段虽没有鞭挞的字眼，但字字可现抨击的意思，实有无声胜有声之效。

孙复对《春秋》的研究和对春秋时代一切政治失序、社会混乱的批判，很大程度上出于其对宋初社会、政治以及文化秩序的焦虑。宋承唐末五代之混乱，政治动乱、社会失序、道德伦理沦丧，对此时人应当记忆犹新。在某种程度上，已经实现所谓大一统的宋代社会仍面临着种种困窘和无奈：内部，矛盾重重，各种斗争激烈；外部，北方的少数民族政权从未放弃过南下的企图。正如欧阳修所说："今宋之为宋，八十年矣，外平僭乱，无抗敌之国；内削方镇，无强叛之臣。天下为一，海内晏然。为国不为不久，天下不为不广也。……而财不足用于上而下已弊，兵不足威于外而将骄于内，制度不可为万世法而日益丛杂，一切苟且，不异于五代之时。"[2] 刚刚建立的北宋政权十分不稳固，孙复和他那个时代的儒士

---

[1] ［宋］孙复：《春秋尊王发微》卷九，第98页。
[2] ［宋］欧阳永叔：《欧阳修全集·居士外集》卷九《本论》，第413页。

们对此深有体会。拥戴强化中央政权，"这是唐代安史乱后两百年来急需提出和矫正时弊的一个态度。宋朝王室，只能在政制上稍稍集权中央，至于理论思想上正式的提倡，使人从内心感到中央统一之必需与其尊严，则有待于他们（儒者）"[1]。所以，包括孙复在内的一大批充满强烈社会责任感和道德使命感的儒者们，都投入到了强化这个来之不易的社会秩序之中。研究《春秋》的过程中，孙复不仅痛斥春秋时代的无君无臣、无父无子和纲常伦理沦丧，更直指唐安史、五代以来臣弑君、子杀父、政权频更的事实，这从另一面肯定了赵宋政权结束动乱纷争、实现大一统的积极历史意义。在孙复看来，若要维护大一统的秩序，首先就要有一个强有力的实然之王。批判一切破坏大一统秩序的行为，强调"尊王"和"有王"的重要意义，都是在为实然之王服务，为大一统社会的存在寻找合理依据，其致用的目的显而易见。

事实上，揭示《春秋》蕴含的"尊王"大义，并非孙复的独创，汉唐儒者已有人为之，但是将其提到主旨高度，则是孙复的高明之处。所以，南宋史学家吕中谓"自孙泰山治《春秋》……而天下始知有《春秋》之义"，概以"尊王"思想影响而言。另外，需要指出的是，孙复强调"尊王"是为其建立大一统的政治秩序服务的，而非要求加强皇权。尽管其思想中有着根深蒂固的儒家封建忠君思想，但事实上，孙复是主张限制皇权的，与皇帝"为与士大夫

---

[1] 钱穆：《国史大纲》第三十二章"士大夫的自觉与政治革新运动"，第560页。

治天下"的宋代政治路线是一致的。诚如葛兆光所说:"从孙复到吕公著、富弼、司马光,都曾经尝试用传统的'灾异'来制约皇帝。但是这种旧方法似乎抵挡不住'天变不足畏',所以,士大夫只能尝试以'士'为'师',以'道'制'王',即以道理来约束皇帝。"[1]

(三)"不惑传注"的治经方法

孙复《春秋尊王发微》之所以能撇开汉唐传注,提出"尊王"主旨,还在于其采用的经学研究方法——"不惑传注",打破了汉唐经师治经方法上的局限,实现了方法上的革新。

唐初朝廷命儒者整理经典,颁布《五经正义》,使长期以来因政治分立而导致的经学和经学传注对立的局面开始走向统一。但是同时,它也给经学研究带来了负面影响——阻碍了经学研究的发展和创新,经学研究的故步自封和经学本身的僵化已不可避免。《五经正义》不仅统一了文本,也统一了对文本的注释,其使用的经学版本和传注,在某种程度上已是经学界权威的象征。它还是科举考试的教科书,潜意识里利用支持它的政治权力对经学研究本身进行规度,学者们只能在它设定的框框内爬梳,不得有任何逾越雷池的行为。此后直至唐朝结束再也没有出现过经学大师,与此不无关系。

其实,唐代中晚期,研究《春秋》的啖助、赵匡、陆淳三人,

---

[1] 葛兆光:《古代中国的历史、思想与宗教》,北京师范大学出版社2006年版,第162页。

已隐约地觉察到在经学权威《五经正义》笼罩下经学研究的弊病。他们高呼，要求冲破网罗，另辟蹊径，提倡变革治经方法，并且亲自开始了实践。

啖助，大历（766—779）年间著名的经学家，主张为学不必严守"师法"与"家法"，以十年工夫研究《春秋经》，撰成《春秋集传》和《春秋统例》两本力作，以为《左传》叙事虽多，但解释"大义"则多有误。赵匡，啖助弟子，认为《春秋》文字隐晦，大义不明，乃举例阐释，发展"微言"，又怀疑《春秋》经文有缺误。陆淳曾师事啖助，认为《左传》长于叙事，但宣扬《春秋》"大义"不如《公羊传》和《穀梁传》。陆淳综合啖助、赵匡之说，著有《春秋集传纂例》《春秋集传微旨》《春秋集传辨疑》等，抨击"三传"。啖助、赵匡、陆淳三人以发展《春秋》经旨为核心，不满《春秋》学者信传而不宗经的固陋习气，主张破除门户之见，对"三传"进行大规模的整合与批判。作为经学变古的先声，他们开启了宋儒怀疑经传风气的先河。

孙复继承了啖、赵、陆三家的说经之法。[1] 他说："专主王弼、韩康伯之说而求于《大易》，吾未见其能尽于《大易》者也。专守

---

1 王应麟谓："庆历中，国子监直讲孙复著《尊王发微》十二篇，大约本于陆淳而增新意。"（王应麟：《玉海》卷四十《庆历春秋尊王发微》，第126页）[清]纳兰性德《通志堂集·经解序·孙泰山〈春秋尊王发微〉序》也说："先生（孙复）之书因淳意而多与先儒异。"（纳兰性德：《孙泰山春秋尊王发微序》，见《通志堂集》卷十二，上海古籍出版社1979年版，第456页）四库馆臣亦认为："复之论，上祖陆淳，而下开胡安国。"（[清]永瑢等：《四库全书总目》卷二六，第214页）

左氏、公羊、穀梁、杜预、何休、范宁之说而求于《春秋》，吾未见其能尽于《春秋》者也。专守毛苌、郑康成之说而求于《诗》，吾未见其能尽于《诗》者也。专守孔安国之说而求于《书》，吾未见其能尽于《书》者也。"[1] 孙氏认为，《春秋》原本是鲁史，但有孔子之深意在内，治《春秋》的主要任务是探求圣人之奥旨，如果只专守前人传注便不能得圣人之意，治《春秋》如此，治他经亦是如此，这是他对"六经"传注的基本看法。

既然前人对经文解说的传注不足以发掘经之大义，所以仅凭研究这些传注，是不能够掌握经典的。如此，传注又有何意义？对于没有意义的传注，要它们又有何用？为求经典之真意义，就要抛开前人无用的传注。孙氏是这样说的，也是这样做的。从前面所举的例子以及与"三传"的对比分析中，我们已约略可以看出《春秋尊王发微》对"三传"的扬弃。下面再看二例。

《春秋·桓公二年》云：滕子来朝。简单的四个字，事情也很明确，只看这四个字，我们也许没有什么疑问，但是如果仔细琢磨对比，便会发现这和前面有些冲突：隐公七年（前716），滕侯卒；十一年（前712）春，滕侯、薛侯来朝。前面都称滕侯，这里为什么降称"子"呢？只看"三传"我们得不出任何答案，因为它们没做任何解释，而《春秋尊王发微》却给予了说明：

滕，称子者。案：杞，公爵也；滕、薛，皆侯也。入春

---

1 ［宋］孙复：《孙明复小集·寄范天章书二》，第171页。

秋，杞或称侯，或称伯，或称子，皆降也；滕或称侯，或称子，称侯正也，称子降也；薛或称侯，或称伯，称侯正也，称伯降也。此盖圣王不作，诸侯自恣，朝会不常。彼三国者，力既不足，礼多不备，或以侯礼而朝，或以伯、子（之礼）而会，故孔子从而录之，以见其乱也。滕子朝弑逆之人，其恶可知。[1]

读后犹有拨开云雾见晴日的感觉。孙氏不但解释了何以称滕"子"，还顺便指斥"滕子朝弑逆之人，其恶可知"，真可谓笔锋犀利、一箭双雕，也进一步证明孙氏从未放弃任何痛击破坏礼乐社会制度的"乱臣贼子"的机会。

庄公三年（前691）秋，《春秋》云"纪季以酅入于齐"，《左传》说："纪于是乎始判。"[2] 意思是说，纪国从此分裂。这又从何说起呢？纪季是谁呢？他和纪国是什么关系呢？让人费解。再看《公羊传》："纪季者何？纪侯之弟也。何以不名？贤也。何贤乎纪季？服罪也。其服罪奈何？鲁子曰：'请后五庙以存姑姊妹。'"[3] 看后，知道了纪季是纪国君主纪侯的弟弟，是个"贤者"。那么纪季是贤者，又何以会出现《左传》所说的"纪于是乎始判"的分裂状况呢？接着看《穀梁传》："酅，纪之邑也。入于齐者，以酅事齐也。

---

[1] ［宋］孙复：《春秋尊王发微》卷二，第15页。
[2] 杨伯峻：《春秋左传注》，第161页。
[3] 王维堤、唐书文：《春秋公羊传译注》，第104页。

入者，内弗受也。"¹《穀梁传》解释了"鄟""入于齐"和"入"，但是将其对"入"的解说放到"入于齐"中又无法讲通，齐人已不得整个纪国都并入齐，又怎会"弗受"呢？可能是把此处的"入"与"入（侵）人之国"的"入"混为一谈。不看《穀梁传》只是不明白，看了之后不但仍然不明白，还会糊涂起来，简直如坠入云雾一般。但是，如果读一读孙氏的《春秋尊王发微》，情况就不一样了。

> 纪季，纪侯弟也。鄟，纪侯邑也。鄟，天子所封，非纪季可得有。齐欲并纪，纪季忘兄之亲，取兄之邑以事于齐，其恶可知也。字者，非他，诸侯之母弟，未命者皆字尔，蔡叔、蔡季之类是也。²

原来是纪季窃取兄长纪侯的封邑以归附齐国，看来说纪季"贤"和齐人"弗受"都是没有任何道理的。公羊氏认为"贤"的纪季也遭到了孙复的猛烈批判，"溥天之下，莫非王土"，纪季"取兄之邑以事于齐"是"王田"所有制的破坏者，其行为即为非礼，在孙复看来，这种破坏礼法秩序的人又何以能称"贤"呢？

孙氏解经勇于打破常规，突破传统的以"三传"为代表的传注对经的限制，直探经文本义，并直接把儒家原典及孔子学说纳入解经之途。《春秋尊王发微》中用儒家原典、孔子之说，即《书》

1　[晋]范宁注，[唐]杨士勋疏，黄侃句读：《春秋穀梁传注疏》卷五，第45页。
2　[宋]孙复：《春秋尊王发微》卷三，第27—28页。

《易》《礼》《诗》《论语》等来解释《春秋》的比比皆是。

隐公三年（前720），"夏四月辛卯，尹氏卒"。孙氏解释说，"尹氏，天子卿。言氏者，起其世也"，接着引《尚书·泰誓》"罪人以族，官人以世"的话来说明。[1]隐公四年（前719）戊申，"卫州吁弑其君完"，孙氏认为"臣弑其君，子弑其父，非一朝一夕之故，其所由来者渐矣"，并引用《易》"履霜坚冰，阴始凝也；驯致其道，至坚冰也""积善之家必有余庆，积不善之家必有余殃"，警告君主一定要防微杜渐。[2]

孙复对《诗经》也有一定的造诣。欧阳修《孙明复先生墓志铭》记载，孙复担任国子监直讲时，常被召见到迩英阁说《诗》。因为对《诗》较为谙熟，写作《春秋尊王发微》时，孙氏也经常以《诗》解《春秋》，随手拈来，运用十分纯熟。僖公十四年（前646）秋八月辛卯，沙鹿崩（大山连根拔起），孙氏引《诗》"百川沸腾，山冢崒崩"，称"山冢崒崩犹以为异，况连足而崩乎！此异之甚者"。[3]

《论语》在入经之前，一直没有受到应有的重视，用《论语》解《春秋》，"三传"几无。但是，在孙复这里，有了重大突破，其引用《论语》达几十处之多。如"天下有道，则礼乐征伐自天子出；天下无道，则礼乐征伐自诸侯出"，《关雎》"乐而不淫，哀而

---

1 ［宋］孙复：《春秋尊王发微》卷一，第7页。
2 ［宋］孙复：《春秋尊王发微》卷一，第8页。
3 ［宋］孙复：《春秋尊王发微》卷五，第50页。

不伤""不教民战，是谓弃之"，威公"九合诸侯，不以兵车，管仲之力也"，等等。只不过孙氏在引用时，大部分称"孔子曰"，没有标明出自《论语》罢了。

  作为宋代治《春秋》学之第一人，孙复有着大胆创新的精神和敢于挑战传统的勇气。他敢于突破常规，勇于向权威挑战。他不惑传注、弃传从经，还善于发现并改正经传的错误，这在经学传注占统治地位而不容置疑的年代，是多么难能可贵啊！隐公二年（前721），《春秋》云："纪子伯莒子盟于密。"关于此句的意思，在经学界和史学界有很大的分歧。其争议点主要集中在"纪子伯"上。《左传》作"纪子帛"，释为"纪子帛、莒子盟于密"。杜预注解说：子帛是裂繻的字，莒、鲁有怨隙，已娶鲁惠公女儿为妻的纪侯有意从中调解，就让到鲁国迎婚的大夫裂繻居间调停，使莒、鲁两国得以化干戈；裂繻为鲁结好息民，故《左传》称"鲁故也"，并比之鲁大夫，居莒君之上，称字以嘉奖他。[1]这样意思就变为鲁国与莒国结盟。这种解释有一定的道理，但不免有附会之嫌，尤其是杜预的注解。后世经学家和史学家大都持此观点。《公羊传》的解说倒挺诚恳："纪子伯者何？无闻焉尔。"[2]《穀梁传》给出了三种说法：一是"纪子伯、莒子盟于密"，只断未解；二是"或曰：纪子伯莒子而与之盟"，释"伯"为动词，意为以谁为伯，用现在的话

---

[1] ［晋］杜预注，［唐］陆德明音义，［唐］孔颖达疏：《春秋左传注疏》卷一《隐公二年》，《景印文渊阁四库全书》（143 册），第 59 页。
[2] 王维堤、唐书文：《春秋公羊传译注》，第 14 页。

说就是纪子以莒子为老大而与他结盟；三是"或曰：年同爵同，故纪子以伯先也"，按此纪子又变成老大。[1]《穀梁传》给出的三种说法均未涉及鲁国，与《左传》截然不同，但是它忽略了一个基本史实——纪为侯国，《春秋》称纪时，均冠以侯爵，此处何以称"子"。"三传"有五种解释，到底该取哪一种说法呢？在史料不充分的情况下，谁也不敢妄下结论。看看孙复《春秋尊王发微》对此做何解。他说："纪本侯爵，此称子伯，阙文也。左氏作'子帛'，杜预言裂缙字者，盖附会其说尔，故不取焉。"[2] 孙氏指出称纪子伯，说不通，一定是经文本身有阙佚，《穀梁传》的"或曰"推测之辞便失去了深入讨论的意义。孙氏还进一步指出，杜预对《左传》"子帛"的解说是附会，所以对左氏之说只能存疑。在资料不充分的情况下，宁肯不说，也莫要乱说，孙氏的治学态度与方法无疑是科学的。这个例子体现了孙复不盲从传注和迷信权威，敢于提出不同的见解，必要时甚至修改传注、经文。

事实上，作为经学研究变革的先驱，孙复并未完全抛弃汉唐经学家解经惯用的训诂、考据、辞章等方法，而是把它们与阐释义理较好地结合起来，训诂、考据、辞章是手段，阐发义理、揭示《春秋》经文中蕴含的微言大义是作者的最终目的。如隐公二年（前721），《春秋》曰："冬十月，伯姬归于纪。"孙氏训释曰："妇人谓

---

[1] ［晋］范宁注，［唐］杨士勋疏，黄侃句读：《春秋穀梁传注疏》卷一，第14页。
[2] ［宋］孙复：《春秋尊王发微》卷一，第5页。

嫁曰归。"[1]对于桓公的"桓",孙氏释曰:桓,谥也,辟土服远曰桓。[2]再如隐公三年(前720),《春秋》曰:"八月庚辰,宋公和卒。冬十有二月,齐侯、郑伯盟于石门。癸未,葬宋穆公。"《春秋尊王发微》指出:《春秋》书诸侯之卒、葬者,岂徒纪其岁时,从其赴告、吊会而已哉?当然不是,"周室陵迟,诸侯僭乱,变古易常,骄蹇不道,生死以圣王之法治之"。书葬与不书葬,都是圣人惩恶扬善的举措,为增强可信度,孙氏使用了统计数字,"诸侯之卒,书葬者九十三,不书葬者四十一",进一步证明自己的论点。[3]类似的例子,在《春秋尊王发微》中不胜枚举。阐释义理与训诂、考据等方法的结合,体现了孙氏对传统治经方法的扬弃,既不墨守师说家法,也没有空发议论;既避免了汉唐经师治经单纯训诂导致的支离破碎弊病,也注意到了只注重微言大义阐释的空疏。这种治经方法体现了继承和创新的结合。

孙氏不惑传注、舍弃传注的解经方法,颇得时人和后人的好评。欧阳修说:"先生(孙复)治《春秋》,不惑传注,不为曲说以乱经,其言简易,明于诸侯大夫功罪,以考时之盛衰,而推见王道之治乱,得于经之本义为多。"[4]钱穆也赞赏说:"论北宋诸儒之治经,如胡瑗之于《易》与《洪范》,孙复之于《春秋》,李觏之于《周官》,此等皆元气磅礴,务大体,发新义,不规规于训诂章句,

---

1 [宋]孙复:《春秋尊王发微》卷一,第5页。
2 [宋]孙复:《春秋尊王发微》卷二,第14页。
3 [宋]孙复:《春秋尊王发微》卷一,第7页。
4 [宋]欧阳永叔:《欧阳修全集·居士集》卷二十七《孙明复先生墓志铭》,第194页。

不得复以经儒经生目之。"又说："宋儒经学，不拘拘在此（章句注疏），重要在创新义、发新论，亦可谓宋儒经学乃是一种新经学。"[1]

（四）"学者多宗之"

《春秋尊王发微》是孙复一生最得意的著作，也是其授课的讲义。事实上，孙复之所以能作为宋代第一位"不由乡举，不俟科选"而直接以布衣征召的直讲[2]，与其在泰山书院讲授《春秋》的影响有关。至国子监后，因平台的扩大，孙复的影响范围更广、更大。程颐曾描述其讲学国子监时学生听课的盛况："孙殿丞复说《春秋》，初讲旬日间，来者莫知其数，堂上不容，然后谢之，立听户外者甚众，当时《春秋》之学为之一盛，至今数十年传为美事。"[3]程颐的言语有两点值得注意：其一，国子监作为全国的最高学府，其生员名额有限[4]，如果仅是监生听讲，不可能"堂上不容"；其二，程颐描述的是孙复遭贬谪后复任国子监直讲的授课场景。事实上，早在孙氏第一次出任直讲时，非国子监生，如京官、学者等多慕名而来，甚至连仁宗亦亲幸听讲，并大加赞赏，赐时从七品官阶的孙复五品服[5]，欲召孙复到"迩英阁说《诗》，将以为侍讲"[6]，终

1　钱穆：《朱子学提纲》，第10、27页。
2　[宋]欧阳永叔：《欧阳修全集·外制集》拾遗《孙复可秘书省校书郎国子监直讲制》，第601页。
3　[宋]程颢、程颐：《二程集·伊川先生文三》卷七《回礼部取问状》，第568页。
4　[元]脱脱等：《宋史》卷一百五十七《选举三》，第3657页。
5　[宋]李焘：《续资治通鉴长编》卷一百四十九《仁宗庆历四年五月》，第3609页。
6　[宋]欧阳永叔：《欧阳修全集·居士集》卷二十七《孙明复先生墓志铭》，第194页。

因妒忌者及墨守汉唐注疏之儒的阻挠而止[1]。孙复去世后，虽有多人被举荐补其职缺，但鉴于其经学造诣及讲学的出色表现一时无人能及，仁宗终下诏："孙复名阙，更不差人。"[2]

综观孙复一生，先后在泰山书院、中央国子学、南京国子监讲学长达二十余年，加之早年漂泊游学的十余年，半辈子的时间都献给了传道授业，门人弟子"足以相望于千百年之间"[3]，虽不无夸张之言，但无疑培养造就了大批人才。其中，不少人受到其思想和"不惑传注"治经方法的影响。如石介认为"《春秋》以无王而作，孰谓隐为贤且让而始之哉？"[4]可谓深得孙复之旨；张洞"得《春秋》最精"，"出三家之异同而独会于经"；士建中"通明经术，不由注疏之说"。[5]除弟子门人之外，据清代经学家皮锡瑞的研究，整个宋代，诸如胡安国、刘敞、孙觉、王皙、苏辙、瞿子方、叶梦得、吕本中、吕祖谦、程公说、张洽、吕大圭、家铉翁等《春秋》学者均受孙复的影响。[6]如孙觉不仅继承了孙复的"尊王"思想，其所著《春秋经解》的不少内容亦全录自《春秋尊王发微》。

---

1 曾巩谓反对者乃杨安国。《隆平集》卷十五《儒学行义》，《景印文渊阁四库全书》（371册），第149页。
2 ［宋］李觏：《李觏集》外集卷一《札子》，第467页。
3 ［宋］石介：《徂徕石先生文集》卷十九《泰山书院记》，第223页。
4 ［宋］黄震：《黄氏日抄》卷七《读春秋一》，《景印文渊阁四库全书》（707册），第108页。
5 ［宋］石介：《徂徕石先生文集》卷十四《与张洞进士书》、卷十三《上范思远书》，第164—165、151页。
6 ［清］皮锡瑞：《经学通论（下）》，中华书局1954年版，第59页。

对于孙复《春秋尊王发微》及其经学成就，当时及后世学者褒贬不一。赞誉者以欧阳修为代表，谓孙复解经不惑于传注，不为曲说以乱经，得经之本义为多。朱熹也认为近世言《春秋》者，如陆淳、孙明复推言治道，凛凛可畏，终得圣人之意。[1]其二人评说均聚焦于孙复在经学研究上的具体贡献。王得臣则认为《春秋尊王发微》"大得圣人之微旨，学者多宗之"[2]，就其影响而云。王辟之评价最高：《春秋尊王发微》"为《春秋》学者未之有过者也"[3]。其他如魏安行、陈振孙、吕中、查滢等人均持肯定态度。批评者主要集中在《春秋尊王发微》对"乱臣贼子"的贬斥上，认为其贬抑太甚。除前引常秩语外，四库馆臣亦评说道：深知《春秋》的孟子不过谓"《春秋》成而乱臣贼子惧"，而孙复则"使二百四十年中……由天王以及诸侯大夫无一人一事不加诛绝"，并认为"过于深求，而反失《春秋》之本旨者，实自复始"[4]。胡安国、黄泽等持论亦若此类。

毁誉者因视角不同，故均可言之成理。但不论赞誉还是批评，抑或是否认同孙复的学说观点，都不得不承认其治学思路和研究方法对后世的启迪价值。基于此认识，针对胡安国引常秩言以责难《春秋尊王发微》，清代学者查滢回应说：

---

1 [清]纳兰性德：《通志堂集》卷十二《孙泰山春秋尊王发微序》，第456—457页。
2 [宋]王得臣：《麈史》卷中《经义》，商务印书馆1938年版，第31页。
3 [宋]王辟之：《渑水燕谈录》卷二《名臣》，第22页。
4 [清]永瑢等：《四库全书总目》卷二六《春秋尊王发微》，第214页。

第五章　孙复、石介的经学贡献　｜　263

> 考胡氏《春秋传》，自伊川《传》外多取资于二孙（孙复、孙觉），其持论不应龃龉如是。以今观其（孙复）发明之义例，原本《三传》，折衷于啖、赵、陆诸家，而断以古先哲王正经常法，似非同时说《春秋》所及。[1]

四库馆臣在指责《春秋尊王发微》后，也不得不承认：复之论上祖陆淳，而下开胡安国。所以，可以毫不夸张地说，孙复的《春秋》学研究实际上开有宋一代《春秋》学研究风气之先，并定下了以义理治经的调子。

事实上，孙复及其《春秋尊王发微》的影响并不限于对传统《春秋》学的冲击和其后《春秋》研究的启迪，更在于其舍弃传注、直探经文本义的研究方法，成为儒家经典研究史上的一种范式革命。其价值不仅在于儒学的复兴，更在于儒学的更新。[2]致力于儒学研究的后继者们或多或少地受孙复启迪，走上了舍弃传注、直探原典的道路，为传统儒学的复兴和新儒学的兴起增添了一支支强大的生力军，所以宋儒黄震谓"本朝理学，实自胡安定（胡瑗）、孙泰山、石徂徕（石介）三先生始"，实为见地之说。清初学者黄百家谓时人"言宋儒者必冠濂溪，不复思夫有安定、泰山之在前也"[3]，亦为孙复等鸣不平。基于此，谓《春秋尊王发微》是实现经学研究方法转变的关键性著作，孙复是宋代新儒学的开路先锋，毫不为过。

---

1 ［清］朱彝尊：《经义考》卷一百七十九《孙氏复春秋尊王发微》，第420页。
2 庞朴：《中国儒学（第一卷）》，东方出版中心1997年版，第242页。
3 ［清］黄宗羲、全祖望：《宋元学案》卷二《泰山学案》，第122页。

二、孙复、石介与《易》学

孙复、石介在《易》学上的成就和贡献比不上其《春秋》学，但是他们在治经方法上的革新为后来《易》学研究者所借鉴，不可否认，他们对整个宋代《易》学研究也做出了一定的贡献。

（一）《易》学著作

孙复研摩经典，除了《春秋》外，还有《易》，这也是他和石介二人讲学的主要教本。"先生（孙复）晨起坐堂上，口讽《大易》《春秋》辞。洪音琅琅响齿牙，鼓簧孔子兴宓羲。"[1]"（石）介日坐堂上，则以二帝三王之《书》、周公之《礼》、周（时）之《诗》、伏羲、文王、孔子之《易》及孔子之《春秋》，与诸生相讲论。尧、舜、禹、汤、文王、周公、孔子之道，不尝离于口也。"[2]

孙复重视《春秋》与《易》，这与他对二经的认识分不开。石介曾说："先生（孙复）尝以谓尽孔子之心者《大易》，尽孔子之用者《春秋》，是二大经，圣人之极笔也，治世之大法也。"[3]即《易》和《春秋》都是圣人生命关怀之体现，是治世的法则，借石介之口

---

1 ［宋］石介：《徂徕石先生文集》卷二《乙亥冬，富春先生以老儒醇师，居我东齐，济北张洞明远、楚丘李缊仲渊，皆服道就义，与介同执弟子之礼，北面受其业。因作百八十二言相勉》，第19页。文渊阁四库全书本"琅琅"作"郎朗"，"宓羲"作"伏羲"。

2 ［宋］石介：《徂徕石先生文集》卷十五《答欧阳永叔书》，第176—177页。

3 ［宋］石介：《徂徕石先生文集》卷十九《泰山书院记》，第223页。

道出了孙复，其实也是石介本人重视《易》的原因。孙复在泰山研究经典、讲学传道的八年时间，在《春秋》与《易》上用力最深。"先生四十九岁，病卧山阿，衣弗充，食弗给，日抱《春秋》《周易》读诵，探伏羲、文王、周公、孔子之心。"[1]

石介《泰山书院记》载，在康定元年（1040）之前，孙复已著有《易说》六十四篇，但宋代两部最重要的目录学著作《郡斋读书志》和《直斋书录解题》均未著录，《文献通考》和《宋史·艺文志》也未见记载，说明此书影响不大，在当时并未版行，抑或即已散佚不传。宋人俞琰《读易举要》称"蜀人房审权，熙宁间人，编《周易义海》，集郑玄至王安石凡百家。后有江都李衡彦平删削为《义海撮要》，而益以伊川、东坡、汉上、龚原之说"[2]，并于后列举李衡《周易义海撮要》所录之人，孙复名列其中。另外，宋人《易》学著作中也有不少引用孙复解《易》之语，如林栗的《周易经传集解》、李衡的《周易义海撮要》、冯椅的《厚斋易学》等，而且往往谓"孙复石介曰"。这些足以说明，孙复确实写过一部《易》学著作，且在思想上对石介的《易》学研究影响很大，或者说二人的《易》学思想大致相同。孙复的另一弟子刘牧，长于象数学，对传统的象数学进行改造，创造了一种新的治《易》方法，开象数图书派。毫无疑问，在某种程度上，刘牧的《易》学成就也与

---

1 ［宋］石介：《徂徕石先生文集》卷十五《与祖择之书》，第179页。
2 ［宋］俞琰：《读易举要》卷四《魏晋以后唐宋以来诸家著述》，《景印文渊阁四库全书》（21册），第461—462页。

孙复的影响密不可分。

透过后人对孙复《易》学内容的征引和石介、刘牧二人的《易》学成就，可以认为，孙复对《易》学的确有一定的研究。当然，其影响无法与《春秋》学著作相论。

如果说孙复在经学研究上的成就主要表现在《春秋》学上，那么石介则更多地体现在《易》学上。石介著作中，无论是上朝臣书，还是与朋友、生徒的诗文书信，称引经典时，提到和引用《易》的次数最多，如赞仁宗"惟帝之道，与时语默，静则坤阖，动则乾辟"[1]，与士建中"重欲同君注《周易》，且来共我听胡琴"[2]，谓其弟子苏唐询"道传诸子后，《易》得数爻深"[3]，寄诗弟子李常等人"早到茅庐慰孤淡，《易》爻重待共参微"[4]，等等。再者，史籍言师从石介者，多谓从其学《易》，也反映了石介的治学旨趣。综上可以认为，石介研究和传授学生的经典主要是《易》。朱长文《乐圃余稿》说：

> 庆历中，仁宗皇帝锐意图治，以庠序为教化之本，于是兴崇太学，首善天下，乃起石守道于徂徕，召孙明复于泰山之阳，皆主讲席。明复以《春秋》，守道以《易》学，士大夫翕然向风，先经术而后华藻。既而守道捐馆，明复坐事去国。至

---

[1] [宋]石介：《徂徕石先生文集》卷一《宋颂九首·明道》，第6页。
[2] [宋]石介：《徂徕石先生文集》卷四《士廷评相会梓州》，第49页。
[3] [宋]石介：《徂徕石先生文集》卷四《苏唐询秀才晚学于予，告归，以四韵勉之》，第38页。
[4] [宋]石介：《徂徕石先生文集》卷四《伯升病（归），君逢、遵道送归》，第50页。

和中,复与胡翼之并为国子监直讲,翼之讲《易》更直一日。[1]

可见,石介在国子学讲《易》早于同为"宋初三先生"的胡瑗,其《易》学在当时很受欢迎。钱穆曾说:"胡瑗治《易》,孙复治《春秋》,此乃宋儒研经开先两大宗。"[2]其实,石介治《易》亦有开先河之功,后人对石介的注意力往往放在讲学和《庆历圣德颂》上,鲜有学者着力探讨他的经学尤其是《易》学成就。

石介的《易》学著作,今业已佚失,但在《四库全书》的《易》类中保存了不少石氏解《易》的言论,如宋人冯椅的《厚斋易学》、明人潘士藻的《读易述》、清人沈起元的《周易孔义集说》和翟均廉的《周易章句证异》等。关于石介《易》著的书名和卷数,笔者查寻了宋元及清代几本重要的目录学著作和经史典籍,相信对弄清楚这一问题有一定的帮助。

虽然两宋之际的目录学家晁公武的《郡斋读书志》未著录,但南宋末年赵希弁补著《郡斋读书志》而作的《郡斋读书后志》称"徂徕先生《周易》五卷"。南宋初尤袤《遂初堂书目》作"石介《口义》",不著卷数。《直斋书录解题》谓石介《周易解义》十卷。冯椅《厚斋易学》曰"《中兴书目》(《中兴馆阁书目》):《周易口义》十卷,本朝直集贤院石介撰。建本作《解义》"[3]。《宋史·艺

---

1 [宋]朱长文:《乐圃余稿》卷七《春秋通志序》,第36页。
2 钱穆:《朱子学提纲》,第18页。
3 [宋]冯椅:《厚斋易学》附录一《先儒著述上》,《景印文渊阁四库全书》(16册),第827页。

文志》作"石介《口义》十卷"[1]。清人朱彝尊《经义考》又作《周易解》,自注曰:"宋《志》作《口义》,建本作《解义》。"关于卷数,《经义考》谓"宋《志》十卷",自注说:"《绍兴书目》卷同,题曰《易义》。《通考》作五卷。"[2]可以发现,无论是书名,还是卷数,都存在很大的争议。对此笔者认为:其一,不论是称《口义》《解义》,还是《易解》,应是指同一书,不存在两种或多种;其二,关于卷数,从《绍兴书目》《中兴馆阁书目》《直斋书录解题》的十卷到《郡斋读书后志》《文献通考》的五卷,应为流传中脱佚所致,元人编《宋史》时,可能此书已佚,《艺文志》中的十卷之谓大概是取前舍后、取多舍少。

(二)《易》学思想

孙复、石介二人的《易》学原著今已无法见到,我们仅能通过其文集中相关的只言片语和后人对其《易》学著作的征引、评论来略说一二。

和众多儒者一样,孙复也认为《易》最终成于孔子之手,这正是《易》厕身于"经"之列的根本原因。"是故《诗》《书》《礼》《乐》《大易》《春秋》之文也,总而谓之经者,以其终于孔子之手,尊而异之尔。"[3]石介则进一步指出孔子对包括《易》在内的"六经"

---

[1] [元]脱脱等:《宋史》卷二百二《艺文志》,第5035页。
[2] [清]朱彝尊:《经义考》卷十八《易十七》,《景印文渊阁四库全书》(677册),第191页。今本《文献通考》无著录,更莫说五卷,不知所据。
[3] [宋]孙复:《孙明复小集·答张洞书》,第173页。

第五章 孙复、石介的经学贡献 | 269

的不同述作:"六经皆出孔子之笔,然《诗》《书》止于删,《礼》《乐》止于定,《易》止于述,《春秋》特见圣人之作褒贬"[1]。在孙复看来,《易》位列"六经",但却有特殊的地位,它与《春秋》构成"六经"中最重要的两部,是孔子生命智慧和人道关怀的终极体现,"尽孔子之心者《大易》,尽孔子之用者《春秋》,是二大经,圣人之极笔也,治世之大法也"[2]。所以,其一生汲汲于《春秋》和《易》,正是试图挖掘圣人的治道思想,为改造社会服务。

在治《易》方法上,孙复反对以谶纬思想和阴阳学说解《易》,附会臆说,对汉儒极为重视的《易纬》进行批判,指责其非但不能使圣人之《易》道光耀天下,还起到消极的阻塞作用:"《易纬》言卦起于《中孚》《震》《离》《兑》《坎》,配于四方,其八卦各主六日七分,以周一岁三百六十五日四分日之一,执此而言之也。殊不知《易纬》者,阴阳家说,非圣人格言。若执此以为《易》,则《易》之道泥矣。"[3]同时,他也反对汉唐儒者为《易》所作的注疏,认为其幽蔽了《易》中蕴含的圣人微旨。基于此,他主张抛弃杂有谶纬迷信思想言论的汉唐《易》著,进言朝廷召天下耆老硕儒重为注疏[4],实开《易》学研究方法转变之先风。

有关石介的《易》学思想和言论保存下来的稍微多一些,然而杂碎琐言,不够系统、完整,其中更是矛盾丛生,问题百出,需要

---

1 [宋]石介:《徂徕石先生文集》卷十四《与张洞进士书》,第164页。
2 [宋]石介:《徂徕石先生文集》卷十九《泰山书院记》,第223页。
3 [宋]孙复:《孙明复小集·辨扬子》,第164页。
4 [宋]孙复:《孙明复小集·寄范天章书二》,第172页。

对现有史料进行考辨与甄别。

先看陈振孙的说法：

> 《周易解义》十卷，直讲徂徕石介守道撰。止解六十四卦，亦无大发明。晁景迂（即晁说之，姜潜门人）尝谓：守道说"孔子作《彖》《象》于六爻之前，小《象》系逐爻之下，惟《乾》悉属之于后者，让也（《景迂生集》于此有"呜呼"二字），他人尚何责哉？"今观此《解义》，言王弼注《易》，欲人易见，使相附近，他卦皆然，惟《乾》不同者，欲存旧本而已，更无他说。不知景迂何以云尔也。案：宋咸补注首章，颇有此意，晁殆误记也耶！[1]

赵希弁的意思与陈振孙的说法大致相同：

> 徂徕先生《周易》五卷。右皇朝石介守道撰。景迂云：《易》古文十二篇，"先儒谓费直专以《彖》《象》《文言》参解《易》爻，以《彖》《象》《文言》杂入卦中者，自费氏始"；孔颖达云王辅嗣（王弼）又"分爻之《象辞》各附当爻"；"则费氏初变（《景迂生集》于此有"乱"字）古制时，犹若今《乾》卦《彖》《象》系卦（《景迂生集》"卦"作"辞"）之末欤？古经始变于费氏，卒大乱于王弼，惜哉"，今学者曾不之知也！"石守道亦曰：'孔子作《彖》《象》于六爻之前，小

---

[1] ［宋］陈振孙：《直斋书录解题》卷一《易类·周易解义十卷》，第534页。

《象》系逐爻之下，惟《乾》悉属之于后者，让也。'呜呼，他人尚何责哉？"家本不见此文，岂介后觉其误改之欤！[1]

先撇开石介的《易》学思想不论，单看从晁说之到陈振孙，再到赵希弁等人的论述，可以隐约地发现他们见到的石氏《周易解义》可能已出现了不同程度的史籍残缺现象。晁说之认为石介解《易》的一个主题思想是："孔子作《彖》《象》于六爻之前，小《象》系逐爻之下，惟《乾》悉属之于后者，让也。"这是晁氏见到的石介《易》学的主题思想，甚或是《周易解义》中的原话。到陈振孙时，石介《易》著仅剩下解六十四卦的内容，晁说之所谓的石氏解《易》主题已随原著的脱佚而面目全非，陈氏无法从当时残缺的《周易解义》中发现这一基本思想，而稍晚的宋咸也有这一言论，遂武断地认为是晁说之的"误记"，导致张冠李戴。其实，宋咸研究《易》学于石介为后，受石氏思想的影响也是不无可能。赵希弁题解《周易解义》时大量引用晁说之原话，好像在为晁氏著作解题一般，其做法实让人费解。但若换一个角度思考，则很容易理解。赵希弁的做法可能源于一种看法，即晁说之的《易》学思想对石介有所继承，在某种程度上，后者可视为前者的翻版，也不无道理。[2]赵氏见到的石介《易》学著作之"家本"没有晁说之所言"孔

---

1 ［宋］赵希弁：《郡斋读书后志》卷一《经类·徂徕先生周易五卷》，《景印文渊阁四库全书》（674 册），第 370—371 页。
2 此种说法并非毫无道理。《宋元学案》记载，晁说之曾师从孙复门人同时也是石介的门人——姜潜，所以晁氏《易》学在某种程度上不可否认也受到孙复、石介的影响。

子作《彖》《象》于六爻之前，小《象》系逐爻之下，惟《乾》悉属之于后者，让也"的意思或话语，赵氏便认为是"介后觉其误改之"，谬误更甚！石介既然生前修订或删改了这一主题或原话，后来的晁说之又是何从见到？所以，对于这一切最为合理的解释只能是史籍脱佚所致。

通过解读晁说之、陈振孙和赵希弁等人的论述，笔者简单地钩稽出石介《周易解义》的一些基本思想。

第一，石介对孔子作"十翼"的传统观点持怀疑态度。《易》或称《周易》，为古代的卜筮之书，它由《易经》和《易传》两部分组成。《易经》包括六十四卦的卦辞和三百八十四爻的爻辞。《易传》由《彖》上下、《象》上下、《系辞》上下、《文言》、《序卦》《说卦》、《杂卦》十篇组成，犹如《易经》之羽翼，故又有"十翼"之谓。

关于《易传》的作者，汉唐儒者一般认为是孔子。司马迁最先谈及这一问题，他在《史记·孔子世家》中谓："孔子晚而喜《易》，序《彖》《系》《象》《说卦》《文言》。读《易》，韦编三绝。曰：'假我数年，若是，我于《易》则彬彬矣。'"《正义》诠释说："夫子作《十翼》，谓《上彖》《下彖》《上象》《下象》《上系》《下系》《文言》《序卦》《说卦》《杂卦》也。"[1] 班固《汉书·艺文志》也持此说："孔氏为之《彖》《象》《系辞》《文言》《序卦》

---

[1] ［汉］司马迁：《史记》卷四十七《孔子世家第十七》，中华书局1959年版，第1937页。

之属十篇。"[1]孔颖达在《周易正义》卷首明确指出:"其《彖》《象》等'十翼'之辞,以为孔子所作,先儒更无异论。"[2]

"十翼"为孔子所作,在汉唐学者那里已成定论,汉至宋的一千多年中无人提出异议,它反映了儒者对孔子的尊崇和孔子在学术上的独尊地位。石介对孔子和儒家思想、经典的信从简直到了无以复加的地步,正如其好友欧阳修在为他作的墓志铭中所言:

> 其(石介)为言曰:"学者,学为仁义也。仁急于利物,义果于有为。惟忠能忘其身,惟笃于自信者,乃可以力行也。"以是行于己,亦以是教于人。所谓尧、舜、禹、汤、文、武、周公、孔子、孟轲、扬雄、韩愈氏者,未尝一日不诵于口。思与天下之士,皆为周、孔之徒,以致其君为尧、舜之君,民为尧、舜之民,亦未尝一日少忘于心。[3]

但是尊崇、信从并不等于盲从。石介虽谓"尽孔子之心者《大易》,尽孔子之用者《春秋》,是二大经,圣人之极笔也,治世之大法也"[4],但对孔子作"十翼"的说法十分谨慎,在某种程度上甚至持怀疑态度,仅认为《易》的《彖》《象》为孔子所作,至于《系辞》上下、《文言》、《序卦》、《说卦》、《杂卦》六篇为孔子所作

---

[1] [汉]班固:《汉书》卷三十《艺文志第十》,中华书局1962年版,第1704页。
[2] [唐]孔颖达:《周易正义·卷首》,见[清]阮元《十三经注疏》之《周易正义》,中华书局1980年影印,第5页。
[3] [宋]欧阳永叔:《欧阳修全集·居士集》卷三十四《徂徕石先生墓志铭》,第240页。
[4] [宋]石介:《徂徕石先生文集》卷十九《泰山书院记》,第223页。

的说法，则不敢苟同。石介说：

> 孔子作《彖》《象》于六爻之前，小《象》系逐爻之下。[1]

又谓：

> 《易》题作上下二篇，当是文王、周公时已然，后人又自《乾》至《履》（第一卦至第十卦）、自《泰》至《观》（第十一卦至第二十卦）之类，别离为卷，则《乾》传第一，是后人题也。[2]

> 夫《书》之典、谟、训、诰、誓、命，《诗》之风、雅、颂，《春秋》之经，《易》之卦、爻、彖、象，周公之典、礼，皆圣人之书也。圣人没，七十子散，微言绝，异端出，群子纷纷然，以白黑相谕、是非相淆，学者不知所趋。[3]

结合上述几则史料，可见石介对于《易经》和《易传》作者的基本看法：《易经》之卦、爻辞为文王、周公等人所创，孔子所作仅《彖》《象》。由于史籍阙佚，对于石介的具体论述和所言之依据我们已无法查找。后欧阳修作《〈易〉或问三首》《〈易〉或问》和《〈易〉童子问》大概是受石介的影响，谓："何独《系辞》焉，《文言》《说卦》而下，皆非圣人之作，而众说淆乱，亦非一人之

---

1 ［宋］陈振孙：《直斋书录解题》卷一《易类·周易解义十卷》，第534页。
2 ［清］朱彝尊：《经义考》卷四《周易》，第31页。
3 ［宋］石介：《徂徕石先生文集》卷十三《与杨侍讲书》，第154—155页。

言也。"[1]认为《系辞》上下、《文言》、《序卦》、《说卦》、《杂卦》六篇都不是孔子所作,从反面肯定了石介认为孔子作《彖》《象》的说法。

第二,石介认为当时流行的《易》在体例上已非古《易》之原形。他说:"《易》题作上下二篇,当是文王、周公时已然,后人又自《乾》至《履》(第一卦至第十卦)、自《泰》至《观》(第十一卦至第二十卦)之类,别离为卷,则《乾》传第一,是后人题也。"在石介看来,《易经》在孔子前已分为上、下两篇,宋时通行的部分"别离为卷"及"乾"传第一是"后人"所为,穿插在《易经》中《彖》《象》的排序则系孔子之杰作。石介认为,诠释《易经》、作《彖》和《象》的孔子排列《彖》《象》时在体例上是十分讲究的:"孔子作《彖》《象》于六爻之前,小《象》系逐爻之下。"即所作的各卦《彖辞》《象辞》均置于各爻之前。如第二卦《坤》卦,先"卦辞",其后是总释《坤》的《彖辞》和《象辞》(大《象》),再其后分别为《坤》卦各爻"爻辞"及解释各爻的小《象》。但并非每一卦都按照这样的顺序排列,第一卦《乾》卦就是特例,"惟《乾》悉属之于后"。《乾》卦首列"卦辞",次列"爻辞",次列《彖辞》,次列《象辞》(大《象》之后紧跟小《象》)。简单地说,《乾》卦是先"经"文后"传"文。为什么要这样做呢?石介

---

[1] [宋]欧阳永叔:《欧阳修全集·〈易〉童子问》卷三,第568页。

认为，这是圣人谦让作风的反映。[1]今天我们所见的《易》也基本上按照此种体例编排。石介的解说正确与否，姑且不论，仅就其敏锐的洞察力和敢于抛开传注、另辟蹊径的创新精神和做法，也值得我们借鉴和学习。

第三，石介通过考证，认为当时流传的《易》出自汉代《易》学大师费直。南宋《易》学家俞琰在《汉儒相传之〈易〉》中引石介话说：

> 汉有田（何）、焦（延寿）、费（直）三家。田之学传于孔子，焦、费之学无传，谓得之隐者，专以阴阳为说。费直之《易》以《彖》《象》《系辞》《文言》解说上下经，田、焦之学废已久。费直《易》其本皆古字，号为"古文易"，以授琅琊王璜，璜授沛人高相，相授子康及兰陵毋将求，故有费氏《易》行于人间。及后汉陈元（阙"方"字）、郑众皆传费氏《易》，马融又为之《传》以授郑玄，玄亦作《注》。王弼多取郑玄旧说，为之训解。今之《易》盖出于费氏之学也。[2]

---

[1] 对于如此编排晁说之和陈振孙的解读存在很大的差异。前者认为石介的看法是圣人之"让"，后者则以为石介谓"王弼注《易》欲人易见，使相附近，他卦皆然，惟《乾》不同者，欲存旧本而已"。两种解释出于不同的考虑，也形成了截然相反的结论：前者以孔子订《易》，确立了其基本格式；后者则认为注《易》的王弼是《易》最终体例的确立者。两种说法到底哪种才是石介的看法，因史籍阙如，一时无法明断。但从石介对先秦儒家尤其是对孔子的倾情仰慕和对汉唐章句训诂之儒的厌恶出发，这里暂取前一种。

[2] ［宋］俞琰：《读易举要》卷四《汉儒相传之〈易〉》，第455—456页。

清人朱彝尊在王弼《周易注》考中也引石介言曰："王弼多取康成旧解为之训说，今之《易》盖出于费说也。"[1] 晁说之基本上继承了石氏的这一说法，他在《题古〈周易〉后》言：

> 先儒谓费直专以《彖》《象》《文言》参解《易》文，以《彖》《象》《文言》杂入卦中者，自费氏始。其初费氏不列学官，唯行民间，至汉末陈元方、郑康成之徒，皆学费氏……孔颖达又谓，辅嗣（王弼）之意，《彖》本释经，宜相附近，分爻之《象辞》各附于当爻。则费氏初变乱古制时，犹若今《乾》卦《彖》《象》《系辞》之末欤。古经始变于费氏，而卒大乱于王弼，惜哉！奈何后之儒生尤而效之。[2]

今天大多数学者基本上认同了石介"今之《易》盖出于费氏之学"的说法，同时石氏所述的汉魏《易》学传承谱序，在当今的《易》学界也有一定的市场。

（三）治《易》特色

孙复、石介师徒二人治经，敢于抛开汉唐儒者传注的束缚，结合现实需要，重为注疏，阐发经典之"微言大义"。借用欧阳修的话说："不惑传注，不为曲说以乱经，其言简易……得于经之本

---

[1] ［清］朱彝尊：《经义考》卷十《王弼〈周易注〉》，第96页。
[2] ［宋］晁说之：《景迂生集》卷十八《题古〈周易〉后》，《景印文渊阁四库全书》（1118册），第342—343页。

义为多。"¹当然，欧阳氏本意是在赞扬孙复治《春秋》之功绩，事实上，非但孙复如此，石介也是这样；"不惑传注"不仅表现在治《春秋》上，研究包括《易》在内的其他诸经也是如此。对此，孙复有一段特别经典的话。他说：

> 国家以王弼、韩康伯之《易》，左氏、公羊、穀梁、杜预、何休、范宁之《春秋》，毛苌、郑康成之《诗》，孔安国之《尚书》，镂板藏于太学，颁于天下。又每岁礼闱设科取士，执为准的，多士较艺之际，一有违戾于注说者，即皆驳放而斥逐之。复至愚至暗之人，不知国家以王、韩、左氏、公羊、穀梁、杜、何、范、毛、郑、孔数子之说，咸能尽于圣人之经耶？又不知国家以古今诸儒服道穷经者，皆不能出于数子之说耶？若以数子之说咸能尽于圣人之经，则数子之说不能尽于圣人之经者多矣；若以古今诸儒服道穷经皆不能出于数子之说，则古今诸儒服道穷经可出于数子之说者亦甚深矣。噫！专主王弼、韩康伯之说而求于《大易》，吾未见其能尽于《大易》者也；专守左氏、公羊、穀梁、杜预、何休、范宁之说而求于《春秋》，吾未见其能尽于《春秋》者也；专守毛苌、郑康成之说而求于《诗》，吾未见其能尽于《诗》者也；专守孔安国之说而求于《书》，吾未见其能尽于《书》者也。彼数子之说既不能尽于圣人之经，而可藏于太学，行于天下哉？又后之作疏

---

1 ［宋］欧阳永叔：《孙明复先生墓志铭》，第194页。

者,无所发明,但委曲踵于旧之注说而已。[1]

这段话出自孙复给范仲淹的书信《寄范天章书二》。仁宗景祐二年(1035)三月,以谏官知苏州的范仲淹入迁为礼部员外郎、天章阁待制[2],判国子监,主管天下教育和当时最高学府国子学。孙复得知后十分高兴,遂寄书范仲淹,言儒者奉为圭臬的经典传注漏洞百出,已不再能适应当时的需要,期盼握有教育大权的范仲淹以政府的名义组织儒者重为注疏。在当时的社会环境下,这种大胆的"异端"言论着实令人震惊。石介也谓:"夫《书》之典、谟、训、诰、誓、命,《诗》之风、雅、颂,《春秋》之经,《易》之卦、爻、彖、象,周公之典礼,皆圣人之书也。圣人没,七十子散,微言绝,异端出,群子纷纷然,以白黑相谕、是非相淆,学者不知所趋。"[3]在孙、石看来,儒者专主王弼、韩康伯之说而求《大易》之精神,根本无法尽得圣人之意旨。不但如此,对朝廷钦定经典传注的怀疑和不满,还直接促使孙复、石介二人抛开传注,开始以新的方法治《春秋》《易》等经典的实践,对宋代新儒学的兴起实有筚

---

1 [宋]孙复:《孙明复小集·寄范天章书二》,第171页。
2 [宋]李焘:《续资治通鉴长编》卷一百十六《仁宗景祐二年三月》,第2724页。范仲淹此次迁任,缘由不详,李焘自注谓"仲淹自外骤居侍从,必有故,史无其说,或缘富弼上疏也"。孙复《寄范天章书一》则曰:"以执事顷居谏职署,多箴规药石之益,亟自苏台召入,将大用之。而执事拜章恳求莅于太学者,斯盖执事不汲汲于富贵,而孜孜于圣贤之教化也。"《寄范天章书二》又曰:"今执事以内阁之崇,居太学教化之地,是开圣阐幽、芟芜夷乱、兴起斯文之秋也。"(第171—172页)孙复之言或可补史籍之阙。
3 [宋]石介:《徂徕石先生文集》卷十三《与杨侍讲书》,第154—155页。

路蓝缕之功。

一定程度上舍弃郑玄、王弼、韩康伯、孔颖达等汉唐儒者传注不合时宜的成分，从时代需要以新的方法阐释《易经》，是孙复、石介治《易》的特色之一。下面举例说明。

《恒》卦初六爻曰：浚恒，贞凶，无攸利。《象》曰：浚恒之凶，始求深也。王弼注解谓：

> 处恒之初，最处卦底，始求深者也。求深穷底，令物无余蕴，渐以至此，物犹不堪，而况始求深者乎？以此为恒，凶正害德，无施而利也。[1]

王氏注释基本上抛弃了两汉经师之儒说经、解经纯粹的训诂之法，改以阐发义理为主。王弼虽曰"扫象不谈"，但在释此句时仍从卦象本身出发，正所谓因象得意，"寻象以观意"。但"卦者，时也。时有治乱，卦有善恶。然以《彖》《象》而求卦义，则虽恶卦，圣人君子，无不可为之时。至其爻辞，则艰厉悔吝凶咎，虽善卦亦尝不免"[2]，所以，单单从卦象本身出发释《易》存在很大的缺陷。就本爻来看，王弼所谓"贞凶"的理由并不充分。再看孔颖达的疏解：

> 浚，深也。最处卦底，故曰深也。深恒者，以深为恒是

---

[1] [魏]王弼：《周易注》卷四《周易下经咸传第四》，景印文渊阁四库全书（7册），第230页。
[2] [宋]欧阳永叔：《欧阳修全集·居士外集》卷十《〈易〉或问》，第430页。

> 也。施之于仁义，即不厌深。施之于正，即求物之情。过深是凶正害德，无施而利，故曰"浚恒，贞凶，无攸利"也……始求深者，处卦之初，故言始也。最在于下，故言深也，所以致凶谓在于始，而求深者也。[1]

孔氏之说以王弼注为本，强经而从王之注说，以训释字义为主，言辞琐碎，烦不胜烦，大意莫若王弼之说明了可观。

孙复、石介把对初六爻的解说与《恒》卦九四爻结合起来，谓："初六""九四"是夫妇、君臣始相正之时，男始责其女而过深，女不安其室矣；君始责其臣而过深，士不安其朝矣。[2]孙、石之论全在阐发义理，几乎完全抛弃了王弼以象求意和汉唐章句训诂之模式。义理的阐释是否正确，暂不做讨论，但其说简易，甚为明了。在本段的解说中，他们改变了旧说单从妇、臣方面致凶的片面论，指出夫责妇、君责臣过深都是导致不吉的重要因素，于君臣、夫妇关系的良性互动很有见地，由此我们也可以理解何以孙、石说经听者满朝，一时大受欢迎。宋人林栗说：

> "初六"，巽也，以阴居刚，而在一卦之下，应乎"九四"……夫下之情莫不愿达于上，上之情莫不求通于下。然而下常苦上之难达，上常苦下之难知。……君之视臣如鬼

---

[1] ［魏］王弼注，［唐］陆德明音义，［唐］孔颖达疏：《周易注疏》卷六《下经》，景印文渊阁四库全书（7册），第425页。
[2] ［宋］林栗：《周易经传集解·恒》卷十六，《景印文渊阁四库全书》（12册），第223页。

蜮，臣之视君如路人，贵贱之势，邈乎相辽，休戚之情，了不相及，徒相与为凶，而已其何利之有焉？……夫妇之初，君臣之始，不求其开心见诚相与以济，而求其深情厚貌便佞而诡随，未见其能久也。[1]

很大程度上是继承和发展了孙、石的学术观点与思想。

  阐发义理，发掘经典中蕴藏的"微旨"，是孙复、石介解《易》的最大特点。对于《坤》卦六五爻，石介诠释说："《乾》'九五'，君位之盛；《坤》'六五'，臣位之盛。"[2]语言凝练，大意明了。《讼》卦六三爻"食旧德，贞厉，终吉，或从王事，无成"，石介解说为："'九二'以下讼上，既不克讼，逋窜而归，不保其禄位，为上所夺。今'六三'顺以从上，故得保其旧日之禄位也。"[3]释《师》卦："五阴而一阳，取其兵出于一，指麾进退，一听于将也。命出于一必胜，命出二三，众罔适从，必败。'六五'用柔，军中之事，一委于将也。"[4]等等，均以阐发朴素的义理见长。石介说《易》阐发义理以易懂为原则，往往借用现实生活中的具体事例来说明抽象的经、传之文，或者以经、传之文来评说现实中的种种社会现象，所以不免有附会之嫌，这是其解《易》的最大缺憾。

---

1 ［宋］林栗：《周易经传集解·恒》卷十六，第223页。
2 ［宋］冯椅：《厚斋易学》卷五《易辑传第一》，第99页。
3 ［宋］冯椅：《厚斋易学》卷七《易辑传第三》，第144页。
4 ［宋］冯椅：《厚斋易学》卷八《易辑传第四》，第148页。

宋人鉴于唐末五代伦理沦丧的教训，于君臣、父子、夫妇之辨最为谨严，这与孙复、石介的提倡有着很大的关系。孙、石师徒二人不但致力于讲学传道，还把恢复儒家纲常伦理作为复兴儒学的重要方面。这不仅表现在其文集中，在诠释《易》时也很好地体现了这一思想。除上例外，如"坤"字，石介说：

> 不谓之地，谓之坤者，取顺义也。坤，地道也，阴道也，臣道、子道、妻道也。地必承顺于天，阴顺于阳，臣顺于君，子顺于父，妻顺于夫，天下之大顺也。[1]

石介此论成为后来理学家倡言君臣、父子、夫妻伦理思想的重要来源之一。

孙复、石介解《易》有着明显的用世目的。他们解《易》时将对现实关注的情感倾注其中，把个人的喜怒、哀乐、忧愤都毫无保留地展现在对经文的注释中。如"天行健，君子以自强不息"，石介解释说："乾下乾上，纯刚至精之气，无一阴以杂之，人君固当法乾，使朝廷上下皆君子，不可使一小人乱之也。"又释《坤》卦六四爻"括囊，无咎无誉"，谓"阴之为道，圣人恶之，故象欲其丧朋。而六爻并不言群阴，恶其党盛而类滋也"，都表现了其对朝中奸臣、小人当道的愤怒和对人君锄奸任贤的期望。再如注解《乾》卦《象辞》"潜龙勿用"时说：

---

[1] ［宋］冯椅：《厚斋易学》卷五《易辑传第一》，第90页。

> 龙潜于渊，养其神也。圣人潜于道，养其德也。[1]

释《需》卦卦象曰：

> 凡乾在下者，必当上复。今欲上复，前遇坎险，未可直进，宜须待之。[2]

这正是石介对太后掌权、仁宗临政前"十年深宫"中"待之"以图日后有所作为的"理想"认识。其他致用的例证不胜枚举。

综上，孙复、石介解《易》的主要特点是撇开传注，重视对义理的阐发，以期从中找到有关为赵宋王朝提供资鉴的圣政微旨。

最后，用明人徐宗干的一段话结束本章节：

> 宋初文治，尚沿五季陋习，两先生倡明正学，著《春秋》《周易》，表章经旨，排斥佛、老，阐明微言，浚程、邵之源，启关、闽之统，立身行己，卓然于韩、范、富、杜之间。而正学忤时，直道致黜，位不满其德，用不尽其才。[3]

孙复、石介研究《春秋》《周易》，表彰经旨，阐明微言，实已"浚程、邵之源，启关、闽之统"，只因当时不具备"正学"（某种程度上可称为新儒学）存在和发展的条件。孙、石生不逢时，"直道致黜"，所以，以二人为代表的"正学"终未能在其有生之年形成气候。

---

1 ［宋］冯椅：《厚斋易学》卷五《易辑传第一》，第73、98、80页。
2 ［宋］冯椅：《厚斋易学》卷七《易辑传第三》，第129页。
3 ［清］徐宗干：《奉鲁两先生附和圣祀议》。转引自《徂徕石先生文集》附录三，第295页。

第六章

孙复、石介的精神风范及弟子传承

宋代的理学又称道学，是宋学中影响最大的一支。孙复、石介作为宋初有着较大影响的儒者，是完成由汉唐经学向宋学转变的关键性人物。孙、石二人只是宋学家，并不是理学家，但是他们的思想言论和实践活动不仅为宋学的形成、发展开辟了道路，还为理学的酝酿披荆斩棘、鸣锣开道，理学大家程颐"不敢忘三先生"之语即是对其功绩的肯定。清代经学家黄百家在谈到《宋史》析分《儒林》为《儒林》《道学》两目时说："言宋儒者必冠濂溪，不复思夫有安定、泰山之在前也。"又引黄震语曰："本朝理学，实自胡安定、孙泰山、石徂徕三先生始。"[1] 孙复、石介对理学的贡献正如其在儒学复兴上的奉献一样，是多方面的，在前面的章节中我们已零星地涉及。在本篇中，笔者将从孙复、石介的人格风范及弟子承传两方面来谈谈他们对理学的贡献。

一、人格风范

孙复、石介不仅以其渊博的经学知识、新式的治经方法对其弟子门生及广大的后学产生影响，还在人格上砥砺后生，谆谆告诫他

---

[1] ［清］黄宗羲、全祖望：《宋元学案》卷二《泰山学案》，第 121—122 页。

们说:"学者,学为仁义也。仁急于利物,义果于有为。惟忠能忘其身,惟笃于自信者,乃可以力行也。"他们"以是行于己,亦以是教于人"[1],为从学者人格的塑造起了风范作用。孙复、石介的人格风范主要表现在苦学励志、尊师重道、疾恶如仇、直言行道等方面。

(一) 苦学励志的为学风范

苦学励志,历代皆有,然而对于社会结构发生巨大变化的宋代却异常显著,对此许多学者往往想到范仲淹。其实,孙复、石介在此方面亦堪称楷模,其表现并不逊色于范氏。

孙复出生在山西平阳一个穷苦的家庭,有关孙复少时家中的贫困状况,现已无法详细了解,但根据后来石介称其"躬负其王考母暨先君先夫人之骨"之语,可以推断甚为贫困。即使在这样的环境中,孙复并未放弃学业,几乎是过着边乞讨边求学的生活。宋人魏泰《东轩笔录》中一段关于孙复南都乞讨求学的记录正是此种窘迫的真实写照。[2] 更为不幸的是,孙氏还屡次举第失败,最后只好放弃

---

[1] [宋]欧阳永叔:《欧阳修全集·居士集》卷三十四《徂徕石先生墓志铭》,第240页。
[2] [宋]魏泰:《东轩笔录》卷十四:范文正公在睢阳掌学,有孙秀才者索游上谒,文正赠钱一千。明年,孙生复道睢阳谒文正,又赠一千,因问:"何为汲汲于道路?"孙秀才戚然动色曰:"母老无以养,若日得百钱,则甘旨足矣。"文正曰:"吾观子辞气,非乞客也,二年仆仆,所得几何,而废学多矣。吾今补子为学职,月可得三千以供养,子能安于学乎?"孙生再拜大喜。于是授以《春秋》,而孙生笃学不舍昼夜,行复修谨,文正甚爱之。明年,文正去睢阳,孙亦辞归。后十年,闻泰山下有孙明复先生以《春秋》教授学者,道德高迈,朝廷召至太学,乃昔日索游孙秀才也。文正叹曰:"贫之为累亦大矣,倘因循索米至老,则虽人有如孙明复者,犹将汩没而不见也。"(第59页)

科举，四处游学，专攻《春秋》学。此时的他身负先人遗骸，无力下葬，"朝夕仰天而哭"[1]，生活更为艰辛。但君子忧道不忧食，虽生活困顿到了极点，孙复仍对当时社会圣贤不再、教育不兴、儒道式微等忧心忡忡，时刻不忘兴复古圣人君子之道，欣然接受志同道合的石介的邀请讲学泰山。

讲学泰山后，孙复仍过着异常清苦的日子。故丞相李迪知兖州，闻孙复在泰山讲学授徒，四方学子奔走不暇，亲往泰山拜会，见孙复孑然一身，"寒饿山谷，鬓发皆白，干枯憔悴，藜藿不充"[2]，在如此困苦的情况下仍矢志于"斯道"不渝，深为感动，决定将侄女嫁与孙复。娶妻成家以后，孙复的生活条件依然未见好转，"四十九岁，病卧山阿，衣弗充，食弗给……上无升斗禄以养妻子，中无贤诸侯、名卿、贤相以相慰荐，下无一夫之田，五亩之桑，以供伏腊，可谓穷矣"[3]。在孙复的影响下，其妻李氏"亦甘淡薄"[4]，"有荆钗裙布风（荆枝作钗，粗布为裙，指妇女贫寒朴素的服饰）"[5]，士大夫莫不贤之。石介代其向学生、朋友求助的事亦不免见诸石氏的文集中。

石介一生亦是如此。石介出生在一个人口近百、世代务农的大

---

1 ［宋］石介：《徂徕石先生文集》卷十六《与董秀才书》，第188页。
2 ［宋］石介：《徂徕石先生文集》卷九《贤李》，第98页。
3 ［宋］石介：《徂徕石先生文集》卷十五《与祖择之书》，第179页。
4 ［宋］王辟之：《渑水燕谈录》卷二《名臣》，第22页。
5 ［清］褚大文等：《山西通志》卷一百五十《列女二·平阳府》，《景印文渊阁四库全书》（547册），第238页。

家族中，尽管父亲石丙"御前擢第"，但由于家族庞大，家中生活仅得温饱。年幼的石介在其父的教导下开始了苦学历程。成年后，慕名至南京求学的他，更过着一种艰辛异常的生活，"其固穷苦学，世无比者"，并谢绝王侍郎的赠食说："甘脆者，亦某之愿也。但日享之则可，若止修一餐，则明日何以继乎？朝享膏粱，暮厌粗粝，人之常情也。某所以不受赐。"[1]

"虽在畎亩，不忘天下之忧"的石介并不忧虑于生活困苦，反而对"斯文失宗主"、"斯道"亦不复、"幽州恨未复"、"黠戎敢慢侮"的北宋侏儒政治"涕泪落如雨"。[2] 这是一种怎样的胸怀？欧阳修谓是"虽在畎亩，不忘天下之忧""不在其位，则行其言"的忧患胸怀，毫不逊色于范仲淹的"忧君""忧民"意识。

后来，石介中举做了官，家里生活仍不富裕，"三子以食贫，困于藜藿"。他特作诗劝勉子女们说：

> 吾世本寒贱，吾身守贫约。家徒立四壁，无田负城郭。终岁服一衣，无装贮囊橐。吾虽得一官，官微月俸薄。况属岁凶荒，饥民填沟壑。吾幸有寸禄，不至苦殒获。随分且饱暖，不然亦流落。尔等勤初学，无耻衣食恶。仁义足饱饫，道德堪咀嚼。二者肥尔躯，不同乳与酪。尔勿嫌粗粝，尔勿厌藜藿。富

---

[1] ［宋］江少虞：《事实类苑》卷十二《名臣事迹·石守道》征引《倦游杂录》，《景印文渊阁四库全书》(874册)，第97页。另见宋人彭乘《墨客挥犀》卷三《固穷苦学》(第307—308页)、张镃《仕学规范》卷一《为学》(第10页)。

[2] ［宋］石介：《徂徕石先生文集》卷二《过魏东郊》，第21页。

贵自努力，青云路非邈。[1]

诗中，石氏追述了自己早年的贫困生活状况，谆谆告诫子女"勿嫌粗粝""勿厌藜藿"，并勉励说"仁义足饱饫，道德堪咀嚼"。石介生前并未留下多少积蓄，以致其死后，"妻子冻馁不自胜"，靠韩琦、富弼分俸买田救济度日。

孙复、石介一生都生活在如此困苦的环境中，于穷苦中励志砥节，锻炼培养人格，并能持之以恒，坚守儒家道义，为后学者留下了宝贵的精神财富。新儒家及其后的理学家寻"孔颜乐处"的艰苦治学精神正是从包括孙复、石介在内的一大批先辈们身上继承下来的。

（二）尊师重道的守道精神

师道之废，始于战乱频繁的魏晋。"魏晋之后，其风大坏，学者皆以不师为'天纵'，独学为'生知'，译疏翻音，执疑护失，率乃私意攻乎异端。以讽诵章句为精，以穿凿文字为奥，至于圣贤之微旨，教化之大本，人伦之纪律，王道之根源，则荡然莫知所措矣。"[2]师道不兴，直接导致了教化、纲纪、人伦的混乱。

隋唐时期，师道陵迟更甚，"先进者亦以教授为鄙，公卿大夫耻为人师，至使乡校之老人，呼以'先生'，则勃然动色"[3]，"今之

1　[宋]石介：《徂徕石先生文集》卷三《三子以食贫，困于藜藿，为诗以勉之》，第33页。
2　[唐]吕温：《吕衡州集》卷三《与族兄皋请学〈春秋〉书》，《景印文渊阁四库全书》（1077册），第613页。
3　[唐]吕温：《吕衡州集》卷三《与族兄皋请学〈春秋〉书》，第613页。

世，为人师者众笑之，举世不师，故道益离；为人友者，不以道而以利，举世无友，故道益弃"[1]。对此，韩愈无奈地说："嗟乎，师道之不传也久矣！""呜呼，师道之不复可知矣！"[2]

入宋以后，虽然统治者实行"右文"政策，但是师道废弛的状况仍然没有多大改变，这从宋初兴学讲学之风可窥一斑。师道不兴与儒学衰微、教化废弛密切相关，三者互为因果。于是，一些有志之士在提倡兴学兴教的同时，开始了重建师道实践的尝试，如戚同文在睢阳讲学、范仲淹整顿应天府学等。但他们只重兴学，没有把重建师道放在突出的位置，所以在重建师道方面的贡献和影响并不大。

景祐（1034—1038）年间，致力于复兴儒学和教化的孙复、石介把重建师道放在重要的位置。他们创建书院、广收门徒、讲学传道、传习师弟子之礼，石介特拜孙复为师则在当时引起极大的轰动。

石介拜孙复为师，把师弟子之礼放在重要的位置，并以此作为对外宣传、扩大影响的手段。欧阳修《孙明复先生墓志铭》记载：孔道辅"闻先生（孙复）之风，就见之。介执杖屦侍左右，先生坐则立，升降拜则扶之。及其往谢也，亦然"。师弟子之礼是师道的外在表现形式，然而自师道衰微之后，师弟子之礼也荡然无存。孙复、石介在此种形势下重温师弟子之礼，不但会令时人产生耳目一

---

[1] ［唐］柳宗元：《柳宗元集》卷十九《师友箴》，第531页。
[2] ［唐］韩愈：《韩愈全集》文集卷一《师说》，第130页。

第六章 孙复、石介的精神风范及弟子传承 | 293

新的感觉，而且达到"鲁人始识师弟子之礼，士风为之一变"[1]的佳效。作为孔子的四十五代孙，以兴复"斯道"、复兴儒学为己任的孔道辅，被孙、石二人重建师道的实践所感动，其后"每见先生（孙复），夔夔以谨，恂恂以怿，如执弟子礼"。不但如此，他还在士大夫中为孙复、石介重建师道的实践活动做宣传，从而使石介"执杖屦侍左右"的尊师重道形象成为北宋初期重建师道的典型。

孙复、石介二人重建师道的活动在当时影响甚大，欧阳修说："鲁人既素高此两人，由是始识师弟子之礼，莫不叹嗟之。"[2]南宋的魏了翁也说："先是，天圣以前，师道久废，自先生从孙明复氏，执礼甚恭，东诸生始知有师弟子。"[3]孙复、石介重建师道的行动迅速传播开来，并冲破地域之限，孙、石和泰山书院的名声也随之扩大。其后，孙复、石介二人入讲国子学，继续致力于师道的建设。"徂徕（石介）则生于鲁，当孙公（孙复）退居泰山之时，实执弟子礼事之。……常以经术教授于乡，在太学益以师道自居，太学自此而兴。"[4]太学的兴旺实与师道的重建有着不可分割的联系。司马光《涑水记闻》称石介在太学时，"使诸生如古礼，执羔雁束帛，就里中聘之（黄晞）"[5]，让诸生实践师道之礼。虽然此次活动未能成

---

1 [金]党怀英：《鲁两先生祠记》。转引自[清]杜诏等《山东通志》卷三十五之十九上《艺文志十九》，《景印文渊阁四库全书》（541册），第663页。
2 [宋]欧阳永叔：《欧阳修全集·居士集》卷二十七《孙明复先生墓志铭》，第194页。
3 [宋]魏了翁：《鹤山集》卷四十八《徂徕石先生祠堂记》，第540页。
4 [明]吴宽：《家藏集》卷三十五《鲁两先生祠记》，第291页。
5 [宋]司马光：《涑水记闻》卷十，第183页。

功,"羔雁聘黄晞,晞惊走邻家"[1],却给太学生留下深刻的印象,成为石介重建师道活动的又一鲜活案例。

尊师重道风气的恢复,对于学校教育、书院的兴盛以及士林良好风气的形成均有积极的影响。对于孙复、石介重建师道的教化活动,时人给予了很高的评价。欧阳修说:"师道废久矣!自景祐、明道以来,学者有师,惟先生(胡瑗)暨泰山孙明复、石守道三人。"[2]"礼乐之教,规模宏远矣。然当是时,狃于故学,士鲜知经,且师道之废实自前世,未有杰然兴起之者。至明道、景祐间,海陵胡公先生与泰山孙明复、徂徕石守道,皆以所学教授弟子……自是天下之人始知尊德而隆师,士皆知仁义、礼乐之说为足以诚身而格物,其学问之成为时显,用翊赞治道,见于嘉祐、治平之间者不可概举。"[3] 师道的重建,对于规范社会秩序、复兴儒学和传统道德都有着一定的意义。孙复、石介尊师重道的活动和高尚品格不仅在当时产生了不小的影响,并且从某种意义上说,其后理学的兴起,正是基于师道的重建。

(三)丑邪扶直的正义品质

在宋初历史上,石介还是一位疾恶如仇、直言行道、敢于讲真话的学者。全祖望在修《泰山学案》时说:

---

1 [宋]欧阳永叔:《欧阳修全集·居士集》卷三《读〈徂徕集〉》,第18页。
2 [宋]欧阳永叔:《欧阳修全集·居士集》卷二十五《胡先生墓表》,第178页。
3 [宋]刘一止:《苕溪集》卷二十二《吴兴郡学重绘三礼图记》,第120—121页。

> 安定（胡瑗），冬日之日也；泰山（孙复），夏日之日也。故如徐仲车，宛有安定风格；而泰山高弟为石守道，以振顽懦，则岩岩气象，倍有力焉。

在《安定学案》中又说：

> 安定沉潜，泰山高明，安定笃实，泰山刚健，各得其性禀之所近。[1]

全氏用意虽在阐释孙复、胡瑗二家学术造诣之异，却也反映了其性格之别。"刚健""夏日之日"形容孙复甚为恰当。不过，孙复的"刚健"主要体现在思想学术上。石介则不然，不但"刚健"，更胜其师孙复一等，"岩岩气象，倍有力焉"，还在臧否人物、评判政治方面将此发挥到极致。其好友欧阳修谓其"指切当世，贤愚善恶，是是非非，无所讳忌"[2]。另一好友蔡襄作诗云：

> 吾友守道气刚劲，丑邪扶直出天性。
> 意高身贱无所发，胸中事事先后并。
> 襄尝畏其大勇果，愿以中直为得正。[3]

石介的这种性格早在其担任推官时就表现了出来。明道二年

---

[1] ［清］黄宗羲、全祖望：《宋元学案》卷二《泰山学案》、卷一《安定学案》，第72、23页。
[2] ［宋］欧阳永叔：《欧阳修全集·居士集》卷三十四《徂徕石先生墓志铭》，第239页。
[3] ［宋］蔡襄：《端明集》卷二《李山英以疾归田，客有言山英移书石守道者，因撮取其略，作诗以送之》，第351页。见［宋］陈思编，［元］陈世隆补：《两宋名贤小集》卷七十二《蔡忠惠集二》，《景印文渊阁四库全书》（1362册），第767页。

(1033)四月，章献太后刘氏卒，仁宗亲政，革弊政、黜奸臣、任贤能，罢吕夷简、夏竦、张耆、范雍等后党，进用李迪为相，以范讽、李纮、范仲淹等人为谏官，增加谏员。时任郓州观察推官的石介，得知后十分兴奋，为此呼喊、大造舆论声势，并立即上书新进辅臣，作《上范中丞书》《上郭殿院书》《上李杂端书》等，后又在《上范思远书》《上孔中丞书》《宋颂九首》等文中盛赞此事。

> 明道四月，睿德明发，帝褰帘箔，出临轩楹，总揽万机，指挥六合。圣人之兴，雷动乾行，进退大臣，颜色和平，诛逐群竖，左右不惊。[1]

明道二年仁宗的革弊任贤举措和后来的庆历新政是石介一生中遇到的两次最大的政治变动，其发展方向正是石氏所向往和努力着的，所以他对这些政治运动给予了最为热烈的歌颂，反映出一位热血青年向往开明政治和积极要求有为的强烈愿望。

景祐元年（1034），石介徙职南京应天府。昔日戚同文、范仲淹等人先后在这里创办、整顿学校，广收生徒，讲道、求学之

---

[1] ［宋］石介：《徂徕石先生文集》卷一《宋颂九首并序·明道》，第6页。王茜《石介年谱》（中国期刊网之中国优秀博硕士学位论文全文数据库）认为《宋颂九首并序》作于明道二年四月，恐有误，根据其内容推测应作于康定、庆历年间。原因有二：第一，《宋颂九首并序》曰："真宗章皇帝，暂临澶渊，匈奴丧威堕胆，迄今四十年，乐我盟好，不敢棰马而南。"此处指真宗亲征，定澶渊之盟，发生于景德元年（1004），"迄今四十年"，当约庆历三年（1043）；第二，《明道》曰："宋承大统八十年矣。"约康定元年（1040）。所以，综合来看，应在康定、庆历之际，而非明道二年。

风兴盛一时，石介亦曾求学于此。如今人事已非，现任知府刘随儒、佛、道并举，认为"佛与老氏与吾圣人为三教，三教皆可尊也"，"称所谓佛者，则伏羲也，神农也，黄帝也，尧也，舜也"。石介甚为不满，不惧他是自己的顶头上司，作《上刘工部书》指责其失：

> 公欲引夷狄之人，加于二帝三王之上也；欲引夷狄之道，行于中国之内也。

告诫他说：

> 朝廷天下，名公为正人，出一言，作一事，朝廷天下皆以为法，言其何容易哉！[1]

接着，石介又以不利于施行教化为名，除去了府学书库所藏《三教画本》中的佛、老之像，只留儒家圣人之像，其不畏强权、直言行道之勇气于此可见一斑。

景祐二年（1035），御史台辟石介为主簿，然而却因石氏的两次上书直谏导致此次迁官的流产。先是景祐元年（1034）八月石介上书宰相王曾，言：

> 正月以来，闻既废郭皇后，宠幸尚美人，宫庭传言，道路流布。或说圣人好近女室，渐有失德。自七月、八月来，所闻又甚，或言倡优日戏上前，妇人朋淫宫内，饮酒无时节，钟鼓

---

[1] ［宋］石介：《徂徕石先生文集》卷十三《上刘工部书》，第153—154页。

连昼夜。近有人说圣体因是尝有不豫……今圣嗣未立，圣德或亏，血气未定，戒之在色，湎淫内荒，万一成蛊惑之疾，社稷何所属乎？天下安所归乎？[1]

石介此时只是一名小小的推官，竟敢如此胆大，上书直言仁宗好色失德，且言辞甚为激烈，不避锋芒。这点恐怕当朝宰相尚不敢为。仁宗看后甚为恼怒，欲治石介之罪，然而此前废黜郭皇后、宠幸美人、圣体不豫毕竟是人所共知的事实，仁宗顾惜颜面不好发作，再加上王曾从中解救，石介才幸免一祸。但仁宗也由此记住了石介的姓名，为一年后石介遭罢免埋下伏笔。[2]

景祐二年（1035）十二月，仁宗诏翰林学士承旨章得象、御史中丞杜衍等人编次赦书，遍访唐、五代诸国及本朝臣僚子孙，录其姓名。石介再次上疏，指出不应求五代及诸伪国后。去年之事仁宗余怒未消，这次石介又往枪口上撞。石介非但御史主簿未做成，还被罢为镇南掌书记。[3] 在仁宗的授意下，权知御史台的杜衍只得另举他人以代石介。

对此，时任馆阁校勘的欧阳修十分不满，替石介辩护说：

> 介为人刚果有气节，力学，喜辨是非，真好义之士

---

1 ［宋］李焘：《续资治通鉴长编》卷一百十五《仁宗景祐元年八月》，第2694—2695页。

2 石氏《寄永叔》诗"向龙慢骂数龙罪，龙不能答满面耻"（《徂徕石先生文集》卷二，第15页），概指此事。又《上王沂公书》："介又尝上疏天子，妄议赦书，帝赫斯怒，祸在不测，相公从容救解，不置于法。"（《徂徕石先生文集》卷十四，第165页）

3 ［宋］李焘：《续资治通鉴长编》卷一百十七《仁宗景祐二年十二月》，第2767页。

也。……今介足未履台门之阈，而已用（因之误）言事见罢，真可谓正直、刚明、不畏避矣。度介之才，不止为主簿，直可任御史也。[1]

对石介直言不畏的精神予以高度赞扬，并进一步责问杜衍何以不争，"议论婉切"[2]。

庆历三年（1043）三月，"庆历新政"开始，石介时任国子监直讲，闻讯后立刻作了一篇使其名扬天下，但也给他带来了无尽的灾祸的《庆历圣德颂》。石介性格直率，语言犀利，指切当时，无所讳忌，诗中虽没有对大奸指名道姓，然而"奸枿""妖魃""大奸""昆虫""妖怪"等词语足以使被罢之人和新政中不得势之辈咬牙切齿。后来，石介在京中无法安身，小人"相与出力必挤之死"；其死后，夏竦等辈仍不肯放过他，极力煽谤几致斫棺之祸，妻儿亦受到牵连，都与此有着直接的关联，"若徂徕之刚直，既没而祸作，几不能保其遗骸而庇其妻子。"[3]但是石介并不后悔，安然不惑不变，并说："吾道固如是，吾勇过孟轲矣。"

《庆历圣德颂》诗出不久，时任谏官余靖、欧阳修、蔡襄、王素四人力引石介，但范仲淹却认为：

石介刚正，天下所闻，然性亦好为奇异，若使为谏官，必

---

1 [宋]欧阳永叔：《欧阳修全集·居士集》卷四十七《上杜中丞论举官书》，第222页。
2 [宋]黄震：《黄氏日抄》卷六十一《读文集三·欧阳文》，《景印文渊阁四库全书》（708册），第517页。
3 [明]吴宽：《家藏集》卷三十五《鲁两先生祠记》，第291页。

以难行之事，责人君以必行。少怫其意，则引裾折槛，叩头流血，无所不为矣。主上虽富有春秋，然无失德，朝廷政事亦自修举，安用如此谏官也。[1]

不久，又有人向仁宗推荐石介为谏官，仁宗却说："此人若为谏官，恐其碎首玉阶。"[2]作为谏官一定要敢于进真言，石介敢于说真话的刚正性格反而成了他做谏官的障碍，这真的是一件荒唐的事情！

疾恶如仇、勇于直言，议政进谏，反映了石介行道、兴道的迫切愿望。对此，欧阳修深明其意，在为其作墓志铭时概括说：

（石介谓）不在其位，则行其言。吾言用，功利施于天下，不必出乎己；吾言不用，虽获祸咎，至死而不悔。……所谓尧、舜、禹、汤、文、武、周公、孔子、孟轲、扬雄、韩愈氏者，未尝一日不诵于口。思与天下之士，皆为周、孔之徒，以致其君为尧、舜之君，民为尧、舜之民，亦未尝一日少忘于心。

在行道上，孙复也同样有着迫切的期望，曾以蜡烛明志，谓：

六龙西走入崦嵫，寂寂华堂漏转时。

一寸丹心如见用，便为灰烬亦无辞。[3]

---

1 ［宋］魏泰：《东轩笔录》卷十三，第150页。
2 ［宋］田况：《儒林公议》，第310页。
3 ［宋］孙明复：《孙明复小集·蜡烛》，第178页。

"喜议时事，虽朝之权贵皆訾訾之，由是群谤喧兴，渐不可遏"[1]，石介疾恶如仇，毫不隐讳、直言朝政得失的行为，在当时并不被多数人认可，其也因此终身未得大用，但某种程度上却受到一部分时人、后人的高度赞誉。如刘挚等人谓"介志气刚大，不肯枉道以阿世，而喜于分别邪正，嫉恶太明，以此忤权贵"[2]，清人蔡世远也说石介"信道笃而议论发皇，下之可以成就人材，上之可以裨补朝廷"[3]。这种耿介直行、直言不枉道的性格是石介高尚人格、道德的反映，对有宋一代包括理学家在内的文人言政、从政产生了一定的影响。

当然，孙复、石介为后人树立的人格风范并不止这些，如欧阳修谓孙复"行足以为人师，学足以明人性，不徒诵其说，而必欲施于事"[4]，黄宗羲在《宋元学案·泰山学案》也认为孙复"行为世法，经为人师"，即孙氏的一举一动都堪称楷模。石介虽官于朝，而"鲁之人不称其官而称其德"，这也是对其道德人格的充分肯定。从整体上说，孙复、石介不仅是人师，注重自身的道德修养，激励天下士风从自身做起，亦是道德人格和行为之楷模，为理学家人格的塑造树立了光辉的榜样。

---

1 ［宋］田况：《儒林公议》，第284页。
2 ［宋］李焘：《续资治通鉴长编》卷四百三十六《哲宗元祐四年十二月》，第10505页。
3 ［清］蔡世远：《古文雅正》卷十《徂徕石先生墓志铭》，《景印文渊阁四库全书》（1476册），第183页。
4 ［宋］欧阳永叔：《欧阳修全集·外制集》卷三《国子监直讲青州千乘县主簿孙复可大理评事制》，第597页。

二、弟子承传

理学和理学家的出现不是偶然的，它是长期学术积累和学术发展之必然。它的活水源头也并非仅为某一家或某一派，而是众多学者和学术团体综合作用的结果。将理学的兴起归结为某一具体人物或某个具体学派都是片面的、不科学的。事实上，几乎所有的宋初儒者和学术团体都对理学的兴起贡献过力量，只不过作用或大或小罢了。孙复、石介及其众多弟子在某种程度上已构成宋代前中期一个有着较大影响的学术门派。这个门派薪火相传、经久不绝，在宋学发展史上占据着极为重要的地位，为理学的兴起做出了不可磨灭的贡献。

（一）孙复之弟子

孙复一生在泰山书院讲学八年，在国子学又讲了八年，贬南京时，任国子学说书约五年，再加上早年到处漂泊游学十数年，其大半辈子的时间几乎都是在传道授业中度过的。在这二三十年的时间里，他培养了大批的弟子门生，影响了一代甚至是几代人，为宋学的发展和儒学的复兴贡献了毕生精力。

孙复在泰山讲学的八年时间，广收门徒，从游者甚众，弟子出名者除了石介外，还有张洞、姜潜、李缊、祖择之、刘牧等人。"执弟子礼而事者，石介、刘牧、张洞、姜潜、李缊"[1]，"门人之高

---

[1] ［宋］石介：《徂徕石先生文集》卷十四《上杜副枢书》，第159页。

弟者，石介、刘牧、姜潜、张洞、李缊。足以相望于千百年之间矣"[1]。

张洞[2]，字明远，济州任城（今山东济宁市南）人，"负文武材略，有英雄之气，习于兵，勇于用，智识通敏，精力坚悍"[3]。《续资治通鉴长编》和《宋史》中均没有任何关于他的记载，其事迹主要散见于石介《徂徕集》。石介《与张洞进士书》和《上范经略书》记载，张洞初师从于刘颜，后又受业于孙复，并在32岁前考中进士。张洞在《春秋》学方面可谓得孙复真传，"才三十二岁，已能斩秧莠而搴菁英，出红尘而摩苍苍，讨寻不倦，智识日通"，"出三家之异同而独会于经"，"异日《春秋》，其将为诸子师"，怪不得连石介这样高傲的人也"固以（已）拳拳服膺矣"。[4]

《孙明复小集》十九篇中，有一篇名为《答张洞书》，是关于孙复和张洞谈论文、道关系的书信，也是孙复与弟子交往的书信中唯一一篇保存下来的。该文中，孙复阐述了其文、道思想，并对张洞致力于文、道甚为赞赏，夸奖他说："世之号进士者，率以砥砺

---

1 ［宋］石介：《徂徕石先生文集》卷十九《泰山书院记》，第223页。
2 陈校本《文集》作"张洞"，而景印文渊阁四库全书《徂徕集》《孙明复小集》《宋文选》《宋文鉴》，以及《宋元学案》（中华书局本）等均作"张洞"。陈校谓"据《宋文选》卷十七《泰山书院记》改"（第19页），查景印文渊阁四库全书《宋文选》该处作"洞"，虽读作"洞"，但与"洞"意义不同，实为二字，应为"洞"之误字；同书卷九《答张洞书》亦作"洞"；且"洞"亦有"远"之意，与"明远"甚相关联，故应作"张洞"。
3 ［宋］石介：《徂徕石先生文集》卷十七《上范经略书》，第199页。
4 ［宋］石介：《徂徕石先生文集》卷十四《与张洞进士书》，第164—165页。

辞赋、晞觊科第为事，独明远颖然独出。不汲汲于彼，而孜孜于此（尊道、扶圣、立言、垂范之事）。"[1]

姜潜，字至之，兖州奉符（今山东泰安市东南）太平镇人，石介的侄女婿，"故史馆屿之侄"[2]，既师事孙复，亦从学于石介，传见《宋史·隐逸中》。孙复泰山讲学时，其与石介、张洞、李缊等人一起师事孙氏，跟随孙复学《春秋》多年，将孙氏治经方法应用于对儒家其他经典的研究。后来，姜潜任国子监直讲和地方官时，又发扬了孙氏学说。

姜潜笃道好学，倜傥有奇节，居家时，"马大夫（奉符县知县马永伯）重之，时引在坐，与讲论古今治乱得失"[3]。其以孝义闻名，任明州录事参军时，因为母亲思家请求还乡，经知封驳司吴奎与韩绛上章荐举，徙任兖州录事参军。其"学可以为人师，智足以谋王体，渊沉可以厚薄俗，志勇可以持大义，用之以器，无所不宜"[4]，后又在吴奎等人的举荐下，历任郓州教授、国子直讲、韩王宫伴读。

熙宁（1068—1077）初年，"诏举选人淹滞者与京官凡三十七人，潜在选中。神宗闻其贤，召对延和殿，访以治道何以致之，对

---

1 [宋]孙复:《孙明复小集·答张洞书》，第173页。
2 [宋]石介:《徂徕石先生文集》卷十四《上孔徐州书》，第171页。
3 [宋]石介:《徂徕石先生文集》卷十七《与奉符知县书》，第205页。
4 [宋]陈舜俞:《都官集》卷九《上欧阳参政侍郎书》，《景印文渊阁四库全书》（1096册），第510页。

曰：'有《尧》《舜》二典在，顾陛下致之之道何如'"[1]。姜潜"有文行，通晓民间利病"[2]，任陈留知县仅数月，青苗令下，遂印榜于县门，又移于乡落，三日无人应，撤榜付吏曰："民不愿矣！"时祥符县令受到弹劾，姜潜知道自己终难幸免，称疾而去。后隐居徂徕山，乡里从学者甚众，如刘挚、晁说之等均从之学。

李缊，字仲渊，宋州楚丘（今山东曹县东南）人，亦无传。石介称其"少被仲兄故龙图之教"[3]，年长师事孙复，敬慕士建中与石介，"识周公、孔子之道，知仁义忠信，且与潜交厚"[4]。其为官"能勤且廉，善养民绳吏，人颇受其福"，但"不善事上官"，仕途中屡屡"为苛吏笼置于深法"[5]，曾两次获罪，甚至入狱。石介《徂徕集》记载，一次是他以平价购买官骡一匹，苛吏却诬陷他以公谋私，损官钱数缗，结果被除名，羁管滁州。石介特作《寄李缊仲渊》一首以安慰他：

> 噫，吁嘻！屈原放，贾谊投，晦之流，子望囚，古人今人皆不免，才能系身才反仇。吾友仲渊少学古，胸中疎落罗孔周。点毫磨墨作文字，壮哉笔力追群牛。三十青衫得一尉，尺

---

1 [元]脱脱等：《宋史》卷四百五十八《隐逸中·姜潜传》，第13445页。
2 [宋]欧阳永叔：《欧阳修全集·河北奉使奏草》卷上《举官札子》，第936页。
3 [宋]石介：《徂徕石先生文集》卷八《朋友解》，第92页。疑其仲兄即李纮。李纮，宋州楚丘人，传见《宋史》卷二百八十七。《宋元学案》谓李缊邛州（属成都府）人，与《徂徕集》楚丘人异；又谓李缊仲兄为李绚（《宋史》卷三百二有其传），不知所据。
4 [宋]石介：《徂徕石先生文集》卷八《朋友解》，第92页。
5 [宋]石介：《徂徕石先生文集》卷十七《上范经略书》，第199页。

泽寸波蛰长虬。清廉爱民复材武，一日得罪系滁州。噫，吁嘻！屈原忠臣楚之望，贾谊少年才无俦。晦之、子望具命世，麒麟头角争崔嵬。时不与兮将奈何，仲渊仲渊勿涕流。[1]

李缊、姜潜"交厚"，有"升堂拜母之义"。李缊担任奉符县尉时，家住太平镇的姜潜遭水患，情况十分危急，李缊动用本县弓箭手前去营救，因被弹劾"以私役人罪"，获罪下狱。石介认为，李缊获罪入狱非但不该，且于教化无益，特作《朋友解》为其辩护。《朋友解》从朋友之谊出发，抨击了人情淡薄、争名夺利的现实。"今夫人之趋权利，热则蜂来，寒则鸟去，平生握手把酒叙欢欣，肝胆吐在地。一旦急难危患，则掉臂缓趋而过，若越人视秦人之疾，不独不一顾，又从而排陷之。朋友之道薄也如此。有人反其薄而就于厚，则以为罪。"此时，与石介关系甚为密切的奉符知县马永伯也身陷牢狱。为安慰马、李二人，他又作诗曰：

吁嗟恶兽群，蹄踏麒麟如死麛。吁嗟恶鸟音，啅噪凤凰伏中林。我愿爪牙如锋锷，牙可噬兮爪可搏，直入深山驱虎狼，护取麒麟好头角。又愿身生两羽翼，一夕长就万丈长，直入林中护凤凰，不使毛羽肤寸伤。吾愿两未遂，中夜涕沾裳。[2]

表达了对好友遭遇政治劫难不满而欲入险境拯救之，但又力不足的无奈、悲愤之情。

---

1 ［宋］石介：《徂徕石先生文集》卷二《寄李缊仲渊》，第18页。
2 ［宋］石介：《徂徕石先生文集》卷散《永伯、仲渊在狱，作九十二言伤之》，第35页。

祖无择，字择之，上蔡（今河南上蔡）人，举进士甲科，历官龙图阁直学士，知通进银台司，与梅尧臣、文彦博等名人贤士交友甚厚，曾与文彦博等八人组成"真率会"，被誉为"洛阳九老"，一时推为盛事。

对于祖无择与孙复的关系，石介称是"往来游好者"或"游从之贵者"[1]。但欧阳修《孙明复先生墓志铭》谓："方其（孙复）病时，枢密使韩琦言之天子，选书吏给纸笔，命其门人祖无择就其家得其书十有五篇，录之藏于秘阁。"《东都事略》言无择"少从穆修为古文，又从孙复受《春秋》"[2]，《宋史》也说："无择为人好义，笃于师友，少从孙明复学经术，又从穆修为文章。两人死，力求其遗文汇次之，传于世。"无择曾孙祖行也谓他"少从孙复学经术，从穆修为古文"[3]。可见，祖无择为孙复弟子是当时公认的事实。其《春秋》学成绩虽不显，但却继承了孙复兴学讲学的传统。史载，祖无择出知袁州，"首建学官，置生徒，郡国弦诵之风，由此始盛"[4]。祖无择在一定程度上受到穆修、孙复古文理论的影响，以文章登甲科，为文"峭厉劲折，当风气初变之时（本句或作'实开风气之先'），足与尹洙相上下（'上下'或作'匹敌'）"[5]，完全抛弃

---

1 ［宋］石介：《徂徕石先生文集》卷十四《上杜副枢书》，卷十九《泰山书院记》，第159、223页。
2 ［宋］王称：《东都事略》卷七十六《列传五十九》，第493页。
3 ［宋］祖行：《龙学文集并源流始末》，见［宋］祖天择：《龙学文集》，第884页。
4 ［元］脱脱等：《宋史》卷三百三十一《祖无择传》，第10659页。
5 ［清］永瑢等：《四库全书总目》卷一百五十三《龙学文集》，第1320页。

时文的骈俪风格。

刘牧，字先之，号长民，世称长民先生，衢州西安（今浙江衢州）人[1]。刘牧"少则明敏，年十六，求举进士不中，曰：'有司岂枉我哉？'乃多买书，闭户治之。及再举，遂为举首"，任饶州军事推官师事范仲淹，后"为兖州观察推官。又学《春秋》于孙复，与石介为友"[2]。刘牧长于象数学，开象数图书派。四库馆臣《易数钩隐图提要》谓：

> 汉儒言《易》多主象数，至宋而象数之中复岐出图书一派。牧在邵子之前，其首倡者也……其（刘牧）学盛行于仁宗时。黄黎献作《略例隐诀》、吴秘作《通神》、程大昌作《易原》，皆发明牧说。而叶昌龄则作《图义》以驳之，宋咸则作《王刘易辨》以攻之，李觏复有《删定易图论》，至蔡元定则以为与孔安国、刘歆所传不合，而以十为《河图》，九为《洛书》。朱子从之，著《易学启蒙》。[3]

刘牧象数图书派，在整个宋代都有着很大的影响，时人或后人不

---

[1] [宋]范纯仁《范忠宣集》[卷十五《内殿承制合门祗候卫君墓表》，《景印文渊阁四库全书》（1104册），第704页］、晁说之《景迂生集》（卷十六《传易堂记》，第305页）均曰"彭城刘牧"，而王安石为刘牧所作的墓志铭曰："其先杭州临安县人。君曾大父讳彦琛，为吴越王将，有功，刺衢州，葬西安，于是刘氏又为西安人。"（[宋]王安石：《王安石全集》卷九十五《荆湖北路转运判官尚书屯田郎中刘君墓志铭》，上海古籍出版社1999年版，第707页）本书从墓志铭之说。

[2] [宋]王安石：《王安石全集》卷九十五《荆湖北路转运判官尚书屯田郎中刘君墓志铭》，第707页。

[3] [清]永瑢等：《四库全书总目》卷二《易数钩隐图》，第5页。

管是赞成者还是反对者，都不得不承认其开先河之功绩，"自（王）弼而降，有陆希声、刘牧，此最可称道"[1]。

刘牧开创的象数图书派，怀疑并对传统的象数学进行改造，创造了一种新的治《易》方法，是《易》学研究史上的一次革新运动。这种方法的开创与刘牧师从孙复和与石介为友有着很大的关系。孙复、石介怀疑传注，抛开注疏，独辟蹊径，重新阐释《春秋》《易》。这种敢于突破陈规、勇于创新的治学方法，无疑对刘牧《易》学研究产生了极大的影响。

马永伯，天圣八年（1030）与石介同年进士，在奉符任知县时与孙复、石介及泰山门生交往甚密，师事孙复。马永伯上任数月，闻石介贤名，亲至徂徕山拜见，后又四五次邀石介，访以"民之病，政之疵"，求治县之良策。姜潜，孙复另一得意门生，"马大夫（马永伯）重之，时引在坐，与讲论古今治乱得失"。马永伯多次前往泰山拜望孙复，嘘寒问暖、送粮赠药，"尊之以执弟子礼，求传其道焉"[2]。

马永伯在奉符知县任上，行廉政甚得民心：

> 自大夫来，吾曹安于里闾，晏眠饱食，老息壮作，不夺吾种殖之时，不害吾生养之道。经岁村巷鸡不惊，犬不吠，盗贼不入，吏胥不至。州县之政，赋税为急。邻县督责烦数，敲

---

[1] [宋]郑獬：《郧溪集》卷十二《进鲍极注周易状》，《景印文渊阁四库全书》（1097册），第224页。

[2] [宋]石介：《徂徕石先生文集》卷十七《与奉符知县书》，第204—205页。

扑之声相闻。里胥累累，系于道路，流血满令听阶，犹出期不克办。吾大夫但敛手坐席上，时召老叟至其前，与之相约。所谓里胥者，皆放于田亩，严禁戒，不得与民相见，不遣一吏走，不施一杖笞，常先期赋登数。治吾邑者，育吾曹，可谓勤且至矣，可谓义且惠矣。……无丝发辜天负民，无分寸枉道欺心（四库全书本作"无丝发辜天子治民，无分寸过失枉道欺心"）。[1]

不幸康定元年（1040），马知县无罪被免官，"寓鲁之西任城，无环堵之室，无一亩之田（四库本于后多'生计空空也'五字）。大夫及夫人、若女、若儿、若姨监皂隶十数口，衣不续而炊不继，朝诉饥而暮啼寒"。奉符县民有感其德政，群至石介居所求助。时石介"方连遭大忧，在困踬憔悴中"[2]，无力救助马氏，遂作书求助于张安石。

另外，其他诸多史籍中还记载了不少师事孙复者，他们或在朝为官，或终身不仕，以经术教授乡里，但都以不同方式传播着孙氏之学，并在历史上发挥了相应的作用。

文彦博，字宽夫，汾州介休（今山西省介休市）人，传见《宋史》卷三百十三。彦博少与张昇、高若讷从颍昌史照学习，照母异之，曰："贵人也。"后彦博与彦席并师孙复[3]，及进士第，官至同平

---

1 ［宋］石介：《徂徕石先生文集》卷十七《与张安石书》，第207页。
2 ［宋］石介：《徂徕石先生文集》卷十七《与张安石书》，第208页。
3 ［宋］王巩：《闻见近录》，《景印文渊阁四库全书》（1037册），第195页。

章事、尚书左仆射，封潞国公。文彦博事四朝，任将相五十年，虽穷贵极富，而平居接物谦下，尊德乐善。洛人邵雍、程颢、程颐以道自重，而彦博皆与他们交游。

张尧封，吴越王子太师张雅的外孙，游学南京，"从学山东孙明复，至其舍执事，皆尧封妻女，如事亲焉"。时文彦博、文彦席同师事孙复，孙复遂荐张尧封于文彦博，张、文之好始于此。后张尧封举进士第，其女入宫中为婕妤，不久得仁宗宠幸，贵宠日盛，卒被封为温成皇后。王巩《闻见近录》称张贵妃曾数次遣使致问孙复，孙复终身闭门以拒。[1]

范纯仁，字尧夫，范仲淹次子，少从学于孙复、石介。"仲淹门下多贤士，如胡瑗、孙复、石介、李觏之徒，纯仁皆与从游。昼夜肄业，至夜分不寝，置灯帐中，帐顶如墨色。"范仲淹没后，始出仕，累官至尚书右仆射兼中书侍郎。范纯仁性宽简，不以声色加人，自布衣至宰相，廉俭如一，所得奉赐，皆以广义庄。尝曰："吾平生所学，得之忠恕二字，一生用不尽。以至立朝事君，接待僚友，亲睦宗族，未尝须臾离此也。"每戒子弟曰："人虽至愚，责人则明；虽有聪明，恕己则昏。苟能以责人之心责己，恕己之心恕人，不患不至圣贤地位也。"[2]

吕希哲，字原明，吕公著之子。少从焦千之、孙复、石介、胡

---

[1] [宋]王巩：《闻见近录》，第195页。又见邵博《邵氏闻见后录》卷二十，中华书局1983年版，第156页。

[2] [元]脱脱等：《宋史》卷三百一十四《范纯仁传》，第10282、10293页。

瑗学，又从程颢、程颐、张载以及王安石父子游，闻见由是益广。《吕氏杂记·提要》谓其"学问亦出入于数家之中，醇疵互见"。父友王安石劝其勿事科举，以侥幸利禄，遂绝意进取。公著没，吕希哲始为兵部员外郎，因范祖禹所荐，进崇政殿说书。其劝导人主以修身为本，修身以正心诚意为主。言曰："心正意诚，则身修而天下化。若身不能修，虽左右之人且不能谕，况天下乎？"希哲乐易简俭，有至行，晚年名益重，远近皆师尊之。[1]

朱光庭，字公掞，河南偃师（今属河南省洛阳市）人，朱景子，少从孙复学《春秋》，十岁能属文。后枢臣以才荐，神宗召见，问欲再举安南之师，光庭回答说："愿陛下勿以人类畜之。盖得其地不可居，得其民不可使，何益于广土辟地也。"神宗问治何经，对曰："少从孙复学《春秋》。"又问："今中外有所闻乎？"对曰："陛下更张法度，臣下奉行或非圣意，故有便有不便。诚能去其不便，则天下受福矣。"[2]神宗以其言疏阔，遂不用。哲宗朝，历官至右谏议大夫、给事中。[3]

莫说，邵武（今福建省邵武市）人。景祐（1034—1038）、宝元（1038—1040）年间，士人皆以声律决科，莫说独以穷经为务。其自"闽陬数千里外赢粮、跰足至京师，从泰山孙明复、徂徕石守道先生游"。学毕，通明道术，还家杜门，不复求仕进，后以子莫

---

1 ［元］脱脱等：《宋史》卷三百三十六《吕希哲传》，第10778—10779页。
2 ［宋］范祖禹：《范太史集》卷四十三《集贤院学士知潞州朱公墓志铭》，《景印文渊阁四库全书》（1100册），第472—473页。
3 ［元］脱脱等：《宋史》卷三百三十三《朱光庭传》，第10710页。

表深贵，累赠至通议大夫。莫说以经术教子，严有家法。其子莫表深，"自幼闻过庭之训，问学有家法"，后"莅官临政，严而不苛，宽而有制。故吏畏其威，民怀其德。决滞讼，去民瘼，洞照幽隐，虽逢其族，迎刃立解，世之名能吏者，皆自以为莫及也"[1]。

赵世昌，字保之，赵宋宗室，后封天水郡开国公、洋川侯，"方为儿童时，日诵书数百言，既而返复无所遗。及长，博通五经，尝学《春秋》于孙复，又学《易》于王猎，积十余年，益究圣人之渊源"[2]。

马随，字持正，濮州鄄城（今山东省鄄城县）人，枢密直学士、兵部侍郎赠太尉马元方之孙，尚书屯田员外郎赠尚书工部侍郎马侨之子。马随幼警敏，与人交往守信重诺，轻财乐谊，以学行称，受《春秋》于孙复，受《易》于石介，尤长诗赋，名闻于山东。"皇祐中，春官第其文选首，以一字触禁"，"之后不复从举，而以其学教授乡里。会诏举孝廉，众人共推上之"，马随"恳辞，既无以易……遂虚其举用"[3]。

张鼎，字正之，祖居郓州须城（今属山东东平县），自五代之乱，累世隐居，以孝称。曾祖始徙济州巨野，其父宗孺，富而好

---

[1] [宋] 杨时：《龟山集》卷三十三《莫中奉墓志铭》，《景印文渊阁四库全书》（1125册），第411、412页。

[2] [宋] 王珪：《华阳集》卷五十四《洋州观察使洋川侯墓志铭》，《景印文渊阁四库全书》（1093册），第395页。

[3] [宋] 晁补之：《鸡肋集》卷六十六《贵溪县丞马君墓志铭》，《景印文渊阁四库全书》（1118册），第973页。

施。"初,泰山孙复家居,传经声闻山东,其一时贵人贤士,争师之,后仁宗召复居太学,而君往执弟子礼,因尽得与其门人高第游,受复《春秋》'尊王'说。"[1]

朱长文,字伯原,吴郡(今属江苏省苏州市)人,人尊称之乐圃先生。擢嘉祐四年(1059)进士第,为苏州教授,历五考召为太学博士,改宣德郎,除秘书省正字,兼枢密院编修文字。足疾不肯仕,安贫乐道,绝意仕进,以著书立言为事,受《春秋》于孙复,得《发微》深旨。作《通志》二十卷,《书》有《赞》,《诗》有《说》,《易》有《意》,《礼》有《中庸解》,《乐》有《琴台志》,自成一家书。[2] 其著作流传下来的有《乐圃余稿》十卷、《吴郡图经续记》三卷、《墨池编》六卷、《琴史》等。宋代著名经学家胡安国为其门人。

饶子仪,字元礼,临川(今属江西省抚州市)人,从胡瑗、孙复授经。亲没,不事科举,杨杰授以星历诸书,莫不穷究。结庵凌云山,杜门著书。"临江守王说欲迎致军学,郡守刘公臣曰:'吾州有士如此,令他之,可乎?'乃迎还,躬率诸生听讲说。崇宁初,诏举怀才抱艺、养素丘园之士,郡以子仪应诏。所著《编年史要》,陈瓘为之序,谓其事核旨密,有补于圣经。"著有《周易解》《论语解》及《诗文集》。[3]

---

[1] [宋]晁补之:《鸡肋集》卷六十八《进士清河张君墓志铭》,第1002页。
[2] [清]朱彝尊:《经义考》卷十八《易十七》,第195—196页。
[3] [清]谢旻等:《江西通志》卷八十《人物十五》,《景印文渊阁四库全书》(515册),第742—743页。

薛大观，黄山人，生平事迹不详，明宋濂《浦阳人物志》谓其从孙复学《春秋》，精于《春秋》学。

朱恮，浦阳（今浙江浦江县）人，元祐（1086—1094）、绍圣（1094—1098）间师从薛大观。薛大观《春秋》学得自孙复，朱恮又悉传薛大观之学，著有《春秋群疑辨》若干卷。[1]

另外，从某种程度上而言，古文运动的领袖——欧阳修亦可归入孙复弟子之列。欧阳修受孙复《春秋》"尊王"和褒贬大义的影响，在此思想指导下重修《唐书》和《五代史》，有"苏门六君子"之谓的李廌称欧阳修盖"学《春秋》于胡瑗、孙复，故褒贬谨严，虽司马子长无以复加"[2]。欧阳修虽与石介同年，也曾受到孙复、石氏排佛老和道统思想的启发：

> 国初，诸儒以经术行义闻者，但守传注，以笃厚谨修表乡里。自孙明复为《春秋发微》，稍自出己意。守道师之，始唱为辟佛、老之说，行之天下。文忠初未有是意，而守道力论其然，遂相与协力，盖同出韩退之。[3]

孙复担任国子监直讲时已过"知天命"的年龄，昔日在泰山八年多的时间里，他研究儒家原典特别是《春秋》，完成具有范式革

---

[1] ［明］宋濂：《宋濂全集·宋学士全集辑补·宋处士黄景昌》，浙江古籍出版社1999年版，第2179页。又见［明］宋濂《浦阳人物记》卷下《文学篇》，《景印文渊阁四库全书》（452册），第27页。

[2] ［宋］李廌：《苏门六君子文粹》卷四十九《济南文粹五·欧阳公〈五代史〉得〈春秋〉之法》，《景印文渊阁四库全书》（1361册），第317页。

[3] ［宋］叶梦得：《避暑录话》卷上，第670页。

命意义的著作《春秋尊王发微》，其学说和思想已成熟定型。讲学国子监后，他把自己的思想和学说随着经术一并传授给国子学的生员们，既宣扬了自己的学说，又教育和影响了下一代。后来，程颐描述孙复讲《春秋》学的盛况时说："孙殿丞复说《春秋》，初讲旬日间，来者莫知其数，堂上不容，然后谢之，立听户外者甚众，当时《春秋》之学为之一盛，至今数十年传为美事。"[1]从程氏的描述来看，当时聆听孙复讲《春秋》的，并不仅限于国子监里的学生，因为庆历四年（1044）之前国子学招收的学生甚少，不至于容纳不下。而且，这种盛况并非昙花一现，数十年之后《春秋》学为之大盛。

孙复讲学国子监后，将其学说思想带到当时全国的政治、经济和文化中心——汴京，并以各地络绎不绝来京游学者和漂泊者作为介质，向全国传播开去，从而使其学说影响突破了地域界限。这种发散传播的过程如同当年儒家学说在齐鲁大地产生后向全国扩散一样。以孙复、石介为代表的泰山学者在古老的齐鲁大地上继承了齐鲁先辈们的文化传承精神，开始了另一种路径的拓荒，并取得了令人赞叹的辉煌业绩，昭示了一种新学说和新精神的崛起。

（二）石介之传人

宝元（1038—1040）、康定（1040—1041）年间，石介守孝期间曾在徂徕山讲学，教授乡里。庆历二年（1042）进入国子监，讲

---

[1] ［宋］程颢、程颐：《二程集·伊川先生文三》卷七《回礼部取问状》，第568页。

明道术，教育后生，培养了大批的弟子门生，为儒学的复兴和宋学的发展营造了学术氛围，奠定了人才基础。欧阳修说："师道废久矣，自景祐、明道以来，学者有师，惟先生暨泰山孙明复、石守道三人。"又曰："东方学生，皆自石守道诱倡，此人专以教学为己任，于东诸生有大功。"[1]

笔者以石介文集为中心，结合宋人集子和其他史籍，将一些从学于石介、事迹可考的主要弟子作简要介绍，这有助于了解石介的育才功绩。

李常（1020—？），字遵道，后更名植，更字成伯，石介侄婿[2]。张绩（1019—？），字禹功。欧阳修《文忠集》作张续，概误。李堂，字伯升。三人都是濮州（治所在今山东鄄城）人，《宋史》中均无传。

李常、张绩、李堂家距兖州奉符不远，大概在石介居家守孝时，慕名来到徂徕山从学于石介。三人长进很快，李常与李堂"一举一万里，志气不可量。新文各百首，寒金敲琳琅。古音抱淳澹，云和与空桑。豪气迈俦匹，骕骦与飞黄……遥知濮水上，千载留

---

[1] ［宋］欧阳永叔：《欧阳修全集·居士集》卷二十五《胡先生墓表》，《书简》卷七《答孔嗣宗》，第178、1300页。

[2] 石介《寄弟会等》诗自注曰："张豹、刘君平、卢淑、李常、高枢、赵泽、孔彰，淳、沉，姪也。"（《徂徕石先生文集》卷三，第32页）《石氏墓表》云"吾兄生……女三人，长适进士姜潜，次适进士高枢"（《徂徕石先生文集》附录一，第253页），李常与高枢同辈，两者结合来看，可知李常也是石介侄婿，但具体为石氏哪一院不可考。

声光"[1]。石介谓读张绩文，犹有"宝光千里（四库本作'丈'）高，飞出破屋里。龙音万丈长，拔出重渊底。雷霆皆藏声，日星或失次"之感，并高兴地勉励他说："更加十四（盖'数'之误）年，世应绝俦类。卒能霸斯文，吾恐不在已。禹功幸勉旃，当仁勿让尔。"[2]

后来，李堂未竟业中途得病先归，石介特作《送李堂病归》（五言）、《送李堂伯升病归》（七言）两首诗以慰李堂，曰：

> 经年吾圃采珠玑，无限愁肠对落晖。
> 绿竹实疎凤凰瘦，玉芝粒小麒麟饥。
> 不因芳草伤春哭，正是飘蓬感疾归。
> 只有文章满君腹，身虽癯瘠道全肥。[3]

又曰：

> 道病由有弊，邪伪容其间。
> 身病由有隙，风邪来相干。
> 子欲治斯道，绝弊道乃存。
> 子欲治子身，杜隙身乃安。[4]

---

1 ［宋］石介：《徂徕石先生文集》卷三《赠李常李堂》，第31页。
2 ［宋］石介：《徂徕石先生文集》卷二《赠张绩禹功》，第17页。
3 ［宋］石介：《徂徕集》卷四《送李堂伯升病归》。陈校本《文集》第六句作"正是东风感疾归"，"东风"与"芳草"不对，概误，第49页。
4 ［宋］石介：《徂徕石先生文集》卷三《送李堂病归》，第33页。

第六章 孙复、石介的精神风范及弟子传承

诗中，石介赞扬了李堂穷学励志、安贫乐道的精神，并对李堂求学期间不幸遇疾而无法肄业表现了无限的惋惜，但又安慰他说只要满腹经纶，心中之道永远不会获疾。作为良师，石介以"道病"作喻，指出医"道病"和治"身病"同理，既引导李堂如何治疾问医，又指点其"治斯道，绝弊道"的路径，可谓用心良苦。

李堂离开后，李常与张绩继续从学于石介，成为石氏徂徕讲学期间最得意的门生，"濮州人李植成伯与张绩禹功，师事徂徕石守道，为门人高弟。"[1] 欧阳修赞叹说：

> 先生二十年东鲁，能使鲁人皆好学。
> 其间张续与李常，剖琢珉石得天璞。
> 大圭虽不假雕琢，但未磨砻出圭角。
> 二生固是天下宝，岂与先生私褚橐。[2]
> 常续最高第，骞游各名科。[3]

庆历元年（1041）五月，张绩、李常告别石介前去参加科举考试。这时二人的文章、经术与初到徂徕相比，更上一层楼。"其文如进六军而作鼓者，严猛齐厉，张皇奋施，可式可畏。当与予周旋焉"，"禹功（张绩）藏用于神，其得天下之几欤！遵道（李常）直道而行，其明天下之治欤！几近《易》，治近《春秋》"。所以，石

---

1 ［宋］江少虞：《事实类苑》卷四十八《休祥梦兆·诗谶》，《景印文渊阁四库全书》（874册），第410页。
2 ［宋］欧阳永叔：《欧阳修全集·居士集》卷二《读张李二生文赠石先生》，第10页。
3 ［宋］欧阳永叔：《欧阳修全集·居士集》卷三《读〈徂徕集〉》，第18页。

介对他们此次科考充满信心:"二子之道,皆道也,与世不甚迁,其必达矣。"[1]然而,二人此行中举与否,不可考。

仁宗嘉祐(1056—1063)年间,诏举天下行义之士遣送宫城,李常在举荐之列,不幸诏书方下而卒,士大夫深感怜惜。[2]

杜默,字师雄,濮州(州治在今山东省鄄城县)人,少有逸才,长于歌篇,有《诗集》一卷,已佚失。杜默曾师事石介,辞归时,石介作《三豪诗送杜默师雄》,谓:"近世作者,石曼卿之诗,欧阳永叔之文辞,杜师雄之歌篇,豪于一代矣。"又曰"师雄二十二,笔距狞如鹰","曼卿(石延年)豪于诗","永叔豪于文","师雄歌亦豪","三人宜同称",[3]遂将其与石延年、欧阳修并称"三豪"。

石介作此诗,既有赞赏,亦有勉励之意,"师雄子勉旃,勿便生骄矜"[4]。然而,杜默未能理解其师本意,肆意进取,带着所作之诗几百篇进京拜见欧阳修,欲求其相赞和,以惊众人耳目。欧阳修予以委婉拒绝,并劝诫他莫若洞察下层疾苦,创作一些益世篇章。"京东聚群盗,河北点新兵。饥荒与愁苦,道路日以盈。子盍引其吭,发声通下情。上闻天子聪,次使宰相听。何必九苞禽,始能瑞

---

[1] [宋]石介:《徂徕集》卷十八《送张绩李常序》。陈校本《文集》"与世不甚迁"作"与世不遇",阙一字,且与下句"其必达矣"逻辑上讲不通,据景印文渊阁四库全书校改。

[2] [宋]江少虞:《事实类苑》卷四十八《休祥梦兆·诗谶》,《景印文渊阁四库全书》(874册),第410页。

[3] [宋]石介:《徂徕石先生文集》卷二《三豪诗送杜默师雄并序》,第13页。

[4] [宋]石介:《徂徕石先生文集》卷二《三豪诗送杜默师雄并序》,第13页。

尧庭"，勿作那些"淫哇俗所乐"[1]的无用歌章。苏轼十分瞧不起杜默，谓其豪气若"江东学究饮私酒，食瘴死牛肉，醉饱后所发也。作诗狂怪，至卢仝、马异极矣。若更求奇，便作杜默矣"[2]，批评过于苛刻，如挟私怨而发，不可取。

杜默一生抑郁不得志，晚年纵酒，生活落魄。"熙宁末，以特奏名得同出身"[3]，被任命为临江军新淦县尉，卒时年约七十岁。

马默，字处厚，单州成武（今山东省成武县）人。家贫，徒步至徂徕山从学于石介。当时跟随石介学习的有数百人，马默最为出众，学成将归，石介对诸生说："马君他日必为名臣，宜送之山下。"后来，马默登进士第，知须城县。治平中，张方平荐为监察御史裹行。马默性刚严，疾恶如仇，遇事尽言不讳。神宗即位，通判怀州，上疏陈十事：一曰揽威权，二曰察奸佞，三曰近正人，四曰明功罪，五曰息大费，六曰备凶年，七曰崇俭素，八曰久任使，九曰择守宰，十曰御边患。除知登州，更定《配岛法》凡二十条。上书论新法不便，出知济、兖二州。改广西转运使，上平蛮方略，后坐附司马光，落待制致仕，卒年八十。[4]

何群，字通夫，果州西充（今四川省西充县）人，嗜古学，喜

1　[宋]欧阳修：《欧阳修全集·居士集》卷一《赠杜默》，第5页。
2　[宋]苏轼：《仇池笔记》卷上《三豪诗》，华东师范大学出版社1983年版，第208页。
3　[宋]胡仔：《苕溪渔隐丛话》前集卷二十五《杜默》，第174页。
4　[元]脱脱等：《宋史》卷三百四十四《马默传》，第10946—10949页。

激扬论议。[1]庆历（1041—1048）年间，石介任国子监直讲，数千名求学者慕名自全国各地辐辏于太学，何群也从路途遥远的四川赶来。何群学习尤为刻苦用功。一天，石介对诸生说："生等知何群乎？群日思为仁义而已，不知饥寒之切己也。"众人皆仰慕之，以其为学长。何群更加刻苦自励，著书数十篇。

何群跟随石介苦学经术，致力于儒家之道，尝上言说："今之士，语言说易，举止惰肆者，其衣冠不如古之严也。"遂请复古衣冠。又上书言："三代取士，皆举于乡里而先行义。后世专以文辞就，文辞中害道者莫甚于赋，请罢去。"对此，石介十分赞赏。

何群还受到石介性格的影响，从不阿附屈从他人，被称为"白衣御史"。后谏官、御史进言以赋取士无益于治道，请废除，而两制"皆以为进士科始隋历唐数百年，将相多出此，不为不得人，且祖宗行之已久，不可废也"。何群闻言恸哭，焚烧了其平生所作的八百余篇诗赋，"讲官视群赋既多且工，以为不情，绌出太学"。何群归家后，终身不复举进士，并以此告诫其子。嘉祐（1056—1063）中，龙图阁直学士何剡表其行义，赐号安逸处士。何群死后，益州守赵抃称何群遗稿有益于时政，奏请果州录上以闻，并言："非若茂陵书起天子侈心也。"[2]

宋宏，少治儒术，跟随石介学《易》，又从孙复授《春秋》。

---

1 ［明］彭大翼：《山堂肆考》卷一百三《白衣尚书》，《景印文渊阁四库全书》（976册），第98页。

2 ［元］脱脱等：《宋史》卷四百五十七《隐逸上·何群传》，第13435—13436页。［宋］范镇：《东斋记事》卷一，《景印文渊阁四库全书》（1036册），第584页。

第六章　孙复、石介的精神风范及弟子传承　　323

名重上庠，擢进士丙科，调亳州卫真县主簿。"上官荐其材宜治剧，领邑以卒。"宋宏所学自经史百家，至于星历、五行、占课、象数、兵家权谋之书，"皆贯穿浃洽，无所不通"。其书存者多"手钞"，蝇头细字，几数十万言。[1]

蔡天球，字粹夫，世居应天府。少时从学于石介，年虽幼，已卓卓有闻于吏治，敏以达。庆历六年（1046）进士及第，为宿州观察推官。岁荒民饥，放粮赈民，救济数十万人，以功补近地，为澶州节度推官，再转亳州观察推官，迁秘书省著作佐郎、监杭州楼店务。英宗即位，迁省丞、知蒙州。在蒙州立学校、施教化，人人向劝，转太常博士。神宗即位，拜尚书屯田员外郎、通判乾州转都官。熙宁二年（1069）九月，以疾卒，享年五十五岁。蔡天球为官耿直，有能名，"数以义理劘正其上，官无大小，不直不已"[2]。

黎淳，字希声，幼务学，弱冠后与仲兄黎洵游学京师，从学于孙复、石介，"儒宗石守道、孙明复皆美其才"。庆历六年（1046）进士及第，曾任大理寺丞、殿中丞、太常博士。后在欧阳修的推荐下，任国子监直讲。黎淳善学，必原本穷经，皓首不倦。是时太学生徒上千人，讲官于前一日撰口义，升座徐徐读罢而退，从不辨析旨要。黎淳则不然，"置经于前，按文释义。听者乐闻其说，咸宗向之"。元丰七年（1084），以朝请大夫致仕。哲宗即位，加朝议。

---

[1] [宋]苏颂：《苏魏公文集》卷五十六《寿州霍丘县主簿宋君墓志铭》，第847页。
[2] [宋]刘挚：《忠肃集》卷十三《屯田员外郎蔡君墓志铭》，《景印文渊阁四库全书》（1099册），第594—595页。

元祐八年（1093）五月卒于家，享年七十九岁。[1]

另外，还有许多事迹不详或没有留下姓名的弟子，仅见于《徂徕集》的就有高拱辰、苏唐询、徐遁、张归鲁、孟宗儒、赵狩等人[2]。需要指出的是，不少人既师事孙复，又从石介受业，如吕希哲、姜潜、莫说、宋宏、马随、黎淳等人，这里不再重述。

孙复、石介的弟子学成后，活动于宋代社会的各行各业。他们有的继承了孙、石的师官之职，以经术育人，或在朝为学官，或在边鄙创办私学，教化乡里；有的为官从政，身体力行儒家治国、平天下的崇高理想；有的则隐姓埋名，终身不仕，然其道德修养彪炳史册，影响后世；有的则以文学名闻当时；等等。

孙复、石介因经术和培养人才获得了后世的广泛赞誉，其弟子又把他们的学说、治学精神和人格风范以各种方式继续向周边的人群传承。终于，这种学问和精神在传递的过程中孕育和发展了一种新的学问、新的理念、新的思想。从疑传疑经到新儒学，再到道学，每个环节都有他们的因子贯穿其中，这就是为什么后来理学的集大成者朱熹亦云伊川（程颐）有"不敢忘'三先生'"之语。

最后，用两宋之际两位大学士的话语结束本节。汪藻说："宋兴八十余年，至庆历、皇祐间，儒学无愧于古矣。当时学者以

---

1 ［宋］吕陶：《净德集》卷二十二《朝议大夫黎公墓志》，《景印文渊阁四库全书》（1098册），第184—186页。
2 ［宋］石介：《徂徕石先生文集》卷三《送进士高拱辰》、卷四《苏唐询秀才晚学于予，告归，以四韵勉之》、卷七《可嗟贻赵狩》《归鲁名张生》《宗儒名孟生》。［宋］欧阳永叔：《欧阳修全集·居士集》卷三十四《徂徕石先生墓志铭》。

泰山孙明复、徂徕石守道、海陵胡先生为师。"[1]刘一止则谓明道（1032—1033）以前，"狃于故学，士鲜知经，且师道之废实自前世，未有杰然兴起之者。至明道、景祐间，海陵胡公先生与泰山孙明复、徂徕石守道，皆以所学教授弟子……自是天下之人始知尊德而隆师，士皆知仁义、礼乐之说为足以诚身而格物，其学问之成为时显，用翊赞治道，见于嘉祐、治平之间者不可概举"[2]。

---

[1] ［宋］汪藻：《浮溪集》卷十七《胡先生言行录序》，《景印文渊阁四库全书》（1128册），第153—154页。
[2] ［宋］刘一止：《苕溪集》卷二十二《吴兴郡学重绘三礼图记》，第120—121页。

结　语

孙复、石介主要活跃于仁宗前中期[1]，庆历（1041—1048）之际，无疑是他们活动的黄金时期。在这段时期，为与范仲淹、欧阳修等政治家遥相呼应，以孙复、石介为代表的泰山学术团体以复兴儒学、重建师道为中心任务。他们视汉唐经学及其治学方法是导致儒学式微的内部因素，是回归原儒的内在障碍，所以痛击汉唐儒者重视的章句训诂、笺注义疏等治经模式，从怀疑、抛弃传注到以己意解经，提倡以义理和回归儒家原典来探寻、领悟孔孟真谛及微言大义，开始了以新方法解经的初步尝试。同时，他们认为，佛、道和时文对儒学的窃夺是导致儒学衰落的外部因素，把时文和佛、道作为儒学的首要异端并列加以排斥，倡明儒家"道统"，提倡"文道合一"，以此对抗异端邪说。在打击儒家内外劲敌的同时，他们还创建书院，讲学传道，为儒学的复兴培养后备力量；积极参与政治革新运动，分别邪正，力图改变长期以来政治沉闷、因循保守和苟且的局面。他们还十分注重加强自身道德修养和人格完善，以砥砺名节、正人心、尚道德、重气节为宗旨，努力扭转唐末、五代以来因混乱无序导致的道德沦丧和人心不古，重塑儒家的理想人

---

[1] 仁宗当政从天圣元年（1023）至嘉祐八年（1063），前后共41年。石介于庆历五年（1045）去世，毫无疑问其活动在仁宗前中期。孙复逝世于嘉祐二年（1057），但其主要学术和讲学活动也于庆历新政稍后基本结束。

格。他们不仅为此大声疾呼,还身体力行、身先示范,以自己的实际行动为后世树立了高大、光辉的人格风范,影响了一代甚至是几代人。

当然,他们的学术思想与后来的理学家相比存在诸多缺陷和不足,行为有时过于偏颇,甚至"破坏性"大于建设;但这是作为先行者"以启山林"的无奈与必需,对此我们要以宽大的胸怀去包容他们,不能责备求全、苛求古人。

孙复、石介作为宋初新型的儒者与学术团体的开创者,在变革经学研究方法、培养人才、提倡古文、排斥佛老时文、激励士风、重建师道、开风气之先等方面有筚路蓝缕之功,为庆历时期的学风建设、儒学复兴和理学精神形成等做出了重要的贡献。对此,黄百家借用宋人黄震的话概括说:

> 宋兴八十年,安定胡先生、泰山孙先生、徂徕石先生始以师道明正学,继而濂、洛兴矣。故本朝理学虽至伊洛而精,实自三先生而始,故晦庵(朱熹)有"伊川(程颐)不敢忘'三先生'"之语。[1]

全祖望也谓:

> 庆历之际,学统四起,齐鲁则有士建中、刘颜夹辅泰山(孙复)而兴。浙东则有明州杨(适)、杜(醇)五子,永嘉之

---

[1] [清]黄宗羲、全祖望:《宋元学案》卷二《泰山学案》,第73页。

儒志（王开祖）、经行（丁昌期）二子，浙西则有杭之吴存仁，皆与安定（胡瑗）湖学相应。闽中又有章望之、黄晞，亦古灵（陈襄）一辈人也。关中之申（颜）、侯（可）二子，实开横渠（张载）之先。蜀有宇文止止，实开范正献公（祖禹）之先。筚路蓝缕，用启山林。[1]

庆历之际，学统四起，兴学讲学之风在大江南北、黄河两岸燎原燃起，以孙复、石介为代表的泰山之学首当其冲。其学以齐鲁文化为根基，以齐鲁大地为据点，不断向周边地区扩张，最终走进全国学术文化的中心——国子监，进而影响北宋全境。此前，儒林未兴，泰山孙氏、徂徕石氏与安定胡氏继戚同文之后兴学育才，实为开濂、洛的关键人物。"夫孔、孟之道，阐于程、朱，程、朱之源，开于孙、石"[2]，"洙泗集尧、舜以后，徂徕开程、朱之前"[3]。所以，称他们为"宋初三先生"，甚为恰当，是对他们开风气之先功绩的肯定。但是，在很长的一段时期，即使在当代，不少学者在研究宋代思想史时仍未能给予孙复、石介以充分的关注和肯定，甚为可悲！清人刘谦吉感慨地说：

> 夫圣人之道，得宋儒而复显。宋儒之学，得孙、石而始倡，得范、韩、欧阳而后大，得周、程、张、朱而后成。后人

---

1 ［清］黄宗羲、全祖望：《宋元学案》卷六《士刘诸儒学案》，第251—252页。
2 ［清］徐宗干：《拟请宋孙石两先生从祀议》。转引自《徂徕石先生文集》附录三，第296页。
3 ［清］张昭潜：《石徂徕先生像赞》。转引自《徂徕石先生文集》附录三，第297页。

止知有范、韩、欧阳、周、程、张、朱，而不知有孙、石，岂不惑哉！[1]

孙复、石介"始倡"宋学之功，不会因个别学者的忽略而被历史淡忘，其"万世之光"会随着历史研究的深入而大明于世！

---

1 ［清］刘谦吉：《重修鲁两先生祠堂记》。转引自《徂徕石先生文集》附录三，第293页。

主要参考文献

一、图书

1. ［汉］司马迁：《史记》，中华书局1959年版。

2. ［汉］班固：《汉书》，中华书局1962年版。

3. ［梁］沈约：《宋书》，中华书局1974年版。

4. ［梁］萧子显：《南齐书》，中华书局1972年版。

5. ［唐］刘知几撰，［清］浦起龙释：《史通通释》，上海古籍出版社1978年版。

6. ［唐］陆淳：《春秋集传辨疑》，《景印文渊阁四库全书》（146册），台湾商务印书馆。

7. ［唐］陆淳：《春秋集传纂例》，《景印文渊阁四库全书》（146册）。

8. ［唐］吕温：《吕衡州集》，《景印文渊阁四库全书》（1077册）。

9. ［唐］独孤及：《毘陵集》，《景印文渊阁四库全书》（1072册）。

10. ［唐］韩愈著，钱仲联、马茂元校点：《韩愈全集》，上海古籍出版社1997年版。

11. ［唐］柳宗元：《柳宗元集》，中华书局1979年版。

12. ［唐］皮日休著，萧涤非、郑庆笃整理：《皮子文薮》，上海古籍出版社1981年版。

13. ［唐］沈亚之：《沈下贤集》，《景印文渊阁四库全书》（1079册）。

14. ［唐］韦庄撰，李谊校注：《韦庄集校注》，四川省社会科学院出版社 1986 年版。

15. [唐] 徐寅：《徐正字诗赋》，《景印文渊阁四库全书》（1084 册）。

16. [唐] 释贯休：《禅月集》，《景印文渊阁四库全书》（1084 册）。

17. [后晋] 刘昫等：《旧唐书》，中华书局 1975 年版。

18. [宋] 欧阳修撰，[宋] 徐无党注：《新五代史》，中华书局 1974 年版。

19. [宋] 欧阳修、宋祁：《新唐书》，中华书局 1975 年版。

20. [宋] 司马光：《资治通鉴》，中华书局 1956 年版。

21. [宋] 李焘：《续资治通鉴长编》，中华书局 1979—1995 年版。

22. [宋] 范祖禹：《唐鉴》，上海古籍出版社 1984 年版。

23. [宋] 晁公武：《郡斋读书志》，《景印文渊阁四库全书》（674 册）。

24. [宋] 陈振孙：《直斋书录解题》，《景印文渊阁四库全书》（674 册）。

25. [宋] 赵希弁：《郡斋读书后志》，《景印文渊阁四库全书》（674 册）。

26. [宋] 朱熹：《宋名臣言行录》，《景印文渊阁四库全书》（449 册）。

27. [宋] 吕祖谦：《宋文鉴》，《景印文渊阁四库全书》（1350—1351 册）。

28. [宋] 王称：《东都事略》，《景印文渊阁四库全书》（382 册）。

29. [宋] 李攸：《宋朝事实》，中华书局 1955 年版。

30. [宋] 乐史：《太平寰宇记》，《景印文渊阁四库全书》（469—470 册）。

31. [宋] 陶岳：《五代史补》，《景印文渊阁四库全书》（407 册）。

32. [宋] 孙奭：《孟子音义》，《景印文渊阁四库全书》（196 册）。

33. [宋] 李昉：《文苑英华》，《景印文渊阁四库全书》（1339 册）。

34. [宋] 孙复：《春秋尊王发微》，《景印文渊阁四库全书》（147 册）。

35. [宋] 柳开：《河东集》，《景印文渊阁四库全书》（1085 册）。

36. [宋] 王禹偁：《小畜集》，《景印文渊阁四库全书》（1086 册）。

37. [宋] 穆修：《穆参军集》，《景印文渊阁四库全书》（1087 册）。

38.［宋］余靖：《武溪集》,《景印文渊阁四库全书》(1089册)。

39.［宋］范仲淹：《范文正集》,《景印文渊阁四库全书》(1089册)。

40.［宋］范仲淹著,李勇先、王蓉贵点校：《范仲淹全集》,四川大学出版社2002年版。

41.［宋］范仲淹：《范文正奏议》,《景印文渊阁四库全书》(427册)。

42.［宋］孙复：《孙明复小集》,《景印文渊阁四库全书》(1090册)。

43.［宋］石介：《徂徕集》,《景印文渊阁四库全书》(1090册)。

44.［宋］石介著,陈植锷点校：《徂徕石先生文集》,中华书局1984年版。

45.［宋］蔡襄：《端明集》,《景印文渊阁四库全书》(1090册)。

46.［宋］苏颂撰,颜中其等点校：《苏魏公文集》,中华书局1988年版。

47.［宋］王珪：《华阳集》,《景印文渊阁四库全书》(1093册)。

48.［宋］司马光：《传家集》,《景印文渊阁四库全书》(1094册)。

49.［宋］李觏：《李觏集》,中华书局1981年版。

50.［宋］刘敞：《公是集》,《景印文渊阁四库全书》(1095册)。

51.［宋］陈舜俞：《都官集》,《景印文渊阁四库全书》(1096册)。

52.［宋］郑獬：《郧溪集》,《景印文渊阁四库全书》(1097册)。

53.［宋］吕陶：《净德集》,《景印文渊阁四库全书》(1098册)。

54.［宋］祖无择：《龙学文集》,《景印文渊阁四库全书》(1098册)。

55.［宋］刘挚：《忠肃集》,《景印文渊阁四库全书》(1099册)。

56.［宋］范祖禹：《范太史集》,《景印文渊阁四库全书》(1100册)。

57.［宋］欧阳修：《文忠集》,《景印文渊阁四库全书》(1102—1103册)。

58.［宋］欧阳永叔：《欧阳修全集》,中国书店1986年版。

59.［宋］张方平：《乐全集》,《景印文渊阁四库全书》(1104册)。

60.［宋］范纯仁：《范忠宣集》,《景印文渊阁四库全书》(1104册)。

61.［宋］王安石：《临川文集》,《景印文渊阁四库全书》(1105册)。

62.［宋］王安石著，秦克、巩军标点：《王安石全集》，上海古籍出版社1999年版。

63.［宋］苏轼著，孔凡礼点校：《苏轼文集》，中华书局1986年版。

64.［宋］陈师道：《后山居士文集》，上海古籍出版社1984年版。

65.［宋］晁说之：《景迂生集》，《景印文渊阁四库全书》（1118册）。

66.［宋］晁补之：《鸡肋集》，《景印文渊阁四库全书》（1118册）。

67.［宋］朱长文：《乐圃余稿》，《景印文渊阁四库全书》（1119册）。

68.［宋］刘跂：《学易集》，《景印文渊阁四库全书》（1121册）。

69.［宋］程颢、程颐：《二程集》，中华书局1981年版。

70.［宋］杨时：《龟山集》，《景印文渊阁四库全书》（1125册）。

71.［宋］汪藻：《浮溪集》，《景印文渊阁四库全书》（1128册）。

72.［宋］刘一止：《苕溪集》，《景印文渊阁四库全书》（1132册）。

73.［宋］罗从彦：《豫章文集》，《景印文渊阁四库全书》（1135册）。

74.［宋］陆游：《陆放翁全集》，中国书店1986年版。

75.［宋］王之望：《汉滨集》，《景印文渊阁四库全书》（1139册）。

76.［宋］陈亮：《龙川集》，《景印文渊阁四库全书》（1171册）。

77.［宋］魏了翁：《鹤山集》，《景印文渊阁四库全书》（1172—1173册）。

78.［宋］范镇：《东斋记事》，《景印文渊阁四库全书》（1036册）。

79.［宋］田况：《儒林公议》，《景印文渊阁四库全书》（1036册）。

80.［宋］文莹撰，郑世刚、杨立扬点校：《湘山野录》，中华书局1984年版。

81.［宋］司马光：《涑水记闻》，中华书局1989年版。

82.［宋］叶梦得：《避暑录话》，《景印文渊阁四库全书》（863册）。

83.［宋］吴处厚撰，李裕民点校：《青箱杂记》，中华书局1985年版。

84.［宋］王巩：《闻见近录》，《景印文渊阁四库全书》（1037册）。

85.［宋］魏泰撰，李裕民点校：《东轩笔录》，中华书局1983年版。

86.［宋］江少虞：《事实类苑》，上海古籍出版社，1981年版。

87.［宋］江少虞：《事实类苑》，《景印文渊阁四库全书》（874册）。

88.［宋］王辟之撰，吕友仁点校：《渑水燕谈录》，中华书局1981年版。

89.［宋］苏轼著，华东师范大学古籍研究所点校：《仇池笔记》，华东师范大学出版社1983年版。

90.［宋］孔平仲：《谈苑》，《景印文渊阁四库全书》（1037册）。

91.［宋］洪迈：《容斋随笔》，上海古籍出版社1978年版。

92.［宋］曾慥：《类说》，《景印文渊阁四库全书》（873册）。

93.［宋］邵伯温：《邵氏闻见录》，中华书局1983年版。

94.［宋］邵博：《邵氏闻见后录》，中华书局1983年版。

95.［宋］张端义：《贵耳集》，中华书局1958年版。

96.［宋］赵善璙：《自警编》，《景印文渊阁四库全书》（875册）。

97.［宋］陈思编，［元］陈世隆补：《两宋名贤小集》，《景印文渊阁四库全书》（1362—1364册）。

98.［宋］范成大：《范成大笔记六种》，中华书局2002年版。

99.［宋］叶适：《习学记言序目》，中华书局1977年版。

100.［宋］张镃：《仕学规范》，《景印文渊阁四库全书》（875册）。

101.［宋］黎靖德编，王星贤点校：《朱子语类》，中华书局1986年版。

102.［宋］黄震：《古今纪要》，《景印文渊阁四库全书》（384册）。

103.［宋］黄震：《黄氏日抄》，《景印文渊阁四库全书》（707—708册）。

104.［宋］王应麟撰，孙通海校点：《困学纪闻》，辽宁教育出版社1998年版。

105.［宋］王应麟：《玉海》，《景印文渊阁四库全书》（943—

948 册）。

106. ［宋］彭乘辑撰，孙凡礼点校：《墨客挥犀》，中华书局 2002 年版。

107. ［宋］胡仔纂集，廖德明校点：《苕溪渔隐丛话》，人民文学出版社 1962 年版。

108. ［宋］冯椅：《厚斋易学》，《景印文渊阁四库全书》（16 册）。

109. ［宋］林栗：《周易经传集解》，《景印文渊阁四库全书》（12 册）。

110. ［宋］俞琰：《读易举要》，《景印文渊阁四库全书》（21 册）。

111. ［宋］章如愚：《群书考索》，《景印文渊阁四库全书》（936—938 册）。

112. ［宋］彭百川：《太平治迹统类》，《景印文渊阁四库全书》（408 册）。

113. ［宋］谢维新：《古今合璧事类备要》，《景印文渊阁四库全书》（939—941 册）。

114. ［元］脱脱等：《宋史》，中华书局 1977 年版。

115. ［元］马端临：《文献通考》，《景印文渊阁四库全书》（610—616 册）。

116. ［元］吴莱：《渊颖集》，《景印文渊阁四库全书》（1209 册）。

117. ［元］释念常：《佛祖历代通载》，《景印文渊阁四库全书》（1054 册）。

118. ［明］宋濂：《元史》，中华书局 1976 年版。

119. ［明］宋濂：《宋濂全集》，浙江古籍出版社 1999 年版。

120. ［明］彭大翼：《山堂肆考》，《景印文渊阁四库全书》（974—978 册）。

121. ［明］何良俊：《语林》，上海古籍出版社 1983 年版。

122. ［明］吴宽：《家藏集》，《景印文渊阁四库全书》（1255 册）。

123. ［明］张萱：《疑耀》，《景印文渊阁四库全书》（856 册）。

124. ［明］徐应秋：《玉芝堂谈荟》，《景印文渊阁四库全书》（883 册）。

125. ［明］曹学佺：《蜀中广记》，《景印文渊阁四库全书》（591—592 册）。

126. ［清］黄宗羲、全祖望：《宋元学案》，中华书局 1986 年版。

127. ［清］潘永因编，刘卓英点校：《宋稗类钞》，书目文献出版社1985年版。

128. ［清］徐乾学：《资治通鉴后编》，《景印文渊阁四库全书》（342—345册）。

129. ［清］王士祯撰，靳斯仁点校：《池北偶谈》，中华书局1982年版。

130. ［清］杜诏等：《山东通志》，《景印文渊阁四库全书》（539—541册）。

131. ［清］储大文等：《山西通志》，《景印文渊阁四库全书》（542—550册）。

132. ［清］朱彝尊：《经义考》，《景印文渊阁四库全书》（677—680册）。

133. ［清］卞永誉：《式古堂书画汇考》，《景印文渊阁四库全书》（827—829册）。

134. ［清］乾隆：《御选唐宋文醇》，《景印文渊阁四库全书》（1447册）。

135. ［清］永瑢等：《四库全书总目》，中华书局1965年版。

136. ［清］徐松：《宋会要辑稿》，中华书局1957年版。

137. ［清］赵翼撰，栾保群、吕宗力校点：《陔余丛考》，河北人民出版社1990年版。

138. ［清］钱大昕：《十驾斋养新录》，上海书店1983年版。

139. ［清］焦循撰，沈文倬点校：《孟子正义》，中华书局1987年版。

140. ［清］皮锡瑞：《经学通论》，中华书局1954年版。

141. ［清］皮锡瑞：《经学历史》，中华书局1959年版。

142. ［清］梁玉绳：《史记志疑》，中华书局1981年版。

143. ［清］谭嗣同著，蔡尚思、方行编：《谭嗣同全集》，中华书局1981年版。

144. 范文澜：《中国通史简编》，人民出版社1965年版。

145. 钱穆：《宋明理学概述》，台湾学生书局1977年版。

主要参考文献 | 339

146. 董金裕：《宋儒风范》，台湾东大图书有限公司1979年版。

147. 朱维铮：《周予同经学史论著选集》，上海人民出版社1983年版。

148. 范寿康：《中国哲学史通论》，生活·读书·新知三联书店1983年版。

149. 邓广铭、郦家驹等主编：《宋史研究论文集（一九八二年年会编刊）》，河南人民出版社1984年版。

150. 方东美：《新儒家哲学十八讲》，台湾黎明文化事业股份有限公司1985年版。

151. 钱穆：《中国近三百年学术史》，中华书局1986年版。

152. 唐君毅：《中国哲学原论》，台湾学生书局1986年版。

153. 钱穆：《中国文化史导论》，商务印书馆1994年版。

154. 杨伯峻：《春秋左传注》，中华书局1990年版。

155. 陈植锷：《北宋文化史述论》，中国社会科学出版社1992年版。

156. 邓广铭：《邓广铭学术论著自选集》，首都师范大学出版社1994年版。

157. 陈钟凡：《两宋思想述评》，东方出版社1996年版。

158. 章培恒、骆玉明：《中国文学史》，复旦大学出版社1996年版。

159. 刘蔚华、赵宗正主编：《中国儒家学术思想史》，山东教育出版社1996年版。

160. 徐洪兴：《思想的转型——理学发生过程研究》，上海人民出版社1996年版。

161. 侯外庐、邱汉生、张岂之主编：《宋明理学史》，人民出版社1997年版。

162. 王维堤、唐书文：《春秋公羊传译注》，上海古籍出版社1997年版。

163. 许道勋、徐洪兴：《中华文化通志·经学志》，上海人民出版社1998年版。

164. 韩钟文：《中国儒学史·宋元卷》，广东教育出版社1998年版。

165. 卞孝萱、张清华、阎琦：《韩愈评传》，南京大学出版社 1998 年版。
166. 黄进德：《欧阳修评传》，南京大学出版社 1998 年版。
167. 郭绍虞：《中国文学批评史》，百花文艺出版社 1999 年版。
168. 汤用彤：《汤用彤全集》，河北人民出版社 2000 年版。
169. 柳诒徵：《中国文化史》，上海古籍出版社 2001 年版。
170. 钱穆：《朱子学提纲》，生活·读书·新知三联书店 2002 年版。
171. 陈植锷：《石介事迹著作编年》，中华书局 2003 年版。
172. 查昌国：《孟子与〈孟子〉》，山东文艺出版社 2004 年版。
173. 仝晰纲：《齐鲁文化通史·宋元卷》，中华书局 2004 年版。
174. 陈谷嘉：《宋代理学伦理思想研究》，湖南大学出版社 2006 年版。
175. 张义生：《宋初三先生研究》，山东人民出版社 2012 年版。

二、期刊

1. 金春峰：《概论理学的思潮、人物、学派及其演变和终结》，《求索》1983 年第 3 期。
2. 赵宗正：《孙复石介思想述要》，《中国哲学史研究》1984 年第 4 期。
3. 潘富恩、徐余庆：《论石介》，《山东师大学报（社会科学版）》1987 年第 4 期。
4. 傅庠：《石介尚贤思想略说》，《山东师大学报（社会科学版）》1987 年第 4 期。
5. 赵耀堂：《论宋初作家石介》，《聊城师范学院学报（哲学社会科学版）》1987 年第 4 期。
6. 何兆武：《从宋初三先生看理学的经院哲学实质》，《晋阳学刊》

1989 年第 6 期。

7. 何兆武：《宋代理学和宋初三先生》，《史学集刊》1989 年第 3 期。

8. 徐洪兴：《孙复论》，《孔子研究》1990 年第 3 期。

9. 王秉伦：《石介无神论思想简论》，《河南大学学报（社会科学版）》1994 年第 5 期。

10. 仝晰纲：《略论石介的排佛老、斥时文思想》，《河南师范大学学报（自然科学版）》1996 年第 3 期。

11. 杜维明：《宋明儒学的中心课题》，《天府新论》1996 年第 2 期。

12. 刘宗贤：《宋初学术的文化整合倾向》，《哲学研究》1996 年第 11 期。

13. 徐洪兴：《北宋理学思潮散论》，《浙江社会科学》1997 年第 3 期。

14. 张伟：《宋初佛教政策与佛教的复兴》，《浙江师大学报（社会科学版）》1998 年第 3 期。

15. 王公伟：《宋明理学的先驱——石介》，《烟台师范学院学报（哲学社会科学版）》1998 年第 1 期。

16. 章权才：《宋初经学的守旧与开新》，《广东社会科学》1998 年第 5 期。

17. 陈起峥：《论石介的狂怪精神》，《古典文学知识》1999 年第 5 期。

18. 朱汉民：《论宋学兴起的文化背景》，《湖南大学学报（社会科学版）》1999 年第 1 期。

19. 杨朝亮：《浅论宋初"三先生"的教育实践》，《聊城师范学院学报（哲学社会科学版）》2001 年第 2 期。

20. 李峻岫：《石介交游考》，《文献》2002 年第 1 期。

21. 杨朝亮：《宋初"三先生"学术思想考论》，《齐鲁学刊》2002 年第 1 期。

22. 吴德义：《论石介思想的贡献及其时代意义》，《广西师院学报（哲学社会科学版）》2002 年第 2 期。

23. 成积春：《石介的伦理思想初探》，《齐鲁学刊》2002 年第 3 期。

24. 杨朝亮：《试论宋初"三先生"在儒学发展史上的历史地位》，《中国社会科学院研究生院学报》2002 年第 3 期。

25. 仝晰纲：《泰山学派的缔结及其时代精神》，《山东师范大学学报（人文社会科学版）》2002 年第 6 期。

26. 杨朝亮：《试论宋初"三先生"的政治思想》，《东岳论丛》2002 年第 6 期。

27. 葛焕礼：《石介儒学思想析论》，《东岳论丛》2003 年第 3 期。

28. 仝晰纲：《泰山学派与宋代儒学的复兴》，《光明日报》2003 年 7 月 15 日理论版。

29. 杨国安：《欧阳修、石介与宋代韩学的兴盛》，《史学月刊》2003 年第 4 期。

30. 崔海正：《北宋"东州逸党"考论》，《武汉大学学报（人文科学版）》2003 年第 4 期。

31. 张学成：《中国诗歌的价值及评价漫谈——由石介诗歌谈开来》，《山东文学》2005 年第 7 期。

32. 仝晰纲、王耀祖：《孙复、石介〈易〉学研究探微》，《齐鲁文化研究》2006 年总第 5 辑。

33. 朱刚：《"太学体"及其周边诸问题》，《文学遗产》2007 年第 5 期。

34. 刘越峰：《孙复〈春秋〉学思想探源》，《南京师大学报（社会科学版）》2008 年第 6 期。

35. 张义生：《石介易学思想研究》，《周易研究》2009 年第 3 期。

36. 黄觉弘：《孙复〈春秋总论〉佚文及其他》，《山西师大学报（社会科学版）》2009 年第 2 期。

37. 侯步云：《宋初"三先生"之孙复学术思想考论》，《四川师范大学学报（社会科学版）》2009 年第 3 期。

38. 张师伟：《浅析孙复的春秋思想与尊王理论》，《福建论坛（社科教育版）》2009 年第 4 期。

39. 扶平凡：《论北宋理学家石介及其古文创作》，《求索》2010 年第 9 期。

40. 黄觉弘：《石介〈春秋说〉佚文考论》，《中南大学学报（社会科学版）》2010 年第 4 期。

41. 黄富荣：《胡瑗抄袭孙复经说与孙胡交恶——由胡瑗的春秋学佚文说起》，《宋史研究论丛》2011 年第 12 辑。

42. 黄觉弘：《胡瑗〈春秋〉佚说以及与孙复之异同》，《山西师大学报（社会科学版）》2011 年第 1 期。

43. 王心竹：《孙复〈春秋尊王发微〉中的尊王之论》，《史学月刊》2012 年第 9 期。

44. 李懿：《石介〈中国论〉的文学书写与文化意蕴》，《船山学刊》2012 年第 4 期。

45. 王士良：《儒家政治哲学中〈春秋〉、礼、王权的三位一体——以孙复的〈春秋〉学为中心》，《理论与现代化》2013 年第 3 期。

46. 徐波：《石介〈与长官执事札〉辨伪》，《文献》2013 年第 6 期。

47. 侯步云：《宋初"三先生"之石介〈春秋〉学考辨》，《兰台世界》2013 年第 4 期。

48. 周绍华：《〈石介事迹著作编年〉辨误三则》，《齐鲁学刊》2014 年第 2 期。

49. 王耀祖：《孙复〈春秋尊王发微〉探赜》，《管子学刊》2016 年第 1 期。

50. 杨曾文：《宋初儒者孙复、石介的排佛论》，《世界宗教研究》2016年第 2 期。

51. 黄俊杰：《石介与浅见䌹斋的中国论述及其理论基础》，《中国与世界》2016 年第 5 辑。

52. 葛焕礼：《孙复生平事迹及著作考辨》，《中原文化研究》2016 年第 6 期。

53. 王金凤：《"逻辑的有效"与"意义的有效"——从孙复〈春秋〉诠释何以有效看经典诠释的有效性》，《思想与文化》2017 年第 2 期。

54. 王金凤：《"观念的诠释"及其诠释有效性——以孙复的尊王观念与欧阳修的人情观念为例》，《安徽大学学报（哲学社会科学版）》2017 年第 4 期。

55. 谢涛：《书以传圣人之道——石介其人其事》，《中国书法》2017 年第 8 期。

56. 吴仰湘、杨潇沂：《孙复对〈公羊〉学的继承与发展》，《湖南大学学报（社会科学版）》2019 年第 2 期。

57. 蔡桂如：《"尊王"与"仁民"——对孙复春秋学思想的再探析》，《晋阳学刊》2020 年第 5 期。

58. 梁洁、罗超：《论石介古文的"险怪"文风》，《湖北社会科学》2021 年第 1 期。

后 记

癸未季秋，余辞良师挚友，自宜学归，因查师之荐，负笈趋泉城，拜仝师门下。仝师豁达，胸次古今，为学不泥一家之言，化余深矣。余求学三载，眼界渐宽，纂修不怠，以叩学门。因师陶熔，于宋儒意浓，遂志泰山、徂徕二先生之学。二贤博恰淹贯，赋辞为征：

  泰山与徂徕兮，曰明复曰守道。
  慕尧舜之志兮，探圣贤之阃奥。
  斥西昆时文兮，倡古文以行道。
  抵释老异端兮，扶儒道之将倒。
  蒯大易春秋兮，弃注疏彰王道。
  崇周孔孟韩兮，序道统固圣教。
  创泰徂二学兮，育群英推师道。
  直讲国子监兮，励士风敦世教。

绍汉学之流韵兮，开有宋新学之肇。

程朱谓不敢忘兮，号曰宋初之先生。

余虽蒙诸贤师之诲，与时竞驰，然仅入墙藩；又得怡朋、玉峰、会会诸君襄助，草创一稿，以付学业，幸甚殊优。

后几廿年，暇则订之，稍具形貌，心略藉慰。付梓刊刻，赖志琴贤姊，精审详校，方臻善美。然余才疏识浅，讹漏恐多，冀方家正之，幸甚幸甚！

石门寒士
癸卯孟冬草书相麓